Siedler

Buch

Die neue Hauptstadtrolle stellt Berlin vor architektonische und stadtplanerische Probleme in bislang ungekanntem Maßstab. Wie geht die Stadt eines Schlüter, Schinkel und Mendelsohn mit ihrem städtebaulichen Erbe um? Treiben Großmannssucht und ein falsches Verständnis von Urbanität die Umgestaltung Berlins zum Regierungssitz in ein Desaster, das ähnlich verheerend wird wie die Baupolitik der Nachkriegsjahre?

Wolf Jobst Siedlers auf intimer Kenntnis der Stadtgeschichte beruhende Zwischenbilanz fällt ernüchternd aus. Sie zeichnet das Bild einer widersprüchlichen, selbstverschuldet geschundenen Stadt, der es im Unterschied zu anderen europäischen Metropolen heute vor allem an einem fehlt: am gelassenen Umgang mit sich selbst.

Die knapp zwanzig Berlin-Essays dieses Bandes melden Zweifel am Gelingen des gigantischen Umbauvorhabens an und fordern zum Umdenken auf. Siedler plädiert für eine Stadtgestaltung, die historisch gewachsenen Strukturen, ästhetischen Grundprinzipien und dem Verlangen der Bewohner nach urbaner Lebensqualität den Vorzug gibt gegenüber dem Übermut von Investoren und dem oft jedes vertretbare Maß sprengenden Willen zu wirtschaftlicher und staatlicher Repräsentation.

Autor

Wolf Jobst Siedler, 1926 in Berlin geboren, war Feuilletonchef des »Tagesspiegel«, danach Verlagsleiter bei Propyläen und Ullstein, bis er 1980 seinen eigenen Verlag gründete. Daneben ist er als Essayist und Publizist hervorgetreten; zahlreiche Buchveröffentlichungen, u.a. »Die gemordete Stadt« (1964).

Wolf Jobst Siedler

Phoenix im Sand

Glanz und Elend der Hauptstadt

Siedler

Ende einer Epoche

Dieser Band vereinigt Essays, in denen der Autor im letzten Jahrzehnt Berlins Zuversicht beobachtete, nach der Wende aller Dinge aus zwei Halbstädten zu seiner alten Gestalt zurückzufinden. Man wird sehen, daß er auch im Andrang der Ereignisse die Euphorie nicht teilte, die glanzvolle Metropole des Kaiserreichs oder die vibrierende Weltstadt der Republik werde wiederauferstehen. Er teilte die Illusionen nicht, die Stadt werde mit Olympischen Spielen, einem Großflughafen und einem stürmischen Bevölkerungswachstum, das Berlin kurzfristig auf vier, mittelfristig auf fünf und langfristig auf sechs Millionen Einwohner veranschlagte, bald schon gleichen Ranges neben die anderen großen Metropolen Europas treten.

Nach einem Jahrzehnt wird der Stadt jetzt bewußt, daß sie nicht mehr Mitte der deutschen Dinge ist, in geographischer, wirtschaftlicher und politischer Hinsicht. Auch fehlen ihr jene fünfzehn Millionen »Ostelbier«, die jahrhundertelang das Reservoir Berlins waren, gerade in seelischer und geistiger Hinsicht. Verlangend schaut die Stadt auf Zuwanderung, die bislang aber nur sparsam rinnt und nicht einmal den Bevölkerungsverlust durch die Abwanderung ins Umland, in den Westen und in jüngster Zeit auch ins Ausland ausgleichen kann.

Aber auch die Kraft, die aus dem Eigenen kommt, ist bescheiden geworden, was für das Denken, Schreiben und selbst für das Bauen gilt. Zweimal in seiner Geschichte hat jenes Brandenburg, das Berlin auch in künstlerischem Betracht mit den Märkern Knobelsdorff und Gilly, Schadow und Rauch und dann mit Hardenberg, Humboldt und Kleist getragen hat, erst ganz Deutschland und schließlich die Welt inspiriert. Mit Schinkel und dem preußischen Klassizismus hatte Berlin das barocke Zeitalter unwiderruflich abgeschlossen, um dann mit Gropius und Mies van der Rohe die Folge der Stile endgültig zu ihrem Ende zu bringen und die Weltsprache der Modernität heraufzuführen. Es tut nichts zur Sache, daß »Bauhaus« und »Brücke« zuerst an anderen Plätzen gegründet worden waren. Die neuen Bewegungen mußten sich in der Reichshauptstadt etablieren, um zur Wirkung im Großen zu kommen und die Welt zu prägen.

Berlin war ja der Kristallisationspunkt, wo das Neue die Bühne betrat. Nichts davon jetzt. Das Staunen des Autors galt seit seinem ersten Band »Die gemordete Stadt«, dem zwanzig Jahre später die Sammlung »Weder Maas noch Memel« und schließlich, noch einmal zwanzig Jahre später, die »Wanderungen zwischen Oder und Nirgendwo« folgten, dem Ausbleiben jener inspirierenden Kraft, die Berlin seit je vorangetrieben hatte. Die Stadt überlebte, und vielleicht war das in der Zeit der Einschließung Leistung genug. Aber die Stadt repetierte nur noch, was anderswo vorexerziert worden war. Sie selber war kein Ort mehr, von dem aus das Neue Denken, das Neue Schreiben, das Neue Bauen mobilisiert wurden.

In diesem Band gilt die Aufmerksamkeit vorzugsweise dem Bauen, und hier tritt die Vorherrschaft fremder Muster besonders deutlich in Erscheinung. Erst kam das übermächtige Beispiel der *New-town*-Ideologie Liverpools und dann das plastische Genie Le Corbusiers; Berlins Großsiedlungen der sechziger Jahre sind ihr Zeugnis. Dann feierte in den späten siebziger Jahren die internationale Avantgarde in der IBA ihre Triumphe, und in unseren Tagen wird der Neuentwurf der Hauptstadt unter den Koryphäen der Gegenwart ausgemacht – Amerikanern, Japanern, Chinesen, Franzosen, Spaniern, Engländern und woher sie immer kommen. Man ist fast überrascht, wenn hier und da ein Deutscher sich in der Reihe behauptet.

Das alles muß nicht schlecht sein, und zumindest wird die Provinzialität, die die Architektur von Berlin seit den sechziger Jahren prägte, auf diese Weise aufgebrochen. Aber es ist sehr merkwürdig, daß die Stadt so ganz jene Kraft verloren zu haben scheint, die sie von Schlüter über Knobelsdorff und Schinkel bis zu Mies van der Rohe zum Staunen der Welt machte. Nun ist Berlin eine »Stadt wie jede andere«, wie sie Willy Brandt erträumte. Wer draußen reüssierte, kommt hier zur Geltung. Von einer unverwechselbar berlinischen Architektur aber, wie sie bis hin zu Taut, Luckhardt, Häring und Mendelsohn durchhielt, wird man nicht sprechen können.

Es bleibt merkwürdig, daß Berlin diesen Verlust gar nicht zu bemerken scheint. War die Kraft zum Neuen Ende der zwanziger Jahre bereits erlahmt, und berannten die Kohorten der Bürgerkriegsarmeen eine bereits sturmreife Festung? Die Ermattungserscheinungen bei Behrens oder Poelzig, die Neigung zu einem hohlen Klassizismus bei Kolbe oder Scheibe, die Flucht ins Idyllische bei Heckel, Grosz oder Dix wurden jedenfalls lange vor dem Epochenjahr deutlich. Oder geschah die Katastrophe gerade in dem Augenblick, in dem sich der deutsche Aufbruch anschickte, als *International style* die Welt zu erobern?

Der Einschnitt jedenfalls, der mit dem Dritten Reich kam, ist tiefer gewesen, als das Zeitgenossen und Nachgeborene wahrnahmen, die nur den Untergang der Demokratie konstatierten. Daß sie es nicht spürten, macht vielleicht erst richtig deutlich, daß es ein Vorher und ein Nachher gibt. Konnte das während der Ereignisse nicht in das Bewußtsein treten? Dann würde der Untergang Weimars und dessen mangelnder Widerstandswille nicht nur die erste Republik abschließen, sondern die Geistesgeschichte Preußens. Nur ein Jahrzehnt später fiel diese Welt auch in der Wirklichkeit.

W. J. S.

Inhalt

Weltstadt ohne Weltstädter

Mit der Vereinigung Deutschlands ist das Maß der Illusionen deutlich geworden, der sich nicht nur die intellektuelle, sondern auch die politische Welt über die Lage hingab. Liest man heute die Parlamentsdebatten aus der Zeit des Streits über den zukünftigen Regierungssitz – und zwar sowohl der Befürworter Bonns als auch der Advokaten Berlins –, so macht die Ahnungslosigkeit staunen, mit der beide Seiten die Realität sahen. Die einen erhofften sich von einer Hauptstadt Berlin die Wiederkehr des Glanzes der kaiserlichen Metropole und der republikanischen Weltstadt, die anderen warnten vor der Übermacht des preußisch-protestantischen Geistes, der nun noch einmal über die deutsche Republik hereinbrechen werde.

Glaubte man tatsächlich, was man sagte – an die heraufziehende Übermacht des Ostens? Oder war das nur ein rhetorisches Mittel, die Sorge vor einem Verlust des rheinischen Regierungszentrums und damit von Arbeitsplätzen zu kaschieren? Aber in der Euphorie des Moments meinte ja auch die Berlin-Fraktion, daß Weimar wiederkehren werde; die redliche Belanglosigkeit der Bonner Provinz werde nun durch eine wirkliche Hauptstadt abgelöst. Bonn hatte ja im Ernst niemals neben den anderen Hauptstädten Europas stehen können; jahrzehntelang war es immer wieder erheiternd gewesen, wenn Churchill oder de Gaulle durch die Dörfer des Bergischen Landes fuhren, um Adenauer einen Staatsbesuch zu machen. Nach der wiedergewonnenen Einheit werde nun an die Stelle einer liebenswürdigen Bürostadt eine großstädtische Kapitale treten, hinter der die Geschichte stehe.

Und Preußen war ja wirklich zwischen Schlüter und Knobelsdorff, Kant und Humboldt, Schadow und Schinkel, Droysen und Ranke, Gauß und Planck das Modernisierungs- und Dynamisierungszentrum Deutschlands gewesen. An diese Epoche, als Potsdam und Berlin von Leibniz und Voltaire bis zu Fichte, Hegel, Schelling und schließlich Einstein den Geist aus aller Welt an sich gezogen hatten, würde Berlin jetzt wieder anknüpfen und jenes Deutschland erdrücken, das seine Produktivität doch immer aus seinen Regionen gezogen hatte.

Haben die Gegner wie die Befürworter eines Umzugs vom Rhein an die Spree tatsächlich die Wirklichkeit Berlins am Ende der achtziger Jahre so wenig gesehen wie in den Jahrzehnten zuvor die Realität der deutschen Satrapie Moskaus? Auch wenn man Modrow, Grass und Jens beiseite läßt, wurde ja auch von nüchternen Beobachtern die Legende geglaubt, Ostdeutschland sei der zehntmodernste Industriestaat der Welt. Wenig später brach die Wirklichkeit über die Vereinigungseuphorie herein, nun sprachen die Manager in Eisenach oder in Bitterfeld davon, daß das wichtigste Werkzeug der Bagger sei, mit dem man die marode Industrielandwelt des Sozialismus abräumen müsse, bevor man an den Aufbau gehe.

In ähnlicher Weise standen Berlin nach 1989 Jahre der Desillusionierung bevor. Mit dem Fall der Mauer wurden die Schleier weggezogen, die so lange mit Stadtjubiläen, Theaterfestwochen, Literaturhäusern und Filmfestivals die bescheidene Gegenwart Berlins verdeckt hatten. Die Schließung von immer neuen Theatern und Orchestern – der Weggang von Peter Stein als Ouvertüre – war nur der spektakulärste Akt dieser Entzauberung. Selbst die Universitätslandschaft Berlins wurde in den Wirbel gezogen, und bald sprach man hinter vorgehaltener Hand davon, wie wenig sich Berlin und Brandenburg die Gründung von immer neuen Universitäten – von Frankfurt/Oder über Cottbus bis Potsdam – hatten leisten können; kaum in finanzieller, auf keinen Fall in intellektueller Hinsicht.

Jede zweite Dorfstraße im Osten trug in dem im Verhältnis zu seiner Bevölkerung höchstgerüsteten Staat der Welt die beschwichtigenden Namen »Straße des Friedens« oder »Straße der Völkerfreundschaft« und trägt sie meist auch noch heute. Auch das neue Brandenburg kann von dem sozialistischen Brauch nicht lassen, seinen Neugründungen pathetische Namen zu verleihen: »Friedensuniversität Potsdam« oder »Europa-Universität Frankfurt«. Aber das ist ein Singen im Keller, das sich zu sich selber Mut machen will. Sehr zweifelhaft, ob auf die Dauer auch nur die Freie Universität Berlin als Volluniversität neben der Humboldt-Universität Bestand haben wird.

Jetzt wurde der Öffentlichkeit bewußt, daß Berlin seit Jahrzehnten schon nicht mehr der Magnet für die deutsche Literatur wie zu jenen Zeiten war, als praktisch die ganze »Gruppe 47« Quartier in Berlin nahm – von Bertolt Brecht und Gottfried Benn ganz zu schweigen, die noch aus jener Zeit in die Gegenwart ragten, da Berlin die Literaturhauptstadt Deutschlands gewesen war. Längst schon hatte Günter Grass sein Haus in Schleswig-Holstein wie Heinrich Böll das seine in der Eifel. Walser lebt noch immer am Bodensee und Enzensberger wieder in München; Uwe Johnson starb auf einer Themse-Insel.

Geographische Details dieser Art bleiben anekdotisch, wenn sie nicht für mehr als für die Geographie sprechen. Aber der kleinstädtische, um nicht zu sagen: kleinbürgerliche Charakter des heute Geschriebenen hängt vielleicht auch mit dem Verschwinden der deutschen Metropole zusammen – abgesehen von dem in seiner Bedeutung gar nicht zu überschätzenden Untergang des deutschen Judentums. Zum ersten Mal wird die deutsche Literatur auch geistig vom flachen Land bestimmt, ist es ein unstädtischer Geist, der das literarische Klima bestimmt. Das gilt ja auch für die Theaterliteratur, von den Österreichern Thomas Bernhard bis zu Peter Handke (die auch nicht aus der Donaumetropole Wien kommen), mit der einzigen Ausnahme des Berlin zugewanderten, jetzt allerdings in dörflicher Umgebung lebenden Botho Strauß.

Wer in Deutschland reüssieren wollte, hatte seit der Gründung des Reichs seinen Weg über Berlin nehmen müssen, wenn das nicht sogar die ersehnte letzte Station eines Gelehrtenlebens war. Friedrich Meinecke erzählt in seinen Erinnerungen, wie er es gar nicht fassen kann, von der »Reichsuniversität Straßburg« an die Universität Unter den Linden berufen worden zu sein. Noch Martin Heidegger verhandelt im Frühjahr 1930 mit dem preußischen Kultusminister Adolf Grimme über die Übernahme des Lehrstuhls an der »ersten Universität Deutschlands«, wozu ihm Jaspers mit dieser Begründung entschieden rät.

Aber nach der Vereinigung des Landes denkt die Max-Planck-Gesellschaft, die als Kaiser-Wilhelm-Gesellschaft in Berlin gegründet worden war, nicht einen einzigen Moment daran, ihren Sitz von München wieder nach Berlin zu verlegen. Als Jürgen Kocka Anfang der neunziger Jahre die Einladung, die Leitung eines Instituts für Geschichte zu übernehmen, von der Rückkehr wenigstens dieses einen Max-Planck-Instituts von Göttingen nach Berlin abhängig macht, zerschlagen sich alle Gespräche. Niemand hat Angst vor der Übermacht Berlins, nicht einmal vor seiner geistigen Kraft. Die Stadt hat ihre Faszination verloren.

Diese Wirklichkeit Berlins lag seit einem Vierteljahrhundert schon vor aller Augen, aber niemand nahm sie zur Kenntnis. Erstaunlich war, daß man plötzlich auch nicht mehr den Föderalismus sehen wollte, der die Bundesrepublik von den Zentralstaaten im Westen und Süden Europas unterscheidet. Es ging in dem Hauptstadtstreit bei der Entscheidung über den zukünftigen Regierungssitz ja nicht um eine *Reichs*hauptstadt, sondern um eine *Bundes*hauptstadt. München und Wiesbaden, Dresden und Erfurt würden immer ihr Recht neben Berlin behaupten. Am Charakter der Bundesrepublik würde sich wenig ändern, wo immer Parlament und Regierung auch ihren Sitz haben mochten. Hinzu kam, daß die eigentlich preußisch-protestantischen Provinzen im Osten seit dem Kriege zu Rußland oder Polen gehören, von dem glanzvoll-bedrohlichen Preußen war gerade der Hungerleider Brandenburg geblieben.

In dieser Hinsicht ist es symbolisch, daß Potsdam, die eigentliche Residenz Preußens, das mit seinen Rokoko-Schlössern des 18. und den klassizistischen Militärbauten des 19. Jahrhunderts die Inkarnation dieses Kunstgebildes aus Wille und Vorstellung war, heute die

Hauptstadt eines so beiläufigen Landes wie Brandenburg ist. Es gibt Preußen tatsächlich nicht mehr, und man muß nur ein paar Schritte durch das heutige Potsdam und durch die gegenwärtigen Neuruppin oder Rheinsberg getan haben, um fast schmerzhaft gewahr zu werden, daß Brandenburgs Bemühen, mit dem anrüchigen Preußen nicht verwechselt zu werden, ganz überflüssig ist.

Aber diese Sorge war ja auch die Berlins in den zurückliegenden Jahrzehnten. Bei der großen Preußen-Ausstellung von 1981 beteuerte jedermann, damit solle keiner Wiederbelebung des geistigen Preußen das Wort geredet werden. Dabei hatte doch gerade dieser Nachzügler auf der europäischen Bühne Europa zwar mitunter politisch perhorresziert, immer aber geistig fasziniert. Hinzu kommt, daß es kaum noch Preußen gibt, fünfzehn Millionen Menschen aus den jenseits der Oder gelegenen Gebieten waren nach Westen gezogen, wenn man die Millionen aus Westpreußen, Posen und Oberschlesien dazurechnet, von den Deutschen aus Böhmen und Siebenbürgen ganz zu schweigen. Hatte Nordrhein-Westfalen mit seinen fast siebzehn Millionen Einwohnern tatsächlich Sorge, von den noch gerade einmal zweieinhalb Millionen Brandenburgern erdrückt zu werden? Im Bonner Wasserwerk wurde aber in Reden – von denen man hoffen will, es sprach eher Demagogie als Ignoranz aus ihnen – die drohende Gefahr beschworen, daß die Übermacht Preußens den Süden und Westen Deutschlands überwältigen werde.

Die Polemik gegen Berlin wußte wenig von Berlin und dem untergegangenen Preußen. Selbst die Bundestagspräsidentin argumentierte gegen das Reichstagsgebäude Wallots, weil der demokratische Bundestag nicht in das Gehäuse einziehen dürfe, in dem Hitler seine rhetorischen Exzesse gefeiert habe. Aber der Reichstag ist nun vielleicht an vielem schuld, sicherlich nicht an Hitlers Reden, denn er brannte schon wenige Wochen nach dem 30. Januar 1933 nieder, und das Scheinparlament des Dritten Reiches kam zwölf Jahre lang in der Kroll-Oper zusammen. Französische Präsidenten mochten von Ostdeutschland als »la Prussie« sprechen, aber Deutsche hätten wissen sollen, daß der andere deutsche Staat aus dem sowohl im Siebenjährigen Krieg als auch in den Freiheitskriegen auf der anderen Seite stehenden Königreich Sachsen bestand, aus dem Großherzogtum Mecklenburg, aus den Thüringischen Staaten und bestenfalls noch aus der Altmark; die Preußen waren eine klare Minderheit im Herrschaftsgebiet Ulbrichts und Honeckers.

Es war eine Gespensterdebatte, die damals im Bundestag stattfand. In Wirklichkeit war es ja in allem, was Menschenreservoir, Industriepotential und intellektuelle Kapazität anlangt, ein Notstandsgebiet, in das man sich mit dem Umzug begeben würde. Der Regierungssitz war der Rettungsring, den man einer Stadt zuwarf, die viel eher in Gefahr ist, in ihrer eigenen Belanglosigkeit zu versinken. Nicht Überzeugungen, sondern Interessen stießen aufeinander; eine Region suchte die Rolle nicht zu verlieren, die ihr der Zusammenbruch des Reichs und die Gründung der Bundesrepublik zugespielt hatten. Um mehr ging es nicht und geht es auch jetzt nicht.

Immer deutlicher wird, daß die Mauer nicht nur zur vorübergehenden Stabilisierung des anderen deutschen Staates geführt hat, sondern auch zur dauernden Schwächung Berlins. Nun wurde Berlin wirklich »eine Stadt wie jede andere«, zwar nicht mehr unmittelbar bedroht, aber auch nicht herausgehoben mehr. Fatale Sätze begleiteten die trügerische Normalität. Niemand merkte, daß es eine Verleumdung der Idee und der Tradition von Berlins Universität war, als man Anfang der sechziger Jahre die Forderung aufstellte: »Jeder deutsche Student ein Semester nach Berlin. Nur hier lernt er die deutsche Wirklichkeit kennen.« Es war kein Privileg mehr, in Berlin zu studieren, sondern eine politische Pflicht. Das war das Ende jener Freien Universität, wie sie von Ernst Reuter unter der Bedrohung Ulbrichts während der Blockade ins Leben gerufen worden war.

Immer waren ja Berlins Universitäten – 1810 und 1948 – im Schatten von Eroberern gegründet worden, unter den Bajonetten

Napoleons oder Stalins. Ursprünglich war von zwölf-, dann von fünfzehntausend Studenten die Rede gewesen; nun rühmte sich Berlin, die meisten Studenten ganz Deutschlands zu beherbergen, und die Stadt kümmerte sich wenig, wer und aus welchen Gründen zum Studium nach Berlin kam, wo man es ja als angenehme Zugabe hatte, nicht zum Wehrdienst einberufen zu werden. Wer studierte an der Freien Universität noch des Abschlusses wegen? Achtzig Prozent der Studenten aller Geisteswissenschaften brachen ihr Studium nach wenigen Semestern ab, und auf jeden Fall studierten sie Fächer, die zu keinem Ergebnis führen konnten.

Die neuen Wirklichkeiten der Dritten Welt traten überhaupt nicht in das Blickfeld der Studenten jener Massenuniversität, zu der die Freie Universität geworden war. Ganze 46 Studenten studierten 1993 Iranistik, gerade 180 Studenten hatten sich der Islamistik verschrieben und nur 45 der Indologie, obwohl doch bald eine Milliarde Menschen im indischen Subkontinent leben. Aber 3074 Studenten waren im Fachbereich Politologie eingeschrieben, 1535 im Fachbereich Soziologie, 2148 junge Leute studierten Psychologie, und es gab 4781 Studenten der Erziehungswissenschaften, obwohl es an freien Stellen schon seit langem mangelte. Die Universität, hat Raymond Aron gesagt, bildet die zukünftigen Arbeitslosen aus. Natürlich ist das eine allgemeine Tendenz, aber in Berlin tritt sie besonders kraß in Erscheinung.

Der Begriff Elite wurde nur noch denunziatorisch gebraucht. Das galt auch und besonders für die Universitätswelt, die von Padua, Prag und der Sorbonne über Oxford bis Harvard ihre geistige Würde und ihr soziales Prestige doch immer daraus bezogen hatte, daß aus ihr das Führungspersonal des Staates rekrutiert wurde. Wer rühmt sich heute noch, in Berlin studiert zu haben? Die Eröffnung des Wissenschaftskollegs war nach vielen vollkommen überflüssigen Museumsgründungen einer der wenigen Schritte in die richtige Richtung gewesen.

Es begann jene Banalisierung Berlins, die allmählich auch die intellektuelle Welt ergriff. Die Schriftsteller wanderten als erste ab, dann folgten gerade jene Köpfe aus der Theater- und Kunstwelt, auf die sich Berlin immer berufen hatte. Das Merkwürdigste war, daß Berlin diesen Substanzverlust überhaupt nicht wahrnahm. Die Stadt feierte sich selbst als »Kulturhauptstadt Europas«; sie merkte gar nicht, daß die Schriftsteller, Architekten und Maler, die draußen den Blick auf deutsche Ereignisse lenkten, immer weniger in Berlin lebten.

Am charakteristischsten ist, daß Berlin im Schatten der Mauer sich selbst historisch geworden war. Es denkt an die fünfziger Jahre, an die Epoche von Weimar oder an den Aufbruch des späten Kaiserreichs, wenn es von sich selber spricht. Dieser Widerspruch zwischen dem ständigen Reden von seiner glanzvollen Vergangenheit und seiner eher ernüchternden Gegenwart macht gerade jene mißmutig, die die Idee Berlins im Auge haben. Würde Kennedy heute noch über Berlin hinaus die Bundesrepublik und Amerika mit dem Satz enthusiasmieren: »Ich bin ein Berliner«? Clintons unbeholfener Versuch, vor dem Brandenburger Tor an dieses Pathos anzuknüpfen, scheiterte nicht nur an seiner Person, sondern auch an der Stadt, in der er sprach. Für was steht denn heute Berlin?

Alle Welt sagt, Berlin sei in einem Aufbruch begriffen, doch niemand weiß genau zu sagen, in einem Aufbruch wohin und wozu. Allmählich fallen die Träume von der einstigen Inselstadt ab, wie sie Berlin nach dem Mauerfall – mit der gescheiterten Bewerbung um die Olympischen Spiele als Eklat – geradezu überwuchert haben. Berlin wird auch niemals als Finanzplatz ein Gegenstück zur City of London werden, denn längst ist Frankfurt als kontinentales Bankenzentrum neben die britische Weltstadt getreten. Man sieht mit Nostalgie die Wiederherstellung von Mendelsohns Mosse-Haus, aber die Kochstraße wird dennoch keine deutsche Fleet Street sein (die allerdings auch selber längst untergegangen ist). Dutzende von weltstädtischen Zeitungen und Zeitschriften – von den Buchverlagen ganz abgesehen – erschienen einst in Berlin, von Ullsteins »Vossischer Zeitung« bis zu Mosses »Berliner Tageblatt«. Jetzt muß sich die Stadt mit Blättern behelfen, die in ihrem gesellschaftlichen und kulturellen Zuschnitt der Struktur von Berlins Bevölkerung ziemlich genau entsprechen.

Nun also setzt man seine Hoffnungen auf den späten, politisch natürlich zu späten Umzug der Regierung. Aber werden wenige Hundert Abgeordnete und einige Tausend Beamte die Qualität Berlins verändern und aus dem derangierten Häusermeer eine europäische Kapitale machen? Vorläufig signalisieren die Baukräne, die der alten Mitte Berlins einen Anstrich von Gründerzeit geben, vorzugsweise die Herrichtung von Ministerien des zusammengebrochenen Staats für ihre künftigen Nutzer und die Etablierung von Firmenniederlassungen, die sich eine günstige Ausgangsposition in dem neuen Markt zu verschaffen suchen. Die vielberedeten »Passagen« der Friedrichstraße haben viel von den Gewerbegebieten auf grüner Wiese an sich, mit denen sich im Osten die freie Marktwirtschaft als erstes zur Stelle gemeldet hat. Dergleichen gehört natürlich zu einer Metropole, aber es macht diese nicht aus. Die gegenwärtige Art von Aufbruchfieber, von der sich die Ungeduld der Stadt besänftigen läßt, könnte trügerisch sein.

Berlin lebt zur Zeit in einer Stimmung von »Warten auf Godot«; aber allmählich greifen Zweifel um sich, ob jemals eintrifft, worauf man wartet. Fragend und fordernd blickt Berlin auf die Regierung und auf die Industrie. Immer soll von draußen kommen, was drinnen fehlt. Ziemlich sicher ist, daß der Stadt nach der fehlgeschlagenen Bewerbung um die Olympischen Spiele eine weitere Enttäuschung bevorsteht. Der Großflughafen, für den man eben noch fünfzig bis sechzig Millionen Passagiere im Jahr erwartete, wird weder nach Jüterbog noch nach Sperenberg kommen. Man ist nüchtern geworden. Wahrscheinlich wird überhaupt kein Großflughafen nach dem Muster von Paris-Charles de Gaulle, London-Heathrow, Amsterdam-Schiphol oder Frankfurt-Main gebaut werden; selbst Münchens neuer Airport, der eher als Abschreckung denn als Verführung wirkt, lebt vom Einzugsgebiet Augsburgs, Passaus, Regensburgs und Nürnbergs.

Die neuen Passagierschätzungen für Berlin gehen in die Richtung von zwölf Millionen Reisenden, und nachdem die Illusionen verflogen sind, sieht man plötzlich selber, daß die Stadt kein Ballungsgebiet in ihrer Nähe hat, sondern Neuruppin, Prenzlau und Kyritz. Es wird wohl fürs erste auf die Weiternutzung Tegels hinauslaufen und auf den Ausbau Schönefelds. Eigentlich ist nur staunenswert, daß man sich über seine Lage am östlichen Rand Mitteleuropas so lange hinwegtäuschte und daß man ganz ernsthaft davon sprach, Warschau, Prag, Kiew, Minsk und natürlich Moskau würden auch in dieser Hinsicht Westeuropa ersetzen. Sollte Berlin jemals das verheißene Luftkreuz in der Mitte des Kontinents werden, dann wird das eher Jahrzehnte – vielleicht ein Jahrhundert – auf sich warten lassen. Die Stadt tut gut daran, sich in jedem Betracht auf lange Zeiträume einzustellen.

Wahrscheinlich hat sich die ganze Diskussion über die Hauptstadt einer Verkennung der Lage hingegeben. Damit sind nicht nur die Illusionen der Berlin-Enthusiasten gemeint, sondern auch die Schreckgespenster der Hysteriker um Heym und Gaus, die 1990 eine Wiederholung des deutschen Drangs nach dem Osten prophezeiten. Wo sind die Millionen neuer Kreuzritter geblieben, vor denen nicht nur liberale Intellektuelle warnten, weil der Osten wirtschaftlich kolonisiert werden würde? Auch die Regierung ging ja bei ihrer Planung von kurzfristig vier bis fünf Millionen Einwohnern für Berlin, langfristig von einer Hauptstadtbevölkerung von sechs bis sieben Millionen aus – was gar nicht so unrealistisch zu sein schien, denn Englands und Frankreichs Hauptstädte würden dann schon auf zumindest zwölf Millionen angewachsen sein.

Es könnte sein, daß sich die Gegner wie die Fürsprecher Berlins gleicherweise einer Verkennung der Lage hingeben. Die »Westverschiebung«, von der die Alliierten in Jalta und Potsdam sprachen, lief nicht nur auf die Deutschlands, sondern paradoxerweise gerade nach dem Abwerfen der Ketten des Kreml auch auf die Europas hinaus. Das Gewicht des Kontinents hat sich um einige hundert Kilometer nach dem Westen verschoben, niemand will mehr von dem »Zwischeneuropa« Naumanns, Seeckts, Schubarts oder Wirsings etwas wissen, von den panslawistischen Träumen des letzten Jahrhunderts ganz zu schweigen. Fünfzig Jahre russischer Vorherrschaft in Osteuropa haben solche Schimären aus den Gefühlen und aus den Gedanken gerade der Slawen ausgetrieben. Die Ereignisse im Kunststaat der Südslawen haben den Rest besorgt.

Nichts ist berechenbar, am wenigsten die Geschichte. Aber man muß den Umbruch aller Verhältnisse in seiner ganzen Dimension sehen und begreifen, daß nach dem Zwischenspiel von Faschismus und Kommunismus nichts an seine alten Zustände anknüpft. Nichts wird mehr so sein, wie es vor 1914 oder vor 1939 war. Es ist ein neuer Kontinent, der nach Hitler und Stalin im Entstehen begriffen ist, und die Träume selbst der Polen, Tschechen und Ungarn gelten heute eher Paris, London und New York als einem wiedergeborenen Ostmitteleuropa.

Die leidenschaftliche Debatte des Sommers 1991 über den Regierungssitz des wiedervereinigten Landes dachte in den Kategorien des 19. Jahrhunderts. Berlin wird aber nie sein, was es war, weil Deutschland nie mehr das Deutsche Reich zwischen St. Petersburg und Paris sein wird. Wer über das neue Berlin nachdenkt, muß jenes Europa in den Blick zu nehmen suchen, das sich im nächsten Jahrhundert herausbilden wird.

Schauspielhaus am Gendarmenmarkt, erbaut 1819 bis 1821 nach Entwürfen von Karl Friedrich Schinkel auf den Grundmauern des 1817 abgebrannten Nationaltheaters.

Palais des Grafen Friedrich Wilhelm von Redern am Pariser Platz, 1830 bis 1833 nach Entwürfen von Karl Friedrich Schinkel erbaut, 1905 abgebrochen, seither Standort des Hotels Adlon.

Bauakademie am Schinkelplatz, 1832 bis 1835 nach Entwürfen von Karl Friedrich Schinkel errichtet, nach Kriegsschäden 1962 abgetragen.

Altes Museum an der Nordseite des Lustgartens, 1824 bis 1828 nach Entwürfen von Karl Friedrich Schinkel erbaut.

Vorher ländliches Barock, hinterher die Weltsprache einer banalen Moderne, in der Mitte aber Schinkel

Berlin ist keine gewordene, es ist eine gemachte Stadt. In den anderen Metropolen Europas läßt sich, Jahresringen gleich, das Werden des Gemeinwesens ablesen; Berlin ist mit einem Male da. Wer spricht im 15. oder im 17. Jahrhundert schon von der »Doppelstadt«, womit damals nicht Potsdam und Berlin, sondern Berlin und Cölln gemeint sind? Man nimmt die Stadt an der Spree gar nicht zur Kenntnis, und am Kaiserhof der Habsburger ist man anfänglich eher amüsiert, daß der verwachsene Herrscher des preußischen Kurfürstentums es sich soviel Geld kosten läßt, König zu werden.

Aber dessen Sohn tritt in die deutsche Geschichte ein. Seit Friedrich Wilhelm I. muß man im Westen wie im Süden des Reiches mit der Dynastie rechnen, die sich einen Staat hält. Und eine Generation später, unter Friedrich dem Großen, ist Preußen mitten in der Weltgeschichte, besteht drei europäische Kriege und fordert ganz Europa heraus, das sich in einer österreichisch-französisch-russischen Allianz gegen den Emporkömmling im Brandenburgischen zusammenschließt. Das Land wie die Stadt sollen für immer ihre Prägung aus dieser Epoche empfangen, auch was die Stadtgestalt anlangt, den Städtebau und die Architektur. Alles, was dem klassischen Berlin Mitte und Halt gibt, die Alleen wie die Plätze, sind Hervorbringungen des 18. Jahrhunderts, die »Linden« und das Oktogon, das »Quarré« und das »Rondell«, das nach den Napoleonischen Kriegen den Namen Belle-Alliance-Platz erhält.

Und doch ist all das im europäischen Maßstab nichts Rechtes. Wer will die Hedwigskathedrale neben Notre-Dame oder den Petersdom stellen? Nicht einmal Santa Maria della Salute oder die Karlskirche bringt Friedrich hervor. Und das Palais des Prinzen Heinrich, aus dem später die Universität wird? Jede mittlere Stadt Europas besitzt Vergleichbares, und Wolfenbüttel und Neuburg an der Donau haben mehr zu bieten.

Berlin ist friderizianisch, aber auf eine Manier, die europäischer Durchschnitt ist, auch wenn sie dem hier Lebenden teuer ist und ihre Bewahrung aus der Trümmerlandschaft des Zweiten Weltkrieges fast das einzige bleibt, was man dem Sozialismus auf deutschem Boden anrechnet. Schlägt man jedoch eine europäische Architekturgeschichte des 18. Jahrhunderts auf, die in England, Frankreich oder Italien erschienen ist, so vermerkt der Lokalstolz nicht sonderlich überrascht, daß Berlin im Ortsregister kaum vorkommt.

Dann aber geht es plötzlich los. Unter dem unbedeutendsten aller preußischen Herrscher der klassischen Epoche, unter Friedrich Wilhelm III., entsteht Meisterwerk auf Meisterwerk, und der Architekt des Königs heißt Schinkel. Gleich neben dem Brandenburger Tor entsteht ein wirklich schloßartiger Bau, Schinkels Palais des Grafen Redern, das beim Betreten der »Linden« sofort zu erkennen gibt, daß Berlin nach dem Sieg über Napoleon Anspruch darauf erhebt, zu den großen Residenzstädten Europas gezählt zu werden. Nur wenige Jahrzehnte später wird es für das Hotel Adlon abgerissen, ein erstes, allerdings durch den finanziellen Ruin des Besitzers bedingtes Beispiel für jenen Selbstvernichtungswahn, der Berlin kennzeichnet.

In dem glücklichen Abschnitt zwischen dem ausgehenden 18. und dem anhebenden 19. Jahrhundert aber kommt die Stadt auf ihren eigenen Begriff, und in Berlin trägt er den Namen Karl Friedrich Schinkel. Nur ein Vierteljahrhundert war ihm gegeben, denn erst nach den Napoleonischen Kriegen kam Schinkel zum Bauen, und schon 1841 starb er mit gerade sechzig Jahren, ein Alter, in dem die großen Baumeister gemeinhin erst auf ihrem Höhepunkt sind, Michelangelo wie Palladio. Aber die zwei Jahrzehnte zwischen 1820 und 1840 genügten ihm, um Berlin und Preußen und ganz Deutschland seinen Stempel aufzudrücken. Es gibt eine Architektur vor Schinkel, und es gibt ein Bauen nach ihm; er jedoch stellt die Achse der Moderne dar.

Schinkel war in der Tat der Pol, auf den alles zulief und von dem alles herkam. Er war Höhepunkt und Abschluß des europäischen Klassizismus in einem, und in mancherlei Hinsicht endete mit ihm auch die Geschichte der europäischen Stile. Für das Empfinden seiner Zeitgenossen baute Schinkel in »griechischer Manier«, aber für seine Neue Wache schlug er romanische Entwürfe vor, und er träumte von einem gotischen Dom auf dem Leipziger Platz, wo sein vergötterter Lehrer Gilly zwei Jahrzehnte zuvor eine Akropolis für Friedrich den Großen errichten wollte.

Und ganz zum Schluß war Schinkel wirklich modern und fast schon 20. Jahrhundert. Da wandte er die Zweckarchitektur an, die er in englischen Hafen- und Industriestädten bewundert hatte – eine Backsteinbauweise, die aus wiederkehrenden Rasterelementen bestand und nun an gar nichts mehr erinnern wollte, weder an griechische Tempel noch an gotische Kathedralen. Schon ein Warenhaus unter den »Linden« aus »montierten« Teilen sollte den neuen Stil demonstrieren, doch die Ausführung blieb stecken, und erst der letzte Bau Schinkels, eine Schule für die Architekten Preußens, führte dergleichen tatsächlich vor; hier nahm er übrigens Wohnung. Er selber sah in dieser Bauakademie sein wichtigstes Werk, und man weiß nicht, wohin sein Weg geführt hätte, wenn ihm zumindest ein Jahrzehnt mehr gegeben gewesen wäre.

Bei Schinkel war immer alles möglich. Es gibt nur wenig Entwicklung in seinem Werk, das von der Gleichzeitigkeit alles Gewesenen und in Zukunft Möglichen lebt; bei Geringeren wird man das Eklektizismus nennen. Als er in England ist, scheint er momentweise an eine Architektur jenseits alles Dagewesenen gedacht zu haben, an eine Geschichte ohne Geschichte. Hat er damals in verschlossenen Gedanken eine Befreiung von aller Historie ins Auge gefaßt und den belastenden Charakter alles Historischen empfunden? Nur drei Jahrzehnte später wird Nietzsche vom »Nutzen und Nachteil der Historie für das Leben« sprechen und Ernst mit einem Gedanken machen, der in der ersten Hälfte des Jahrhunderts schwerlich denkbar gewesen wäre. Dann wäre der Eklektizismus nichts als der

Übergang zur Abkehr von allem geschichtlichen Vorbild. Dann wären nicht die Neoklassizisten des 20. Jahrhunderts, mögen sie nun Peter Behrens oder Albert Speer heißen, seine Erben. Aber die Phantasien des Konstruktivismus in Rußland, des Futurismus in Italien oder des Expressionismus in Deutschland, der mit gläsernen Kathedralen die Alpen überspannen will, wären im Geiste Schinkels geträumt. Seine Modernität gibt sich, sieht man es so, in der Abkehr von der Moderne zu erkennen.

Dabei hatte alles ganz anders und ganz eindeutig angefangen. 1800 baute Schinkel als Neunzehnjähriger auf dem Pfingstberg in Potsdam einen tempelartigen Pavillon, der die Schwärmerei des Jünglings für das Antikische zu erkennen gibt. Der Pomona-Tempel, nicht sonderlich bedeutungsvoll und nur Potsdams und seines Erbauers wegen in der Architekturgeschichte bewahrt, hatte den Krieg unbeschädigt überstanden, bis er in den Gewahrsam des anderen Deutschland geriet. Zunächst scheinen ihn Soldaten der Roten Armee zum Zeitvertreib als Schießscheibe benutzt zu haben, wie man an kyrillischen Inschriften ablesen konnte; später wurde er ein Opfer ostdeutschen Vandalismus, denn die Welt war nicht mehr vorhanden, die sich um dergleichen kümmerte.

So verfiel das Jugendwerk allmählich; erst wurden die Türen und Fenster entfernt, dann stürzte das Dach ein, und schließlich tat die Witterung das Ihre. Nur zerborstene Bauteile erinnerten noch an Schinkel, als der Staat das Schicksal des Tempelchens teilte und zusammenbrach. Inzwischen gelang es mit Hilfe eines Freundeskreises, den Pomona-Tempel nach alten Plänen und Photographien wiederherzustellen.

Sonst ist die Zeit in Berlin wie in Potsdam glimpflich mit Schinkel umgegangen. Die Städte bleiben nur eine Erinnerung ihrer selbst: nicht voller Ruinen, aber selber Ruinen, allem Wiederaufbau zum Trotz. Vom Bombenkrieg und den Straßenkämpfen schwer verwüstet, sind sie kurz darauf dem Wahn des Neuen in verschiedenerlei Gestalt zum Opfer gefallen, der erträumten Moderne hier, der sozialistischen Zukunftsstadt dort. Aber Schinkel überdauerte das Dritte Reich wie den Kommunismus. Zwar waren seine Berliner Meisterwerke – die Neue Wache, das Alte Museum, die Bauakademie und das Schauspielhaus – am Ende des Krieges wenig mehr als Fragmente, und die von ihm umgebauten Palais der königlichen Prinzen am Wilhelmplatz und an der Wilhelmstraße wurden abgerissen. Doch diese drei Inkunabeln des preußischen Klassizismus sind aus Trümmern wiederaufgebaut worden, wenn auch mäßig genug. Das Alte Museum, das Ulbricht als Denkmal des Kampfes der Arbeiterklasse gegen den Faschismus umgestalten wollte, steht heute einigermaßen so am Kopf der Museumsinsel, wie Schinkel es errichtet hat. Das Schauspielhaus wurde als Konzertsaal wiederhergestellt, und man muß dankbar für seine Rekonstruktion sein, wenn auch sein Interieur mehr mit einem Tortengebäck als mit Schinkel zu tun hat.

Die Neue Wache dagegen sollte gänzlich beseitigt werden, vor allem, nachdem Teile davon Jahre nach dem Krieg eingestürzt waren. Das Politbüro befand, daß die Arbeiterklasse keinen Grund habe, ein Mahnmal für die militärische Vergangenheit wieder aufzurichten, und nur dem ersten Denkmalpfleger Berlins, dem vom Bauhaus kommenden Hinnerk Scheper, gelang es, die Sowjetische Militäradministration in Karlshorst zu mobilisieren, um das Abrißverlangen der deutschen Kommunisten zu unterbinden. Der Chef der Parteijugend, der spätere Staatsratsvorsitzende Honecker, hatte die Resolution formuliert, in der die Partei gebeten wurde, das Monument des deutschen Militarismus ein für allemal zu beseitigen. Als die Weisung zum Wiederaufbau von der Sowjetischen Militäradministration ergangen war, verhinderte man jedoch die exakte Rekonstruktion jenes Zustandes, den die Weimarer Republik der Alten Wache gegeben hatte.

Denn kurz vor dem Untergang der Weimarer Republik hatte Heinrich Tessenow den Innenraum des Gebäudes auf die schlichteste und eben deshalb eindrucksvollste Manier umgestaltet. Ein schwarzer Quader mit einem metallenen Eichenkranz, auf den das

Tageslicht fiel, war das einzige Mahnmal für die Toten des Krieges; die Inschrift trug nur die Jahreszahlen »1914–1918«. Die Gedenkstätte war weit über die Grenzen Deutschlands hinaus berühmt wegen des Fehlens jedes nationalen Pathos; bei ihrer Einweihung 1931, kurz vor dem Anbruch der Diktatur, wurde sie von allen Parteien des Reichstags einhellig begrüßt. Giraudoux und Maillol erklärten, wie Graf Keßler berichtet, das deutsche Ehrenmal für das ergreifendste Monument Europas.

Die zur Macht gelangten deutschen Kommunisten aber entfernten Tessenows nahezu abstrakte Reduktion des antiken Totenaltar-Motivs und stellten an ihre Stelle ein Arrangement wie aus dem Schaufenster eines Bestattungsunternehmens: ein von Kordeln umgebenes Geviert mit einem »Glasprisma« (aus Plexiglas) und zwei Urnen über einer Ewigen Flamme, ein kleinbürgerliches Gedenken, das dem formalen Niveau des persönlichen Lebenszuschnitts der Bewohner von Wandlitz entsprochen haben mag. Die Gedenkstätte, der jeder Besucher des Staates seine Reverenz erweisen mußte, war von einer ästhetischen Peinlichkeit, die nicht nur durch das Regime belastet wurde, das sie errichtete, sondern durch sich selbst.

Dennoch stimmt der Anblick der klassischen Berliner Architektur heute auch melancholisch, weil an ihr abzulesen ist, wie Berlin – gleich München – hätte wieder aufgebaut werden können, das Stadtschloß, das Schloß Monbijou und dann die »Linden« hinunter bis zum Brandenburger Tor, wo ja sogar noch die Preußische Akademie der Künste erhalten geblieben war, als die Sprengkommandos anrückten.

Unverändert sind allein die kleinen Landsitze zwischen Berlin und Potsdam, jene Häuser, die Schlösser zu nennen man Bedenken hat: Charlottenhof, die Villa des späteren Königs Wilhelm IV., Babelsberg, das sich der zweite Sohn des Königs, Prinz Wilhelm – der »Kartätschenprinz« der Achtundvierziger Revolution –, bauen ließ, und Kleinglienicke, der Besitz des dritten Sohnes, Prinz Carl. Noch am Ende des 20. Jahrhunderts stehen diese Miniaturschlösser, wie Schinkel sie am Anfang des 19. gezeichnet hat, Monumente der Zeitlosigkeit. Steht man im Schatten der alten Buchen auf der Wiese vor Charlottenhof oder Babelsberg – die Havel blinkt silbern herauf –, so ist man aus der Zeit getreten, und in verlorenen Momenten sind Kriege, Revolutionen und Gewaltherrschaften unwirklich geworden. Die Vernachlässigung, die die letzten Herren hinterlassen haben, die verwilderten Büsche, der zur Wiese gewordene Rasen und die Verwachsungen in den Kronen der Erlen steigern das Verwunschene einer Vergangenheit, die zur Gegenwart geworden ist. Plötzlich mag man die Pflege der Parkbeamten nicht, die sich der westlichen Landsitze annehmen; Armut und Verwahrlosung scheinen die treuesten Bewahrer des Gewesenen.

Doch Schinkel war kaum weniger Neuerer als Traditionalist, und nicht selten nahm seine Genialität auch gewaltsame Züge an. Als Erneuerer der Stadtbaukunst brach er mit der barocken Überzeugung, daß das einzelne Gebäude sich einer Straße oder einem Platz einfügen müsse. Immer hatte er das einzelne, den jeweiligen Bau im Auge, nie das Gesamte eines städtebaulichen Zusammenhangs, weshalb denn seine Architekturen nicht selten fremd zu ihrer Umgebung stehen.

Sein Palais Redern am Brandenburger Tor, maßstablos und übergroß in seiner sonderbaren Florentiner Renaissance – Graf Redern war ein Bewunderer des Palazzo Pitti –, machte das augenscheinlich. Fast schon grotesk war sein Entwurf eines Denkmaltempels für Friedrich den Großen: ein doppelstöckiger griechischer Tempel, eng an das königliche Schloß gerückt, der durch diese Nähe selber schwerlich zur Geltung gekommen wäre. Nichts von dem, was Schinkel baute und plante, paßte sich seiner Umgebung an, immer war sein Sinn auf Solitäres gerichtet, dessen Bedeutung allein durch sich selbst gerechtfertigt scheint.

Gilt das im Grunde nicht auch für Schinkels unvergängliche Werke inmitten Berlins? Sie stehen zwar im Stadtzusammenhang, doch jedes bleibt sozusagen für sich, Raum um sich herum verlangend und mit der Umgebung nur halb verbunden. Was vor ihm gebaut wird, will frontal gesehen werden; man weiß bei Le Vaus Versailles oder im Falle von Fischer von Erlachs Schönbrunn eigentlich überhaupt nicht, daß diese Gebäude Körper sind, denn man sieht sie, auch in der Vorstellung, immer nur von den beiden Hauptseiten. Schinkel dagegen nimmt die Seitenansicht so wichtig wie die Frontalperspektive, und was neben seinen Bauten steht, eben der Straßenzusammenhang, ist ihm im Grunde gleichgültig. Auch das macht die Neuartigkeit seines Bauens aus, daß er es stets als Singuläres begreift.

Schauspielhaus, Museum und Wache wollen mitten in der Stadt gleichsam als Bauten auf freiem Raum genommen werden – das Alte Museum steht ja, als Schinkel es entwirft, für sich allein auf der späteren Museumsinsel, das Schauspielhaus ruht für sich in seinem Platzgeviert, und die Neue Wache wird ganz allein auf die »Linden« gesetzt. Nur die innere Monumentalität des Baus verleiht ihm sein Gewicht neben dem gewaltigen Zeughaus und gegenüber der verspäteten Königlichen Bibliothek, denn der hochbarocke Bau wird errichtet, als eigentlich der Vorklassizismus schon auf der Tagesordnung stand; die Berliner nennen ihn seiner Form wegen respektlos »Kommode«.

Der Weg von Schinkel in das späte 19. Jahrhundert führte deshalb nur folgerichtig in die Vereinzelung, und da es dann keine Baumeister seines Genies mehr gab, wurde die Stadt zerrissen durch fremd in ihrer Umgebung stehende Gebäude, Ihnes Staatsbibliothek oder Wallots Reichstagsgebäude. Schinkel war übergroß. Aber seine Art zu bauen verlangte auch Größe; wo Durchschnittliches an seine Stelle trat, wurde das überlieferte barocke Gleichmaß, das überall hatte dienen wollen, beschädigt. In der Mitte des Jahrhunderts ist Berlin mit Hilfe Schinkels eine der großen Städte Europas; als das Jahrhundert zu Ende geht, ist Berlin dabei, eine amorphe Weltstadt zu werden, in die nur hier und da grandiose Dinge eingesprengt sind. Ist es ganz ungerecht, in

Schinkel den Vollender wie den Zerstörer der europäischen Stadtbaukunst zu sehen?

Einzelne Beobachter haben das früh erkannt. Liest man etwa Max Osborns Alarmruf von der Jahrhundertwende, so glaubt man eine Beschreibung des heutigen Berlin zu lesen: »Wir, wir selbst sind die Zerstörer Berlins. Mit einem Eifer und einer Rastlosigkeit, als gelte es, eine große und gute Tat zu tun, sind wir dabei, die Reste der schönen Stadt zu vernichten. Denn, so wunderbar es klingen mag: Die Residenz der Preußenkönige war einmal eine schöne Stadt. Ja, mehr als das: Sie war überhaupt eine Stadt, während sie heute mehr und mehr den Charakter einer Häuseransammlung ohne besondere Merkmale annimmt. Immer wird alles häßlicher und zeitloser statt schöner. Für eine so schwächliche Zeit wie die unsere ist dreifacher Respekt gegen die Überbleibsel der Vergangenheit geboten. Aber die Respektlosigkeit gegen die Denkmäler der Stadt ist bei uns eine liebe alte Gewohnheit.«

Dieses Nur-auf-sich-selber-Achten aller Schinkelschen Architektur kommt in den Havel-Residenzen glücklich zu seinem Recht. Hier steht das einzelne inmitten der Natur, von milden Hügeln umgeben, am Rande der seenartig erweiterten Havel und von Wäldern gesäumt, die Lenné und Fürst Pückler ins Parkartige wendeten. Nichts beeinträchtigt die villenartigen Schlösser, die kaum das Maß eines Dithmarschen Bauernhauses haben.

Immer will Schinkel, selbst wo er in der Stadt baut, die Natur, entwirft seine Häuser inmitten gedachter Landschaften. Architektur verneint die Natur, Bäume auf dem Forum Romanum sind so undenkbar wie auf Berninis Petersplatz. Der Baum ist für eine klassische Straße etwas Störendes, und nur im Norden möchte man die Natur in die Stadt holen, was alle Zugereisten an Berlin so überraschend finden. Auch Schinkel will das Natürliche immer, pflanzt sich, wo die Wirklichkeit sich ihm versagt, ein Kastanienwäldchen bei der Neuen Wache. Auf fast allen seinen Architekturzeichnungen steigert das Organische durch den Kontrast das Konstruierte.

Die Neue Wache, jenes winzige *Castrum* neben Nerings gewaltigem Zeughaus, ist nicht nur deshalb ein Triumph der Form über das Vorgefundene, weil er hier aus dem kleinsten denkbaren Volumen die größte Monumentalität gewinnt. Wichtiger ist, daß das sie Säumende, das Kastanienwäldchen, die Landschaft gleichsam in die Stadt bringt und die Perspektive des königlichen Boulevards unterbricht.

Schinkel hat solche Zutat des Natürlichen in fast allen seinen Architekturzeichnungen untergebracht. Es gibt nur wenig Pläne von ihm, die nicht die Umrisse von Bäumen neben die imaginierten Architekturen stellen, weshalb denn die Postmoderne gern »Schinkelsche Natursilhouetten« in ihre Entwürfe montiert, oft die Dürftigkeit ihrer Werke durch entliehene Schinkel-Bäume verdeckend. Gewachsenes und Gemachtes – auch das ist ein Gegensatzpaar, das Schinkel in die Geschichte des Bauens einfügt und das es weder bei Palladio noch bei Nash gibt.

Die Widersprüchlichkeit Schinkels, die Paradoxie seines Werkes wie seiner Existenz, gibt sich auch hierin zu erkennen. Mit Schinkel kommt man nie zu Rande. Eben meint man, er wäre von der antiken Form – dem Pomona-Tempel in Potsdam – ausgegangen, habe dann einen kurzen Ausflug in die Gotik unternommen – das Kreuzberg-Denkmal und all die gewollten Kathedralen –, um schließlich bei seinem sonderbar modernen Klassizismus zu enden, mit dem er sein eigentliches Wort gesprochen habe. Aber zur selben Zeit träumt er von arkadischen Einsiedeleien, und ganz zum Schluß zeichnet er die grandiosen Unwirklichkeiten der Schlösser auf der Akropolis oder auf der Krim, ein Rationalist, der am Beginn des Massenzeitalters Arkadien sucht.

Worüber hat er mit Thorvaldsen gesprochen, als der ihn, nach monatelanger Bewußtlosigkeit, an seinem Krankenlager besuchte und beide in Gespräche versunken waren? Von der *Via Sistina*, die sie so geliebt hatten und die ihnen südliche Wirklichkeit und Wiederkehr der Antike war? Kurz darauf starb Schinkel, und er nahm auch dieses Geheimnis mit ins Grab.

Sonderbar anspruchslos ist diese preußische Militärmonarchie. Die Kurfürsten bauen sich einen Kranz von ländlichen Sitzen in die Mark; der grobschlächtige Soldatenkönig errichtet sich mit dem »Stern« ein Jagdschloß von solcher Dürftigkeit, daß es sich in Othmarschen oder in Grünwald seltsam ausnähme. Man versteht den amüsierten Satz Friedrichs des Großen, seine Ahnen auf dem Thron hätten »die dollste Wirtschaft von der Welt« geliefert, als sie ihre Schlösser ausbauen ließen. Ihre Vettern, die Bourbonen wie die Habsburger oder die Romanows, planen zur selben Zeit wirklich ins Große. In Berlin aber hat gerade die Monarchie immer einen Hang ins Private gehabt.

Wilhelm, der erste Kaiser des Deutschen Reiches, behält zeitlebens jenes Babelsberg als Sommersitz, das er sich als jüngerer Königssohn in den ersten Jahrzehnten des Jahrhunderts gebaut hat. Sein Sohn, der Neunundneunzig-Tage-Kaiser Friedrich III., zieht in das Neue Palais Friedrichs des Großen. Und obwohl der letzte Kaiser der Hohenzollern, Wilhelm II., genau dreißig Jahre auf dem Thron seiner Väter bleibt, läßt er sich nicht ein einziges Jagdhaus errichten, sehr im Gegensatz zu seinem österreichischen Verwandten Franz Joseph, der sich wenige Jahre vor dem Weltkrieg seine Hofburg durch Gottfried Semper ins Imperiale bauen läßt. Anders übrigens auch als seine englischen Vettern, die noch 1912, beim Flackern der ersten Blitze, in deren Schein das alte Europa untergehen wird, den Buckingham Palace mit einer neuen Fassade versehen. Noch der letzte Kronprinz der Hohenzollern, den es geben soll, baut sich in Potsdam kein Schloß, sondern ein Fachwerkhaus im englischen Stil, während Krupp, Siemens und Borsig sich zur selben Zeit wirkliche Paläste errichten, die bourgeoisen Schlösser der Industrieherren.

Prinz Friedrich Wilhelm, Prinz Carl und Prinz Wilhelm dagegen bescheiden sich. Dem Kronprinzen schenkt sein königlicher Vater ein besseres Bauernhaus im Park von Sanssouci, das ihm Schinkel mit geringen Mitteln zu einem Wunderwerk des Klassizismus umbaut, die Villa Charlottenhof. Sein jüngerer Bruder, Prinz Carl, muß sich ein bestehendes Gutshaus kaufen, das er – ebenfalls von Schinkel – sogleich umbauen läßt. Daraus wird das klassizistische Kleinod Kleinglienicke.

Da die Brüder sich alle gut miteinander stehen, überreden sie den dritten Bruder, Prinz Wilhelm – der unerwarteterweise durch den frühen Tod Friedrich Wilhelms auf den Thron kommt –, sich gleich gegenüber, auf der anderen Seite der Havel, ebenfalls ein sandiges Stück Boden zu kaufen. Wilhelm wird sich im »Tudor-Stil« ein Sommerhaus darauf bauen. Der Architekt ist natürlich Schinkel, der gar nicht sehr glücklich gewesen zu sein scheint, daß er auf Wunsch seiner königlichen Bauherren einen Ausflug ins englische Altertum machen muß.

Schinkel stirbt während dieses Baus, und Wilhelm hat auch mit seinen neuen Architekten kein Glück. Einer nach dem anderen stirbt ihm weg, und jeder neu Hinzutretende bleibt hinter dem Talent seines Vorgängers zurück, bringt den energischen Wünschen von Wilhelm und dessen Weimarer Gemahlin weniger Widerstand entgegen. Babelsberg, das in die europäische Geschichte eingehen soll, weil hier der König den pommerschen Junker Bismarck zum preußischen Ministerpräsidenten ernennt, ist heute eine ziemliche Mißgestalt und empfängt seinen Charme nur von der Lage am Ufer der Havel, die glitzernd zwischen den Stämmen der Bäume heraufblinkt. Eine Feenwelt das Ganze, bescheiden, fast ärmlich, wenn man bedenkt, daß die Monarchie der Hohenzollern damals aus dem Preußischen ins Deutsche und dann gar ins Europäische wächst.

Wie klar und rein in seinem Willen zur Klassik ist noch Charlottenhof, fast so streng wie der Pavillon, den Schinkel ungefähr gleichzeitig für den König selber im Park des Schlosses Charlottenburg baut. Der verwitwete Monarch erlebt dort nach dem Tode der Königin Luise ein mildes Abendglück mit seiner morganatischen Frau, der Fürstin Liegnitz. Als Schinkel dann für den Prinzen Carl, der über eine eher bescheidene Privatschatulle verfügt, das alte Gutshaus der Hardenbergs in Kleinglienicke umbaut, mischen sich schon Sehnsuchtselemente in die Antikenverehrung. Überall – am

Haus wie im Park – sind Erinnerungen an den Süden untergebracht, Zeugnisse jener Reisen, die den königlichen Touristen immer wieder nach Italien geführt haben.

Nur wenig später bringt sich die Liebe zur Vorzeit immer stärker zur Geltung. Als Wilhelm, der Sieger von Königgrätz und Sedan, schließlich Babelsberg immer weiter ausbauen läßt, hat die Schwärmerei für das Mittelalter von der Epoche Besitz ergriffen. Inzwischen ist das Industriezeitalter angebrochen, überall werden Hochöfen aufgezogen, Schornsteine ragen weithin über die Landschaft hinaus, und Berlin ist auf dem Wege, die erste Industriestadt des Kontinents zu werden. Aber man träumt sich in ferne Zeiten zurück, will ein Kastellan sein und ein Haus mit vielen Türmen und Zinnen besitzen, ein schottisches Castle, eine einsame Burg am Rande des Moors, alles Fluchtpunkte einer zeitentrückten Sehnsucht, die so überaus zeitgemäß war. Grüßt nicht Babelsberg, einem englischen Landsitz aus früheren Jahrhunderten gleich, durch die Bäume auf das Wasser hinunter?

Nur Fischerkähne und Segelbarken ziehen dort ihres Wegs, die Leinwand bauchig gebläht und der Untiefen wegen die Mitte des Stromes suchend. Die Zeit, da Schleppkähne, Motorboote und Sportjachten die Einsamkeit unterbrechen und zerstören, kommt erst in ein paar Jahrzehnten. Schinkel hat dergleichen nie gesehen. Man muß mit der Erinnerung, nicht nur mit dem Auge zu sehen verstehen, um die Welt zu begreifen, für die das alles entworfen war.

Das gilt selbst für die Millionenstadt, für die – nimmt man es genau – Schinkel niemals gebaut hat. Berlin bleibt in jenen zwei Jahrzehnten zwischen 1820 und 1840, da seine großen Bauten für die Residenzstadt entstehen, eine Stadt von kaum einhundertfünfzigtausend Einwohnern. Nach unseren heutigen Maßstäben ist es eine Kleinstadt, für die der Königliche Oberbaurat seine Meisterwerke entwirft; die Hauptstädte Englands, Schottlands und Frankreichs zählen da schon längst mehr als eine Million Bewohner.

Das muß man im Auge behalten, wenn man Schinkels Kunstwillen begreifen will, denn er denkt ins Große, auch wo er ins Kleine baut. Für das preußische Königshaus muß er sich notgedrungen nach der Decke strecken, aber als nach dem Befreiungskampf der Griechen gegen das osmanische Imperium ein neues Königreich in Athen gegründet wird, entwirft er eine Residenz auf der Akropolis, die deutlich zu erkennen gibt, in welche Größenordnung eigentlich seine Vorstellungen gehen.

Einmal schien ihm der große Auftrag tatsächlich zu winken, der ihm Zeit seines Lebens vor Augen gestanden hatte. Die russische Zarin, eine Hohenzollern-Prinzessin, will der kaiserlichen Familie eine heitere Palastanlage am Gestade des Schwarzen Meeres auf der Krim bauen, und sie fragt ihren königlichen Bruder in Berlin, an welchen Architekten sie sich wohl wenden solle. Natürlich empfiehlt ihr Friedrich Wilhelm seinen Schinkel. Das Schloß Orianda, eine Palastanlage, die an die Residenzen römischer Kaiser erinnert, wird das nie gebaute Märchenschloß Schinkels, anders und weit grandioser gedacht als die Wirklichkeit gewordenen Träume des bayerischen Märchenkönigs.

Das sind die Enttäuschungen dieses Lebens. In der Frische seiner Jugend kann er nicht bauen, weil Preußen zwischen den Niederlagen von Jena und Auerstädt und den Siegen von Leipzig und Waterloo keine Mittel hat; damals ist er auf Bühnenbilder und Gemälde verwiesen. Auf der Höhe der Meisterschaft seiner fünfziger und sechziger Jahre aber bleiben ihm die ganz großen Aufträge versagt, und nur an Entwürfen, Dioramen, kolorierten Plänen läßt sich ablesen, wie er Traum, Phantasie, Mathematik und Rationalität verbunden hätte.

Es sollte nicht sein, und auch das zählt zu den Mißgeschicken der preußischen Baugeschichte. Der erste große Baumeister des Landes, Andreas Schlüter, verlor die Gnade des Königs, weil sein *contre cœur* errichteter Münzturm des morastigen Untergrunds wegen abgetragen werden mußte; Schlüter suchte Zuflucht im fernen Zarenreich. Gilly, das Frühlicht am Firmament der preußischen Klassik, der schon Mitte der Zwanzig sein Wunderwerk für Friedrich den Großen entworfen hatte, starb mit noch nicht einmal achtundzwanzig Jahren. Und Schinkel verweigerte erst die Not der Epoche und schließlich der vorzeitige Tod die gebaute Vollendung seines Genies.

Soll man nicht auch Mies van der Rohe dazurechnen, den letzten Erben der Schinkel-Schule? Nie hat er, solange er in Deutschland war, einen seiner großen Träume in die Tat umsetzen können, etwa das gläserne Hochhaus am Bahnhof Friedrichstraße oder seinen Entwurf des Alexanderplatzes. Lange blieb er deshalb auch nach 1933 im Dritten Reich, denn er hoffte noch immer, Großgedachtes für Hitlers neues Deutschland bauen zu können. Er hielt sogar mit Speer Kontakt, um das Regime von dem ihm eigentlich angemessenen Baustil zu überzeugen.

Dann endlich, 1937, folgte er den anderen Emigranten in die Neue Welt, und dort, in New York und in Chicago, wurde der Verehrer Schinkels ein amerikanischer Architekt, der die Weltsprache des modernen Bauens wie kein anderer prägte. Spät erst, kurz vor seinem Tode, kehrte er in sein in früher Jugend geliebtes Berlin zurück, um als Gegenstück zu Schinkels Altem Museum ein neues Museum zu bauen, die Neue Nationalgalerie.

Es bleiben die vier grossen – groß nicht, was die Baumassen, sondern was die Idee anlangt – Berliner Bauten: die Neue Wache, noch in der Armut Preußens nach den Freiheitskriegen errichtet; das Alte Museum, das sich die Monarchie für die königlichen Kunstsammlungen gleich gegenüber dem Schloß baute; die Bauakademie mit ihrem roten Backstein und das Schauspielhaus auf dem Gendarmenmarkt. Aber bei diesem Bauwerk, das heute, nach dem Abriß des Schlosses, für das klassische Berlin stehen muß, hatte sich Schinkel schon wieder bescheiden müssen.

An seiner Stelle, neben dem Deutschen und dem Französischen Dom, hatte einst das »Comödienhaus« gestanden. Dann war es abgebrannt, und Langhans, der Erbauer des Brandenburger Tores, hatte ein neues Theater aufgeführt, übrigens ziemlich belanglos. Auch dieser Bau jedoch brannte nach nur drei Jahrzehnten ab, und natürlich erhielt Schinkel, der längst unbestritten als der Erste der zeitgenössischen Architektur galt, den Auftrag zu einem neuen Königlichen Schauspielhaus.

Aber der sparsame König hatte wieder einmal kein Geld, und so gab er seinem Architekten die Anweisung, die Fundamente und Grundmauern des Langhansschen Gebäudes zu verwenden, was für manche Sonderbarkeit des Grundrisses und der Raumgliederung mit immer neuen Treppenanlagen, Emporen und Vestibülen verantwortlich ist. Der eigentliche Zuschauerraum mußte daher notgedrungen vergleichsweise klein ausfallen. »Ach, ein Theaterchen«, soll Friedrich Wilhelm III. beim ersten Rundgang durch das Schauspielhaus zu Schinkel gesagt haben, »hat Er auch eingebaut. Das ist aber nett von Ihm.«

Drei dieser Bauten wurden gerettet, wenn auch erst Jahrzehnte nach dem Krieg. Die Bauakademie dagegen, die der Architekt selber so liebte und die eine neue Epoche preußischer Baukunst einleitete, hatte die Bombardements zwar ausgebrannt, in der Substanz aber nahezu unbeschädigt überstanden. Schon hatte man mit der Wiederherstellung begonnen, das Dach weitgehend gedeckt und sogar die Keramik neu gebrannt, um Kriegsschäden auch in der Fassade zu beseitigen; da befand Ulbricht – nicht das Zentralkomitee und nicht das Politbüro der Kommunisten, sondern er ganz persönlich –, daß Schinkels Vermächtnis gesprengt werden müsse, weil er an dieser Stelle sein Außenministerium errichten wollte.

Sinnlos stand der Riegel zwischen Knobelsdorffs Oper und Schinkels Museum, die Banalität, nein, die Vulgarität der untergegangenen Funktionärsherrschaft vor Augen führend. Mittlerweile scheint man darin übereinzustimmen, daß das Alterswerk Schinkels nach der Abtragung des Außenministeriums wiederhergestellt werden muß: der Architektur wegen, um des Stadtzusammenhangs willen und Schinkel zu Ehren. Dann wäre mit dem Potsdamer Pomona-Tempelchen des Neunzehnjährigen und der Bauschule des Sechzigjährigen Schinkels gebautes Werk zumindest in den beiden Bauten wiederhergestellt, die sein Lebenswerk umschließen.

Gendarmenmarkt mit dem Deutschen (vorn) und dem Französischen Dom, beide auf Weisung Friedrichs des Großen 1780 bis 1785 von Karl von Gontard errichtet. Zwischen den Kuppeltürmen, auf der Westseite des Platzes, Schinkels Schauspielhaus.

Neue Investorenbauten in der Friedrichstraße umstellen die einst beherrschenden Bauten des Gendarmenmarktes: die Galeries Lafayette mit den angrenzenden Wohn- und Geschäftshausquartieren 206 und 205, erbaut 1994 bis 1997.

Das »Rondell« in der südlichen Friedrichstadt, um 1732. Die Platzanlage auf dem Gemälde eines Unbekannten mit Halleschem Tor, Wilhelm-, Friedrich- und Lindenstraße entspricht dem späteren Belle-Alliance- und heutigen Mehringplatz.

Mehringplatz in Kreuzberg, das ehemalige »Rondell«. Die Umbauung, 1968 bis 1976 von Werner Düttmann ausgeführt, folgt mit wenigen Änderungen einem Wettbewerbsentwurf Hans Scharouns aus dem Jahr 1962.

Blick vom Strausberger Platz auf die von einem Architektenkollektiv entworfenen, 1952 bis 1954 errichteten Wohn- und Geschäftshäuser der Karl-Marx-, vormals Stalin-Allee. Aufnahme 1954.

Corbusier-Haus am Heilsberger Dreieck in Charlottenburg, 1956 bis 1959 mit 530 Wohnungen zur Internationalen Bauausstellung errichtet, nach Marseille und Nantes Le Corbusiers dritte Unité d'Habitation.

Die geschundene Metropole

Die Geschichte der französischen Stadt ist in vielerlei Hinsicht die Geschichte von Paris. Erzählt man die Geschichte Londons, so hat man am Sonderfall die Geschichte des englischen Ausgreifens in die Welt gegeben. Früh sind die Rollen jener Städte als Handels- und Produktionszentren festgelegt, und beide Male zeichnet sich schon am Ende des Hochmittelalters ihr Metropolen-Charakter ab, weil sich in ihnen die wirtschaftlichen und politischen Kräfte des Landes zusammenziehen.

Nichts davon läßt sich für eine einzelne deutsche Stadt sagen. Die städtischen Zentren des Reiches verschieben sich mit jeder Epoche; den Handels- und Heeresstraßen folgend, überflügeln sie einander im Abstand weniger Generationen. Dies wäre fast ein Gliederungsprinzip der deutschen Geschichte: die römischen Gründungen von Trier über Mainz bis Köln; die großen Plätze des mitteldeutschen Raums im Zeichen der Sachsenkaiser, der Hohenstaufen und Welfen, von Naumburg und Bamberg bis Braunschweig und Magdeburg; die süddeutschen Handelsstädte von Augsburg über Regensburg bis Nürnberg, dann die Verschiebung der Handelswege vom Mittelmeer zum Atlantik, womit das Hochkommen Hamburgs und Bremens verbunden ist.

Zwei solche Verlagerungen bedeuten sogar tiefe Einschnitte im Lauf der deutschen Dinge. Eine davon ist die Ostverlagerung des 14. Jahrhunderts, als die europäischen Peripherien Ungarn, Böhmen und Polen nach vorn rücken und bedeutende Herrschergestalten die Szene betreten. Mit dem Aufstieg des östlichen Mitteleuropa aber ändert sich auch die deutsche Städtelandschaft. Der Ausbau wirtschaftlicher Verbindungen von Prag nach Frankfurt stellt Nürnberg in den Mittelpunkt des deutschen Straßennetzes; in weniger als einem Jahrhundert hat es Regensburg, Passau und Augsburg überflügelt, und mit ihm drängt der ganze fränkische Raum nach vorn.

Die Blüte der fränkisch-nordbayerischen Städte ist an die Handelsströme aus dem Südosten Europas gebunden, der östliche Mittelmeerraum war ihr Lieferant und Umschlagplatz. Mit diesem Wirtschaftsraum verloren sie Reichtum und Macht; die arabischen Kalifen waren Partner der zentraleuropäischen Handelsplätze gewesen, die osmanischen Sultane dagegen riegelten die Verkehrsströme ab. Sehr bald kamen dann die atlantischen Seewege hinzu. Der Fernhandel versetzte Venedig, Genua, Nürnberg und Lübeck oder Danzig an die Peripherie, und London, Amsterdam, Kopenhagen, Hamburg und Bremen zogen mit den Verkehrsströmen die wirtschaftliche Kraft und die politische Macht an sich.

Die Manufakturwelt des 18. Jahrhunderts entsteht nördlich der europäischen Mittelgebirge. Sèvres oder Wedgewood, Meißen, Berlin und Kopenhagen – selbst auf dem Felde der Porzellanmanufaktur sind Städte an den Rand gedrängt, die Jahrhunderte hindurch Zentren des Kunsthandwerks waren. Das industrielle Zeitalter wird diese Nordentwicklung beschleunigen und mit dem Zug zu Millionenstädten auf die Spitze treiben. Das anbrechende Zeitalter der Mikroelektronik könnte deshalb auch im Hinblick auf die städtische Kultur erneut eine Umkehr bringen; von Kalifornien bis Württemberg sind es die Sonnenzonen, in denen sich die Zukunftsindustrie auf Kosten der alten Ballungszentren niederläßt.

Dies alles muss man beim Blick auf jene Stadt im Auge haben, die die deutschen Geschicke während der letzten zwei Jahrhunderte bestimmt hat. Berlin ist spät, im Grunde erst am Ende der Neuzeit, in den Kreis der großen Städte getreten, und zur europäischen Metropole im Sinne von Paris und London wurde es nicht vor der zweiten Hälfte des 19. Jahrhunderts. Als Berlin auf den Höhepunkt seiner selbst gekommen war, war der Kumulationspunkt Deutschlands wie Europas im nationalstaatlichen Sinn schon überschritten; mit der Überdehnung der Macht kollabierten die Stadt und das Reich, das von ihr aus regiert worden war.

Im Geschwindschritt führt Berlin daher Entwicklungen vor, die anderswo Jahrhunderte brauchen. Das macht es, bei allem Ausnahmehaften, beispielhaft für die kurze Nationalgeschichte der Deutschen und in dieser Hinsicht repräsentativer und interessanter als die alten Kaiserstädte an Rhein und Donau.

Dies gilt schon für die Kurzatmigkeit seiner Entwicklung. Weil alles so schnell geht, verzehrt in Berlin jede Epoche die vorausgegangene. Während die alten Hauptstädte von Rom über Wien bis Paris und London um die antiken oder mittelalterlichen Stadtkerne, Jahresringen gleich, die neuen Viertel ansetzen, so daß sich noch heute beim Spaziergang am Wechsel von Renaissance, Barock, Empire und Historismus der Wechsel der Zeiten ablesen läßt, entwirft Berlin sich alle dreißig Jahre neu, wozu es das Gestern beseitigen muß. Das gibt ihm das Künstliche auch in der Stadtgestalt.

Das friderizianische Berlin hält kaum bis zum Ende des 18. Jahrhunderts vor. Danach ist die vorwiegend zweigeschossige, auf weite Strecken sogar nur eingeschossige Bebauung durch Abriß oder Aufstockung verwandelt. Daß Berlin erst im 17. und 18. Jahrhundert vom Holz zum Stein als Baumaterial übergeht, erfährt man aus zeitgenössischen Berichten über Brandkatastrophen; dann werden einzelne Häuser vom Feuer verschont, »dieweilen sie aus Steinen gemauert«.

Aber auch dieses Berlin ist um die Mitte des nächsten Jahrhunderts nahezu unkenntlich geworden. Wie zeitgenössische Bilder zeigen, nimmt die Stadt in der kurzen Spanne Friedrich Wilhelms III. ein klassizistisches Gepräge an. Vom Kopfbau des Prinzessinnenpalais bis zur Neuen Wache schieben sich Bauten »in griechischem Stile« in die Anlage des 18. Jahrhunderts. Zur Zeit Friedrichs hatte das hölzerne Brandenburger Tor eine ländliche Seitenbebauung: Die Biedermeier-Aquarelle des Pariser Platzes dagegen halten neben dem Tor von Langhans und der Quadriga von Schadow die Häuser von Schinkel und dessen Schülern fest.

Ein anderes Beispiel für die Kurzlebigkeit alles Berlinischen: Die deutschen Künstler in Rom leben um 1900 in denselben Straßen und Häusern wie um 1800; noch heute stehen dort Häuser, in denen Goethe und Humboldt, Thorvaldsen und Rauch, Hauptmann und Thomas Mann wohnten. In Berlin sind die Häuser, in denen Lessing, E.T.A. Hoffmann und Jean Paul lebten, schon nach wenigen Jahrzehnten abgerissen und durch Gebäude »im neuen Geschmack« ersetzt worden.

Die Tagebücher der Berlin-Reisenden im 18. und 19. Jahrhundert geben denn auch alle paar Jahrzehnte das Porträt einer anderen Stadt, und selbst jene Bauwerke, die erhalten bleiben, nehmen ständig ein neues Gesicht an. Der kurfürstliche Marstall, 1687 unter dem Großen Kurfürsten erbaut, wird 1749 durch Friedrich den Großen »embellezziert« und beherbergt nun auch die Akademie, woher der Ausdruck kommt, daß in Berlin die *Mulis* neben den *Musis* wohnen. Die Domkirche am Lustgarten, gerade erst unter Friedrich Wilhelm II. an die Stelle der alten Hofkirche getreten, wird schon 1816 bis 1822 durch Schinkel gänzlich umgestaltet, und ähnlich ergeht es allen Häusern zwischen Wilhelmplatz und Neuem Markt.

Aber das Nebeneinander so verschiedenartiger Bauten wie Schlüters Schloßfront, Langhans' Lindenpalais und Schinkels Altem Museum fügte sich dennoch bis über die Mitte des vorigen Jahrhunderts zu einem unvergleichlichen Prospekt zusammen – der glänzendsten Perspektive, wie man die »Linden« nach Petersburger Vorbild nannte. Das kam daher, daß hier alles auf die Antike bezogen war und barocke Rom-Verehrung und klassizistische Griechenland-Schwärmerei so weit voneinander nicht waren. Ist nicht das 1695 von Nering entworfene Zeughaus in mancher Hinsicht ein klassischer Bau, lange bevor es die Klassik gibt?

Die Hedwigskirche, von Friedrich selber nach dem Modell des römischen Pantheon und Palladios Villa Rotonda gezeichnet, ist das eindrucksvollste Beispiel friderizianischer Antikenrezeption. Das Brandenburger Tor von Langhans war eine märkische Replik auf die Propyläen, wie auch Gillys Friedrichsdenkmal hellenische Erinnerungen heraufbeschwor. Für die Domkirchen auf dem Gendarmenmarkt aber waren das Vorbild die Zwillingskirchen der Piazza del Popolo, die städtebaulich ja schon die Erschließung der südlichen Friedrichstadt durch die vom »Rondell« ausgehenden Alleen inspiriert hatte.

Schaut man näher hin, so schimmert durch das Straßen- und Platzgefüge Berlins überall das antike und römische Muster durch, und zu den Tragödien des Wiederaufbaus nach dem letzten Krieg gehört die Unkenntnis oder Rücksichtslosigkeit, mit der sich die Planenden darüber hinweggesetzt haben. Besonders gewaltsam ist auch in dieser Hinsicht Hans Scharoun verfahren, der die überkommene Stadt abschaffen wollte, um das als verderblich empfundene Häusermeer durch eine am Urstromtal der Spree orientierte »Stadtlandschaft« zu ersetzen. Diese nicht sichtbare, nur wißbare eiszeitliche Senkung zwischen den Müggelbergen im Osten und den Haveldünen im Westen ist das städtebauliche Ordnungsprinzip des Wiederaufbaus während der entscheidenden Jahrzehnte der Nachkriegszeit gewesen; Historie wurde durch Erdkunde ersetzt. Scharoun erhob den Neandertaler zum Generalbaumeister Berlins.

Er kümmerte sich nicht darum, daß der westliche Teil Berlins einzig in der südlichen Friedrichstadt an der städtebaulichen Erbschaft der ersten beiden Könige und damit an der Substanz des preußischen Berlin teilhatte. Wie er den barocken Belle-Alliance-Platz seiner historischen Gestalt und Funktion beraubte, indem er die sternförmig von ihm ausgehenden Straßen abknickte und eine der großen Platzanlagen des 18. Jahrhunderts zu einem kleinstädtischen Spielplatz machte, so hat Scharoun die alte Potsdamer Straße, das Herzstück der Reichsstraße 1 von Aachen nach Königsberg, kurzerhand im Tiergarten enden lassen, um seine Staatsbibliothek, einen Westwallbunker mit Goldlamé, darauf zu setzen.

Aus dem Belle-Alliance-Platz, der eine Schlacht im Gedächtnis halten sollte, in der Preußen auf der richtigen Seite gestanden hatte und zudem noch siegreich geblieben war, wird also nach der Revolution der Mehringplatz, zu Ehren eines höchst geistreichen sozialistischen Theoretikers, dessen Namen die Kinder heute im Lexikon nachschlagen müssen. Aber hat man nicht 1945 zwei der traditionsreichsten Straßen Berlins, die Tiergartenstraßen Unter den Zelten und Hofjägerallee, ebenfalls umbenannt in John-Foster-Dulles-Allee und Klingelhöferstraße? Geschichtsvergessenheit prägt den Umgang der Stadt mit den Fassaden der Häuser wie mit den Namen der Straßen.

Der Potsdamer Platz, den heute alle Welt wiedergewinnen will, wird nie mehr seine alte Bedeutung gewinnen können, nachdem man gestern seiner Abschaffung zugestimmt hat. Speer und Scharoun, was immer sie sonst trennte, sind die Zerstörer des historischen Berlin, und man muß nur beider Berlin-Pläne aus dem Ende der dreißiger und der vierziger Jahre nebeneinanderlegen, um geradezu schlagend die Rücksichtslosigkeit zu sehen, mit der hier beide Male die historische Stadt der Vision der jeweils erträumten Zukunft geopfert wird.

Vielleicht sollte man sagen, daß Berlin einzig in dieser Vernichtung des Überkommenen sich selber treu geblieben ist. Als Friedrich II. im Siebenjährigen Krieg Dresden durch ein Bombardement in Schutt und Asche legte, dem an Bedenkenlosigkeit nur die Zerstörung Kopenhagens durch die englische Flotte während der Napoleonischen Kriege gleichkam, galt die sächsische Residenz als die prächtigste Stadt nördlich der Alpen. Ein halbes Jahrhundert später hatte Berlin nicht nur den Ruhm Weimars verdunkelt, sondern auch den Glanz Dresdens. Für eine flüchtige Stunde war es dabei, Europas schönste Stadt zu werden.

Berlin hat dies alles selber zunichte gemacht, in der Politik wie in der Architektur. Denn die erste Vernichtung der alten Hohenzollernstadt kam nach der Gründung des Deutschen Reiches in den dreißig Jahren zwischen 1880 und 1910. Der Renaissanceismus, der in den sechziger Jahren über Berlin hereingebrochen war und der nun wieder die klassizistische Stadt demolierte, hatte zwar schon deutliche Fremdkörper in die Physiognomie Berlins gebracht, aber doch ein gewisses Maß an ästhetischer Diskretion bewahrt, was die

Proportion der Baumassen anlangte. Noch immer beherrschten das Schloß und das Zeughaus die Stadt, und was das 19. Jahrhundert eingefügt hatte, zeigte eine Sensibilität für das Zulässige, die über das Formenrepertoire hinaus vielleicht die größte Leistung der Schüler Schinkels, Persius und Stüler, war.

Erst mit den achtziger Jahren des vergangenen Jahrhunderts geht dieser Sinn für das Angemessene verloren. Daß für Raschdorffs Dom einst Schinkels Domkirche und für das Wallotsche Reichstagsgebäude das Palais Raczynski abgerissen wurde, ist nichts Neues; Knobelsdorff und Schinkel hatten für ihre Planungen ebenfalls das Vorausgegangene beseitigt. Aber ihr Genie hatte sich auch darin zu erkennen gegeben, daß der eine mit der Oper das Forum Fridericianum im Auge hatte und der andere mit dem Alten Museum den Lustgarten. Nobles war für ihre Dinge gefallen, aber Bedeutendes an seine Stelle getreten. Das wichtigste blieb, daß Platzraum und Raumgefüge jeweils bewahrt und gesteigert wurden.

Damit war es jetzt vorbei. Die an der Wende zum 20. Jahrhundert aufgeführten Monumente der wilhelminischen Ära – Dom, Reichstag und Staatsbibliothek – brachten jenseits dessen, was sie für sich selbst bedeuteten, eine schwere Beschädigung ihrer Nachbarschaft. Der Kaiser, der sein Geschlecht so liebte, daß er seine Dynastie durch eine Allee von Standbildern feierte, löschte deren Stadt gewordenes Bild aus. Am Ende ist seine Residenz nur noch ein Häusermeer.

Eine Paradoxie der Geschichte scheint zu wollen, daß eine Epoche die Stürme der Kriege immer nur auf ihrem banalsten Niveau überdauert. Das klassische Deutschland sank dahin, aber Nürnbergs Parteitagsgelände, Münchens Braunes Haus und Berlins Reichskanzlei überlebten das Reich, das sie verewigen sollten. So ragten 1945 aus den Bergen von Trümmern auch weitgehend unzerstört die Dokumente des Wilhelminismus hervor, Raschdorffs Dom, Wallots Reichstag und Ihnes Staatsbibliothek. Immer hatte man gefunden, daß die wilhelminischen Kolossalbauten durch ihre maßstablose Größe die Umgebung, die Kroll-Oper, das Prinzessinnenpalais und die Schloßfront, beeinträchtigten; nun sind diese in den Schutt gesunken, und die historistischen Zutaten von einst sind selber historisch geworden.

Wie in die altmärkischen Regimenter zum Mißvergnügen Fontanes die westlichen Prinzen und östlichen Magnaten drängten, so schob sich jetzt in die Kargheit der alten Residenzstadt der Geist der neuen Metropole, deren Sinn auf »Prachtgebäude« ging, wie eine der Lieblingsvokabeln in Robert Springers Berlin-Führer aus dem Jahre 1877 lautete. Heute wird immer wieder davon gesprochen, daß der Zweite Weltkrieg das alte Berlin ausgelöscht habe. Aber dieses Berlin war auf weite Strecken hin längst vernichtet, bevor man vom Ersten sprach. Vergleicht man Stiche aus der Reichsgründungszeit mit Photographien vom Vorabend des Weltkrieges, so springt in die Augen, wie das alte Berlin der fünf Residenzstädte von der Königstadt im äußersten Osten bis zur Dorotheenstadt im weitesten Westen in der kurzen Spanne zwischen dem Deutsch-Französischen Krieg und dem Ersten Weltkrieg durch ein Neubaufieber ausgelöscht worden ist, das die Entwicklung der Königsresidenz zur Kaisermetropole architektonisch ausdrücken wollte.

Vom Belle-Alliance-Platz kann man schon um 1900 bis zum Alexanderplatz gehen, ohne mehr als ein halbes Dutzend Häuser aus Berlins klassischer Zeit zu finden. Einzig das Kollegienhaus, das spätere Kammergericht und jetztige Berlin-Museum, erinnert noch daran, daß dies eine Anlage ist, die Friedrich III. noch als Kurfürst entworfen hatte, um sie nach seiner Krönung als König Friedrich I. ausführen zu lassen. Am Gendarmenmarkt aber wird die Randbebauung, die ganz auf die Masse der zentralen Bauten bezogen war, zum ersten Mal niedergelegt, und Schinkels Schauspielhaus wie der Deutsche und der Französische Dom werden zwischen sechsgeschossigen Geschäftsgebäuden eingezwängt.

So wird in wenigen Jahrzehnten ein Raumgefüge zerstört, das eben noch mit der Place des Vosges und der Piazza Navona um den Ruhm stritt, Europas schönster Platz zu sein. Der Alexanderplatz, einst als »Ochsenplatz« zu den ländlichen Barockräumen Berlins zählend, ist bis in das Platzgeviert hinein nicht mehr erkennbar. Die erste Republik hatte alles Recht, die besten Köpfe des zeitgenössischen Bauens für seine Erneuerung zu bemühen. Die idealistischen Utopien Mies van der Rohes und Luckhardts, die Bomben der Alliierten und der provinzielle Avantgardismus der auch in dieser Hinsicht verderblichen kommunistischen Ära haben dann gemeinsam jene öde Großmannssucht zustande gebracht, die den heutigen Alexanderplatz kennzeichnet.

Die Stadt, die sich anschickte, den älteren und legitimeren Kapitalen Europas den Rang abzulaufen, gibt es schon zwei Generationen später nicht mehr. Natürlich hat dieser Vandalismus, der gegen sich selber gerichtet ist, mit der Jugendlichkeit der Spreestadt zu tun. Von Rom über Paris und London bis hin zu Wien sah man sonst überall auf alte Größe zurück, und die Bourbonen konnten so gut wie die Bonapartes, die Orléans und die Präsidenten der Republik in den Schlössern der Valois residieren. Berlin dagegen mußte sich ja tatsächlich alle paar Generationen neu konzipieren. Eben noch war es Markgrafenstadt gewesen, dann brandenburgische Kurfürstenresidenz, jetzt preußische Königsstadt und über Nacht nun Kapitale des Reichs. Am Ende sollte es zur Welthauptstadt Germania gemacht werden.

Anfang der sechziger Jahre des 19. Jahrhunderts, als Bismarck die Szene betritt, gewinnt Berlin alle zwei Jahre so viel an Einwohnern, wie es unter Friedrich überhaupt nur besessen hat. Edinburgh hatte eine achtgeschossige und Genua eine sechsgeschossige Bebauung, als in Berlin selbst die königlichen Prinzen in zweigeschossigen ländlichen Stadthäusern lebten. Die Handelsstädte Köln, Hamburg und Danzig waren im Mittelalter reicher an Gütern und Menschen als Berlin zu jenem Zeitpunkt, da sein Herrscher sich zum König krönte. Noch zur Zeit der Schlesischen Kriege, als es halb Europa widerstand, lag Berlin an Einwohnerzahl, Wirtschaftskraft und Volksvermögen weit hinter Palermo und Lissabon zurück. Es war wirklich der Parvenue unter den Städten Europas, aber nur noch eine kurze Frist, dann machte es von sich reden durch das Ungestüm, mit dem es der militärischen Bravourtat die geistigen und künstlerischen Geniestreiche folgen ließ; übrigens auch die architektonischen.

Die ständigen Brüche und Neuanfänge kommen auch aus der Kürze der historischen Erinnerung und damit des städtischen und staatlichen Selbstverständnisses. Was hatte sich denn schon in den Gebäuden begeben, die man nach ein paar Jahrzehnten immer wieder abriß? Welche historischen Reminiszenzen knüpften sich an Plätze, die gestern noch Exerzierfelder oder Domänen gewesen waren? In Paris war hier der Günstling des Kardinals vergiftet worden, dort hatte Ravaillac Henri IV. erstochen. In Berlin sprach man vom »historischen Fenster«, weil sich der Kaiser in den achtziger Jahren des 19. Jahrhunderts dort zur Wachablösung sehen ließ.

Der vorübergehende Glanz Berlins kam fast nur aus der architektonischen Schönheit, wo er bei den anderen aus geschichtlicher Vergangenheit kam, und da die Zeit das Bestehende nicht legitimierte, war auch der Schönheit keine Dauer gegeben. Am Ende des 19. Jahrhunderts beginnt man, von der Häßlichkeit Berlins zu reden.

Sonderbar ist, daß vorher fast keiner die Selbstzerstörung der Stadt gesehen hat. Die nahezu vollständige Planierung des alten Berlin zwischen 1880 und 1910 – die größte Zerstörung, die Berlin je erlebt hat – ging unter allgemeinem Beifall vonstatten, und erst am Ende des Vernichtungswerks mehrten sich die Stimmen, die den Untergang von Unersetzlichem beklagten.

Die Gewohnheit im Verleugnen des Gestern nimmt nach den Zerstörungen des Zweiten Weltkriegs eine neue Qualität an. Bisher hatte jede neue Generation die Strukturen der alten Stadt respektiert, so revolutionär Knobelsdorff beim Bau der Oper, Schinkel beim Alten Museum und Messel im Falle des Kaufhauses Wertheim mit dem Überkommenen auch umgegangen waren. Nur ihre Bebauung hatte alle dreißig Jahre – dynastische und sakrale Plätze ausgenommen – dem jeweils Neuen weichen müssen; legt man

Stadtpläne aus dem 17., 18. und 19. Jahrhundert nebeneinander, so fällt auf, wie das Muster der inneren Stadt über Abriß und Aufbau hinweg dasselbe bleibt.

Nun aber, angesichts der Zerstörungen des Bombenkriegs und des Straßenkampfes, machte man sich daran, die Stadt als solche neu zu entwerfen. Nicht nur im ersten Berlin-Plan von 1946 – der noch im alten Stadtschloß Unter den Linden präsentiert wurde – konzipierte man eine gänzlich neue Mitte, in der die erhaltenen Reste des Alten nichts mehr als historische Accessoires waren. Auch der letzte, ganz Berlin meinende »Hauptstadt-Wettbewerb Berlin« aus dem Jahr 1958 ging davon aus, daß die historische Stadt nicht erhaltenswert sei.

Von Le Corbusier und Scharoun bis zu Peter und Alison Smithson waren sich fast alle Teilnehmer einig, daß man die Stadt nicht wiederherstellen wollte. Die internationale Avantgarde legte Pläne vor, die vom Abriß der durch den Krieg gekommenen Restbestände des alten Berlin ausgingen, zwischen denen Betonpisten liefen. Berlin als Stadt sollte durch Reihungen von Hochhäusern ersetzt werden, zwischen denen sich Parkanlagen dehnten. Die Geschichte hatte Berlin in das Desaster geführt; nun sollte die Geschichte abgeschafft werden. Eine neue Zeit wollte sich neue Gehäuse für eine neue Gesellschaft entwerfen.

Das gibt allem nach 1945 einen antihistorischen Grundzug, von der Literatur bis zum Städtebau. Wie man in der Geschichtsschreibung die Ereignisgeschichte verwirft und durch die Sozialgeschichte ersetzt, so wendet man sich im Städtebau gegen die historische Stadtplanung und erfindet sie sich neu. Es ist kein Zufall, daß die Gründer der »Gruppe 47« davon sprachen, *Tabula rasa* auch auf dem Felde der Literatur zu machen; sonderbarerweise hatte man die Empfindung, außerhalb der Geschichte zu stehen und mit einer »Stunde Null« ganz von vorn zu beginnen.

Das ist kein eigentümlich deutscher Traum, der allein aus der Erfahrung des Scheiterns käme. Lange vor den Ereignissen träumte Corbusier davon, das unordentliche Gewirr des alten Paris abzureißen, um an seine Stelle ein rationales System von Hochhäusern zu setzen, und ein Menschenalter nach der Katastrophe entwarf Frank Lloyd Wright Wolkenkratzer von tausend Meter Höhe, die der Bevölkerung einer ganzen Stadt Quartier geben sollten. Visionen dieser Art standen hinter der Konzeption von Städten wie dem Märkischen Viertel, dessen ursprüngliche Planung ja auf wirkliche Hochhäuser hinausgelaufen war.

Selten ist Städtebau so stadtfeindlich gewesen wie in dem Vierteljahrhundert, vor dem angesichts des Trümmerhaufens von 1945 nicht nur eine materielle, sondern eine geistige Aufgabe ohnegleichen stand. Zwei Generationen später bestreitet kein Vernünftiger mehr, daß Berlins Wiederaufbau mißlungen ist, aber das betrifft nicht nur den ästhetischen Fehlschlag. Am Ende dieser zweiten Gründerzeit wird man vor allem nicht sagen können, daß die Stadt ihrer Herausforderung gedanklich gewachsen gewesen sei; das intellektuelle, nicht das ästhetische Versagen macht das Scheitern Berlins aus.

Die Tragödie des Wiederaufbaus nach diesem Krieg besteht deshalb nicht allein in der Mediokrität des Gebauten, sondern auch in der historischen Rücksichtslosigkeit seiner Planung: Quartiere, die das Feuer nur ausgeglüht hatte und die Berlin so leicht hätte wiederherstellen können wie Hamburg seinen Alsterbereich oder München das Viertel zwischen Feldherrnhalle und Siegestor, hat die Stadt um einer Utopie willen abgerissen, die den Nachgeborenen gespenstisch anmutet. So wurden ganze Straßenzüge und Plätze beseitigt, deren geschwärzte Fassaden den Spaziergängern noch in den frühen fünfziger Jahren einen Begriff und eine Empfindung vom alten königlichen und neuen kaiserlichen Berlin vermittelt hatten und von der bürgerlichen Weltstadt, zu der die Republik sie dann gewendet hat.

Dies war weitaus schlimmer als das Wüten gegen den Stuck, die klassizistischen und barockisierenden Fassaden. Nun wurde die Zerschlagung der historischen Substanz selber vom Staat subventioniert, der sich all dies im Namen des Programms »Abriß für den Wiederaufbau« größere Beihilfen kosten ließ, als sie dem Landeskonservator ein Vierteljahrhundert später für die Rekonstruktion der stehengebliebenen Reste des gestern noch verachteten alten Berlin im Rahmen eines Programms zur »Stadtbildpflege« zur Verfügung standen.

In den ersten Nachkriegsjahren hatte man im Westen wie im Osten wenigstens noch das Ganze der Stadt im Auge, was sich am deutlichsten in der Verkehrsplanung der beiden Stadthälften zeigte, deren künftige Verkehrsströme von einem gemeinsamen innerstädtischen Autobahnnetz gelenkt werden sollten, obgleich sie verschiedenen politischen Administrationen unterstanden.

Zuerst war die Stalinsche Palastarchitektur über den Osten gekommen, wie sie überall den Herrschaftsbereich Moskaus prägte, in Wilna wie in Sofia; von der alten Stadtmitte wurde als »Stalinallee« eine Triumphstraße nach Osten gezogen. Damit wurde nicht nur den Enkeln des Bauhauses eine Absage erteilt, die bis dahin auch im sowjetischen Teil des besetzten Landes die entscheidenden Plätze der Bauverwaltungen innehatten, wenn sie wie Henselmann mit seiner Stalinallee die Doktrinen aus Moskau nur gehorsam befolgten. Auch die Wiedervereinigung der beiden Stadtteile war stadtplanerisch ad acta gelegt, denn zugleich machte man sich daran, das verbindende Straßen- und Platzsystem aus der Planung der sozialistischen Hauptstadt auszuscheiden.

Im Westen Berlins dagegen hielt man noch lange an diesen Hoffnungen fest. Man legte Stadtautobahnen an, deren gedachte Fortsetzung jenseits der Grenze ins Nichts lief, und baute ein Kulturzentrum, das angesichts der Mauer längst kein Zentrum des Ganzen mehr bilden konnte, sondern an die Peripherie der einen Hälfte gerückt war. Bei ihrer 750-Jahr-Feier hatte die Stadt dann zwei Zentren – zwei Kulturforen, dort das friderizianische, hier das Scharounsche, zwei Hochschulkomplexe und zwei kaum mehr aufeinander bezogene Verkehrssysteme. Nach der Vereinigung der Stadt wie des Landes zeigt sich, daß das Zentrum keine Mitte gewesen ist.

Und dennoch waren sich die beiden Stadthälften in all diesen Jahrzehnten sonderbar nahe. Man dachte zwar in verschiedene Richtungen, aber auf dieselbe Weise. Auf den Trümmern des Dritten Reiches, das im Osten das Ministerium Görings hinterlassen hatte, in das Ulbricht mit seinen Ministerien eingezogen war, und im Westen den Flughafen Tempelhof, das Verteidigungsinstrument der Luftbrückenzeit, erhoben sich die Überlebenden der Avantgarde von 1930 – der unbedeutende Bauhaus-Schüler Henselmann als Stadtarchitekt drüben, der peeperkornhafte Bauhaus-Antipode Scharoun als Akademiepräsident hier.

Es läßt sich nicht entscheiden, wer verheerender für Berlin gewirkt hat. Nur daß jener zwar ein leidlicher Stadtplaner, aber ein belangloser Architekt, dieser dagegen zwar ein verderblicher Städtebauer, jedoch ein großer Architekt gewesen ist. Von Scharoun als Vorsitzendem des Planungsbeirats und Präsidenten der Akademie zeugen seine Hinterlassenschaften: Kulturforum, Charlottenburg-Nord, Mehringplatz und das von ihm den Gremien ans Herz gelegte Märkische Viertel. Die Erbschaft des Städtebauers Scharoun – ein einziges Desaster.

Dann kam auf beiden Seiten die große Wendung – drüben zur Imitation Moskaus, hier zur Nachfolge des englischen *New brutalism* und der französischen Corbusier-Schule: Moskauer Kulturpaläste von Warschau bis Bukarest und eine *Cité radieuse* nicht nur in Marseille, sondern auch am Olympiastadion. Aber die ökonomischen Zwänge und die industriellen Möglichkeiten machten auch das zu einem Zwischenspiel, im Osten wie im Westen, Stalins Zukkerbäcker-Architektur überlebte sich ebenso wie Corbusiers Wohnmaschine.

Serienfertigung hielt Einzug in beide Stadthälften und mit ihr die Großplattenbauweise in jeweils verschiedener Gestalt; die Stadtrandgebirge, die im Westen das Märkische Viertel und im Osten Marzahn darstellen, signalisieren beide Male die Abkehr vom Maß der zwanziger Jahre. Wer sich heute mit dem Flugzeug der Stadt nähert, vermag aus ein paar tausend Meter Höhe nur an der formalen Qualität der Architekturen zu erkennen, über welchem Teil er sich befindet. Aber die ästhetischen Unterschiede haben auch mit dem ökonomischen Niveau zu tun, so wie in der einen Stadthälfte die Trabant und in der anderen die Volkswagen fuhren.

Auch das ging Ende der siebziger Jahre zu Ende, und wieder kam der Umschlag fast gleichzeitig. Nicht nur, daß man nun in beiden Teilen begann, die gestern noch demolierten Fassaden zu restaurieren, so daß hier der Landeskonservator, dort der Denkmalpfleger neue Bedeutung gewann. Die Rehistorisierung des Stadtbaus brachte sich auch im Neuen zur Geltung, und plötzlich sehnte man sich hier wie dort nach neuer Straßenrandbebauung und traditionellen Platzarealen mit Arkaden oder Kolonnaden. Als die Stadt ihr Jubiläum feierte, wußte man an manchen Plätzen nicht, wo man sich befand – von überallher grüßten Hohenzollern zu Pferde und Generäle auf Postamenten, und Fasanenstraßenbereich hier, Nikolaiviertel dort suchten, leider zu spät, wenigstens einen Schimmer des Alten wiederherzustellen.

Die Utopie einer rein aus der Vorstellung konzipierten Stadt war angesichts von Gropiusstadt im Westen und Hellersdorf im Osten verflogen, und die überkommene Physiognomie der Kolonialstadt zwischen Spree und Havel wurde wieder sichtbar. Die neue Arkadenrandbebauung des alten Gendarmenmarktes führte ganz zum Schluß noch vor, in welche Richtung die Träume der untergehenden Honecker-Welt gingen.

So hatte sich noch einmal das Gestaltgesetz einer Stadt bewährt, die sich alle drei Jahrzehnte neu entwirft. Auch diesmal wieder ist sichtbar geworden, daß der Organismus Berlins aus den Brüchen lebt, dem ständigen Wechsel von Neuanfang und Bewahren. Im Osten hat der Denkmalpfleger den Schutz der Stalinallee übernommen, im Westen kämpft der Landeskonservator um die Erhaltung der gebauten Dokumente des Nierentischstils, indem er die sinnlose Verkehrsinsel am Kurfürstendamm unter Denkmalschutz stellt. Die Geschichte ebnet die Eruptionen allmählich ein und besiegt die Ideologien, deren Ausdruck sie waren.

Wie diese selber abgetreten sind, so verlieren nun die Bilder an Kraft, die zwei Jahrhunderte lang Preußens Bauwillen inspiriert haben. Es gab tatsächlich so etwas wie Moeller van den Brucks »Preußischen Stil«, den Julius Posener von Gilly und Schinkel bis Behrens und Messel reichen läßt, mit Taut und Mies van der Rohe als später Nachblüte. Dieser eigentlich »preußische« Elan – denn vorher baute man deutsch, hinterher aber regional ungebunden, weshalb man denn völlig zu Recht vom Internationalen Stil spricht – ist mit Preußen selber verbraucht.

Als der Staat 1947 für aufgelöst erklärt wird, beginnt Gesichtslosigkeit auch vom Bauen Besitz zu ergreifen. Nun wechseln die Moden alle paar Jahre; der franko-preußische Stil Gillys und Schinkels hatte noch zwei Generationen angedauert, seine Wendung in die eigentliche Modernität von Messel bis Mendelsohn hielt zumindest noch eine Generation vor. Nun kommt ein Einfluß nach dem anderen, und jeder wird bereits nach einem Jahrzehnt vom nächsten abgelöst. Was hat Schwippert schon mit Behnisch zu tun, was Eiermann mit Schüler?

Die Baugeschichte Berlins wird in der Nachkriegszeit von Leitbildern geradezu gejagt; der Altmoderne folgt die Vulgärmoderne und dieser dann eine Postmoderne, die nun gar kein verbindlicher Stil mehr sein will, sondern sich ihre Anleihen überall herholt. Ausgebrannt ist das Stilreservoir, das in den Berlin-Plänen benutzt wird, die seit der neugewonnenen staatlichen Einheit vorgelegt wurden. Nur eins ist sicher: Die großen Modelle sind schal geworden, und die Konzeptionen der Väter haben ihre Verbindlichkeit verloren. Auf den Reißbrettern sind die verschiedenen Wettbewerbsentwürfe nebeneinander zu sehen, aber man weiß nicht, worauf sie hinauslaufen und welcher Begriff von Stadt ihnen zugrunde liegt. Entdeckt jemand in diesen Plänen noch jene »Geistigkeit«, die Humboldt an Schinkels Vision für ein neues Berlin so rühmte?

Nicht die Kühnheit des Avantgardistischen macht die Misere des Heutigen aus, sondern daß man ohne Inspiration und auf banale

Manier an einer kommerzialisierten Vulgärmoderne festhält. Der Wiederaufbau der geschundenen Metropole war die größte Bauanstrengung Deutschlands im letzten halben Jahrhundert, aber man weiß nicht, was man Ausländern vorweisen soll, wenn sie anreisen, um die vereinigte Stadt in Augenschein zu nehmen – außer zwei Greisenwerken, die wie aus den zwanziger Jahren in die Gegenwart versetzt erscheinen, der Philharmonie und der Neuen Nationalgalerie. Das ist ein wenig dürftig als Leistung von zwei Generationen.

Die Stadt Schinkels muß Abschied nehmen von vielem Vertrauten, vom uralten Deutschland, vom alten Preußen und von jenem inspirierenden Genius, der über zwei Jahrhunderte hin Berlins Bauwillen beflügelte. Im 21. Jahrhundert können nicht mehr das Alte Museum Schinkels, die Turbinenhalle von Peter Behrens oder Scharouns Staatsbibliothek das Vorbild sein, an das man anzuschließen sucht. Die Stadt und ihr Bauen haben nur die Möglichkeit, jene Kühnheit in der Neuerfindung zu beweisen, die einst den »Preußischen Stil« kennzeichnete. Entschlossen müssen sie den Schritt in das neue Jahrhundert tun, in dem all das gebaut werden wird, was jetzt noch Planung ist.

Die gläserne Pyramide im Hof des Louvre, die Bank von Hongkong, das Lloyd's Versicherungsgebäude in London und selbst der neue Triumphbogen von La Défense – das sind die Exempel, die Berlins Bauen inspirieren könnten, und nicht die längst zur Provinzialität verkommene lokale Tradition. Haben denn Gilly und Schinkel, Behrens und Mies nicht in vergleichbarer Radikalität mit dem Vertrauten gebrochen? In den letzten Jahrzehnten gab es statt dessen nur Nachahmungen der Moderne von Vorgestern – der eine huldigte auf armselige Weise Mies van der Rohe, der andere wollte Taut neu beleben, der dritte brachte sein Leben damit zu, Mendelsohn zu variieren. Nirgendwo ist zu sehen, daß man in dieser zweiten Nachkriegszeit einen Schritt in Neuland getan hätte. »Nur wer sich wandeln kann, bleibt sich treu« – dieser Satz gilt auch und gerade für die Architektur am Ende von zwei Jahrhunderten grandioser Tradition.

Unberühmte Architekturen

Zu den Worten, die vielen Autoren zugeschrieben werden, zählt der Satz, daß die Stadt selbst das größte Kunstwerk ist, das Paris hervorgebracht hat. Tatsächlich tritt kein einzelner Bau, nicht Notre-Dame, kein Louvre, nicht einmal der Triumphbogen Napoleons in das Bewußtsein, wenn das Bild beschworen wird, das Paris in der Seele noch jeden Besuchers hinterlassen hat. Es sind die Quartiere des 17. und 18. Jahrhunderts, dann die Haussmannschen Boulevards aus den Jahrzehnten Napoleons III. und schließlich die Quais mit ihren Bouquinisten, die in der Vorstellung aufsteigen, wenn man die Romane Balzacs, Zolas oder Prousts liest. Die Stadt ist mehr als jede ihrer Architekturen, und das hält die Empfindung fest, die immer mehr versteht als das Wissen.

So verhält es sich mit allen großen Städten Europas, den ältesten und schönsten zuerst. Rom ist ein unvergleichliches Architekturmuseum, vom Pantheon Hadrians über Berninis Petersdom bis zur Stazione Termini. Aber Roms Bild in der Erinnerung wird geprägt von dem eher Beiläufigen, dem Oval der Piazza Navona oder dem Gassengewirr um die Piazza della Rotonda vor dem Pantheon; es sind wenig Häuser darunter, die das Gedächtnis zu beschreiben wüßte. Man kann zwar sagen, wer hier vor Jahrhunderten gewohnt hat, nicht aber, wie die Baumeister hießen, die jenen Borgo errichteten, den Mussolini abreißen ließ, um Platz für seine Triumphstraße vor dem Petersplatz zu gewinnen. Auf dem Corso, den Humboldt, Keats und Thorvaldsen so liebten und in dessen Seitenstraßen Goethe und Thomas Mann wohnten, finden sich nur eine Handvoll Häuser, die in die Architekturgeschichte eingegangen sind. Aber noch immer zählt der Corso zu den großen Straßen Roms, genau wie die Via Veneto der Jahrhundertwende, die das *Dolce vita* der fünfziger Jahre sah und die doch so banal ist wie alle Boulevards des späten 19. Jahrhunderts, die Champs-Élysées oder der Kurfürstendamm.

Es sind jene Orte, die keinen Stern in den Reiseführern tragen, die die schwer bestimmbare Aura Roms ausmachen und die am meisten geliebt werden – der Campo de' Fiori, die Quartiere an den Abhängen des Pincio oder die unscheinbaren Piazetten in Trastevere. Natürlich stehen in Rom auch die Häuser, die Friedrichs Potsdam beflügelten und dann das palladianische London, die berühmten Bauten von Bramante oder Borromini und vor allem Michelangelo. Aber das Unauffällige triumphiert immer über das Genie der einzelnen, und dies hatte wohl Fontane im Sinn, als er davon sprach, daß die schönen Städte Europas uns »wie ein reizendes Bild« berühren.

Nimmt überhaupt jemand wahr, daß Rom auch der Ort der italienischen Moderne ist, der des faschistischen Futurismus, vom Bauhaus zuweilen ununterscheidbar? Oder der Bauten des italienischen Versuchs, das Antike mit dem Pathos des Imperialen zu verbinden in der unvollendeten Weltausstellungsstadt von 1940 zwischen Rom und dem Meer, etwa die Gebäude von Piacentini oder La Padula, vor allem jener Palazzo della Civiltà Italiana – von den Römern Palazzo Chirico genannt? Gänzlich unauffindbar sind die Bannerträger der gegenwärtigen dritten Moderne von Rossi oder Grassi. Das bleibt eine Architektur für Architekten, von der die Bürger eher unwillig Notiz nehmen, wenn sie überhaupt wahrgenommen werden. Man muß sich ihre Bauten aus Architekturhandbüchern zurechtsuchen, um sie in Roms Häusermeer zu entdecken.

So ist es überall, in London wie auch in Moskau, das zwischen 1900 und 1930 ja eine Stadt des Aufbruchs auch auf dem Felde der Architektur war. Als sich der Höhepunkt des Stalinschen Terrors anbahnte, zog es alle in diese Stadt der Weltrevolution, die im Neuen Bauen eine Rolle spielten, Gropius wie Le Corbusier. Aber nicht das Moskau des Jugendstils oder der Moderne macht die Stadt an der Moskwa aus, sondern jenes alte Moskau, das Tolstois »Krieg und Frieden« aufgerichtet und das selbst die Industrialisierung und die Stalinsche Gewaltsamkeit halbwegs überstanden hat. Überall triumphiert der Geist des Ortes über die Aufgeregtheiten des Neuen, und das Unauffällige erweist sich als stärker als jene Bauten, die in den Baedekern eigene Abschnitte haben. Liebt man in London nicht besonders die namenlosen Straßen in Kensington oder Knightsbridge und besucht eher aus Pflichtbewußtsein die berühmte St. Paul's Cathedral von Christopher Wren, der London nach dem Großen Brand von 1666 wiederaufgebaut hat?

Besonders Wien hält dafür Beispiele in Fülle bereit. Natürlich bestimmt der Stephansdom den 1. Bezirk, und die Palais des theresianischen Zeitalters geben ihm seinen österreichischen Charme. Aber es ist das Banale, das Wiens Stadtgesicht ausmacht, und es sind jene Straßen und Bauten, die in der Baugeschichte keine Rolle spielen, die die habsburgische Kaiserstadt zur Metropole am Tor zum Balkan gemacht haben. Sicher ist der Neoklassizismus des Parlamentsgebäudes hohl, so nachgeholt wie das Pathos des barockisierenden Burgtheaters; aber es sind, neben dem Halbrund von Gottfried Sempers Neuer Hofburg, die Bauten Franz Josephs am Wiener Ring, in dem das Glanzverlangen der zu Ende gehenden Donaumonarchie noch einmal Ausdruck fand. Mit der Oper an der Kärntner Straße gegenüber dem Sacher wird der Eklektizismus der k.u.k.-Welt fast schon bedeutend.

Was zählen daneben die Inkunabeln des Wiener Jugendstils, die Hochbauten der Stadtbahn von Wagner oder das legendäre Secessionsgebäude von Olbrich am Naschmarkt? Sie spielen in der Architekturgeschichte eine Rolle, nicht aber im Bewußtsein der Einwohner und der Besucher. Man kann diese Erfahrung auf die Spitze treiben: Wenn die Sterne in den Architekturführern aufzuscheinen beginnen, steht es bedenklich um die Stadt. Allzuoft zerstört gerade das Epochemachende das Gleichmaß des Herkömmlichen, wie dort deutlich wird, wo neuer Kunstwille in alte Zusammenhänge einbricht.

Das gilt in Wien für die Weltanschauungsarchitektur von Adolf Loos in besonderem Maße, sein berühmtes Café nahe der Kärntner Straße und der herausfordernde Bau am Michaelaplatz, mit dem er Fischer von Erlachs Flügel der Hofburg konfrontierte. Auch nach einem Jahrhundert haben sie sich nicht eingelebt, und Wiens Bürger begegnen ihnen noch heute so irritiert wie zu jener Zeit, da sie den achtzigjährigen Kaiser schockierten. In diesem Sinne gibt es überall zwei Städte, die der Wirklichkeit und die des Gedankens – das Häusermeer, in dem die Bürger wohnen, und das Herausgehobene, das in der Architekturgeschichte eine Rolle spielt.

Das wird an Berlin besonders deutlich, dem »steinernen Meer« Hegemanns, das in zwei ganz verschiedenen Formen lebt: der glanzvollen preußischen Residenz zwischen Schlüters Barock, Knobelsdorffs Rokoko, dem Griechentum von Langhans und Schinkels Klassizismus auf der einen und der anonymen Mietskasernenstadt Zilles auf der anderen Seite. Hier zählt Berlin tatsächlich zu den großen Städten Europas, dort trifft man auf ein gesichtsloses Elend, das einem noch heute bei der Fahrt durch Moabit oder Friedrichshain fast schmerzhaft entgegentritt.

Natürlich stehen in diesem Meer auch die großen Bauten der beginnenden Moderne, das Kaufhaus Wertheim von Alfred Messel, die Turbinenhalle von Peter Behrens in Moabit, das Kaufhaus von Sehring in der Leipziger Straße, die Funkstation von Hermann Muthesius in Nauen und die großbürgerlichen Villen Mies van der Rohes am Stadtrand bei Neubabelsberg. Aber spielten sie in der Millionenstadt der Jahrhundertwende wirklich eine Rolle, nahm sie der Zeitgenosse wahr, wenn man nicht nach den Architekturführern urteilt, die ein Jahrhundert später geschrieben werden? Berlins Gesicht wird vom Gleichmaß des Alltäglichen und des Durchschnittlichen bestimmt – der Unbeholfenheit des Dekorationswillens von Kreuzberg aus der Bismarckzeit, der vegetabilischen Ornamentik des Kurfürstendamms und seiner Nebenstraßen aus der Epoche Wilhelms II. sowie den zwei Dutzend von Vororten wie Grunewald, Lichterfelde, Lankwitz, Frohnau oder Pankow, die unmittelbar vor dem Ersten Weltkrieg entstanden.

Das ist die Welt, die Berlins Gesicht noch heute prägt, jenes Berlin, in dem Fontane sein Leben unwillig zubrachte – wie in seinen Briefen an Emilie, Mete und Friedländer immer wieder zum Ausdruck kommt –, das Benn, Brecht, Döblin, Käthe Kollwitz und Liebermann liebten und das Mehring und der ältere Liebknecht verfluchten. Die Stadt muß sich nun einmal damit abfinden, daß sie keine der alten Städte Europas wie Palermo, Lissabon oder Edinburgh ist, um von den europäischen Metropolen zu schweigen. Berlin als Großstadt ist erst in der Zeit zwischen den herabsinkenden Stilen der Vergangenheit und den heraufkommenden Jahrzehnten der Moderne geboren, und sogar erst kurz vor dem Untergang wurde Berlin eine wirkliche Weltstadt. Daher kommt es, daß die heutige Stadt zu den häßlichsten Hauptstädten Europas gehört, übertroffen darin nur von der anderen Stadt der Jahrhundertwende – jenem Budapest, das ebenfalls vom Wasser lebt, von der Donau dort, von dem Kranz der Seen zwischen Spree und Havel hier.

Dieses Zurückbleiben Berlins gegenüber den anderen großen Städten Europas ist gerade von skeptischen Berlinern immer gesehen worden, und zwar nicht nur im Vergleich zu Rom oder Paris. Fontane beobachtet die mangelnde Lebensart Berlins bei einem Gang durch die ärmeren Viertel Londons. »Ja, sehen Sie, London«, sagt er noch Jahrzehnte später in der Erinnerung zu einem Bekannten beim Gang über den Potsdamer Platz, »London, das ist was, und das ist auch was Großes. Und die Wirtin kam gerade heim und da war ein Tisch für sie gedeckt und da setzte sie sich hin und aß ihr Diner. Und wir sahen zu. Und das werde ich nie vergessen, wie zierlich diese doch nicht der besten Gesellschaft angehörende Frau mit Messer und Gabel hantierte und ihren Anstand wahrte. Besser als die Prinzessinnen bei uns. Und das ist das Große: die Bildung des Volkes.« Das sagte Fontane, als Berlin gerade die Metropole des Kaiserreichs geworden war.

Eine Stadt ist die steingewordene Gesellschaft der in ihr Lebenden. Berlin war aber selbst in seinen besten Zeiten – vielleicht mit der einzigen Ausnahme des Zwischenspiels von Weimar – eine Groß-, sogar eine Weltstadt, aber eine Weltstadt ohne Weltstädter. Es ist diese Fontanesche »Dreisechsermentalität« alles Berlinischen, die auch heute schwerer zu überwinden sein wird als die fortdauernden Folgen seiner jahrzehntelangen Einschließung.

Wenn der Potsdamer Platz um 1920 neben Londons Tower Bridge und dem Rond Point tatsächlich, wie die Statistiken sagen, der belebteste Punkt des Kontinents war, so war er doch auch darin charakteristisch für die Millionenstadt, daß er städtebaulich eine Mißgeburt war und architektonisch eine Belanglosigkeit; nur von dem Leben existierte er, das dort einst stattfand. Nicht ein Gebäude von auch nur einiger Ansehnlichkeit stand am Potsdamer Platz, der von drei Hotels – dem Hotel Bellevue, dem Palast-Hotel und dem Hotel Fürstenhof – bestimmt wurde und natürlich von dem Verkehrsturm, der ihn mehr markierte als jede Architektur. Als man dem kurz vor dem Untergang der Republik durch Mendelsohns Columbus-Haus abzuhelfen suchte, lief das auf eine Steigerung des Sammelsuriums hinaus, das nur durch einen vollständigen Abriß der Mißgeburten zu retten gewesen wäre – was Poelzig, Luckhardt und Mendelsohn vorhatten und Berlins Stadtbaumeister Wagner billigte.

Die zwei großen Plätze an der Seine und an der Spree, der Étoile und die Place de la Concorde in Paris und der Potsdamer Platz und das »Knie« der Charlottenburger Chaussee in Berlin – der ganze Abstand zwischen der französischen Metropole und der deutschen Kaiserstadt tritt einem entgegen. Berlins Provinzialität wird auch darin deutlich, daß die Stadt kein gelassenes Verhältnis zu sich selbst hat und von dergleichen Feststellungen schockiert ist. Wo ist die Zeit, da Gottfried Benn schrieb: »Erkenne die Lage. Rechne mit deinen Defekten, gehe von deinen Beständen aus, nicht von deinen Parolen«?

Berlin zahlt eben auch in seiner Architektur den Preis dafür, daß nicht nur Deutschland eine verspätete Nation war, sondern auch Berlin eine spät gewordene Reichshauptstadt. Erst 1871 wurde es Zentrale des neugeborenen Kaiserreichs, und über sie brach dann die Industriewelt des späten 19. und frühen 20. Jahrhunderts herein. Nur: Dieses Parvenuehafte, dieses Gehabe des *Nouveau riche*, dieses Voraussetzungslose und allem Offene, das allen schärfer Blickenden von Mark Twain bis zu Georg Brandes immer in die Augen fiel, machte die paradoxe Faszination seiner grauen Quartiere aus, die noch heute in den Arbeiterbezirken von Wedding oder Lichtenberg zu spüren ist.

Es war dieses Berlin, auf das die deutschen Dinge notwendig zuliefen; es kann nicht wundernehmen, daß in der Literatur Naturalismus und Expressionismus, in der Wissenschaft Mathematik und Physik in dieser Stadt ihren Durchbruch erlebten. In der Dynamik seiner Modernität war diese »Metropolis« wichtiger als die so viel schöneren Städte des Westens und Südens; Maillol wie Giraudoux, Thomas Wolfe wie Isherwood, Pasternak wie Nabokov kamen, um dieses unansehnliche Berlin zu bestaunen. Erst langsam wird der Stadt bewußt, daß sie sich 1930 tatsächlich anschickte, die Hauptstadt des 20. Jahrhunderts zu werden. Da machte das Dritte Reich sich daran, Berlin als Welthauptstadt Germania zu ruinieren.

Das muß wissen, wer über jenes Berlin reden will, das eben jetzt entsteht. Die Stadt, die so lange im politischen, geistigen und geographischen Niemandsland lag, ist im Begriff, noch einmal Hauptstadt der Deutschen zu werden. Intellektuell zweimal ramponiert durch einen großen Exodus – den zwischen 1933 und 1945 und den während der Dauer des sowjetischen Satellitenstaats –, will Berlin nun auch in der Architektur seine Provinzialität abschütteln. Die Stadt ergeht sich geradezu in einer Orgie von Wettbewerben, die das Beste herauszufinden suchen, was das Bauen der Gegenwart zu bieten hat.

Ist aber die Addition von lauter Bravourstücken der richtige Weg? Im alten Zentrum Berlins sind sie alle versammelt – der I.M. Pei des New Wing der National Gallery von Washington, der Foster der Hongkong and Shanghai Bank in Hongkong, der Rogers von Lloyd's in London, Isozaki aus Tokio, jener Philip Johnson, der mit dem AT&T-Wolkenkratzer von New York das Ende der Zigarrenkistenarchitektur einleitete, der Nouvel des Arabischen Zentrums von Paris, der Renzo Piano des Centre Pompidou, der Richard Meier der schneeweißen Museumsarchitekturen und der Bohigas der

Olympiastadt Barcelona. Entsteht aus solcher Versammlung von Zelebritäten wirklich das Berlin des nächsten Jahrhunderts? Natürlich sind das alles bemerkenswerte Architekten, weit über dem Durchschnittsmaß, das Berlin in der Nachkriegszeit beherrschte. Aber alles, was auf diese Weise zur Zeit in Berlin entsteht, hat einen Zug von permanenter Ausstellungsarchitektur.

Die Tradition der deutschen Moderne, an die man anknüpfen will, wollte aber gerade nicht das Exzeptionelle, sondern das Normale, nur zur Vorbildlichkeit gesteigert. Das Unsensationelle machte die Architektur jenes knappen Jahrzehnts aus, das der ersten Republik gegeben war. Noch heute geht man staunend durch die Restbestände dieses Bauens – die Weiße Stadt Hugo Härings, die Siemensstadt von Gropius und Scharoun, die Hufeisensiedlung von Martin Wagner und das Onkel Tom von Bruno Taut, neben denen noch die Siedlungen der späten Kaiserzeit stehen. Im nachhinein schließt sich ja überraschenderweise das Bauen zwischen 1900 und 1935 zu einer einzigen Epoche zusammen. Die revolutionären Durchbrüche erfolgen fast alle vor der Zeitenwende des Weltkriegs – die Quantentheorie, die Relativitätstheorie, die Tiefenpsychologie, die atonale Musik, die ungegenständliche Kunst und auch das Neue Bauen.

Die Entdeckung der Modernität des späten Wilhelminismus steht noch bevor; die Kaiser-Wilhelm-Gesellschaft trug ihren Namen zu Recht. Es war richtig, daß der Herrscher unter dem Adlerhelm, der aus einer Provinzinszenierung Richard Wagners herausgestiegen zu sein schien, einer ganzen Epoche, eben dem »Wilhelminismus«, den Namen gegeben hat. Allzu lange hat die menschliche Trostlosigkeit des letzten Hohenzollern den Blick auf die intellektuelle Produktivität der Epoche vor der Revolution verstellt, die nur scheinbar das Tor in die Modernität aufstieß.

Niemand wird sagen wollen, daß die zweite Hälfte des Jahrhunderts gehalten hat, was ihr Auftakt versprach. Das gilt im besonderen Maß für das Bauen von Berlin. Will man etwa die Bauten der beiden Universitäten, die Museumbauten in Dahlem, die Opernhäuser und Theatergebäude der westlichen Stadthälfte ins Feld führen? Oder die Nachkriegs-Ausstellungshallen am Funkturm? Das Internationale Congress Centrum, für das die Gläserne Galerie des Messegeländes von Ermisch aus dem Jahre 1935 abgerissen werden mußte, wohl weil sie durch ihre Entstehungszeit belastet war, wird als Werk der Baukunst von den Handbüchern nicht einmal erwähnt. Der Siedlungsbau der Nachkriegszeit wird nach dreißig Jahren auch von seinen Advokaten nicht mehr ins Feld geführt, nicht die einst gefeierte Ernst-Reuter-Siedlung oder Scharouns Charlottenburg-Nord und all die anderen Versuche, die Prinzipien der Charta von Athen zu vollstrecken; schon gar nicht die spektakulären Großsiedlungen der sechziger Jahre, mit denen die Stadt von dem Kleinleuteglück der Weimarer Zeit Abschied nehmen wollte.

Es fällt schwer, auch nur eine Handvoll Bauten zu nennen, die sich dem einfügen, was Groß-Berlins besonderes Gesicht ausmachte. Allerdings: Jede Epoche des Bauens war damals mit einem großen Städteplaner verknüpft, mit Schinkel oder mit Hoffmann oder mit Wagner. Wessen Name hat sich aus dieser zweiten Gründerzeit der Erinnerung eingeprägt? Wer von den vielen Bausenatoren und Senatsbaudirektoren ist überhaupt noch im Gedächtnis? Das Personal ist so grau wie das Bauen. Berlin hat schlecht mit seinem Pfund gewuchert.

Darauf aber wird es ankommen, nicht auf das Ergebnis der mehr als fünfzig Wettbewerbe, zu denen man die Koryphäen aus aller Welt zusammengerufen hat. Wieder einmal wird das Gesicht der Millionenstadt von jenem namenlosen Bauen geprägt werden, das jenseits der Orte stattfindet, auf die das Licht der Öffentlichkeit fällt – den Stadträumen zwischen Spandau und dem Prenzlauer Berg, zwischen Reinickendorf, dem Alexanderplatz und Lichtenberg. Paris erhält sein Gesicht von den großen Boulevards und London das seine von jenen Squares, die als Werke der Kunst belanglos sind und die doch den Charakter des Häusermeers ausmachen, das auf vergleichbare Weise aus der Aneinanderreihung von einzelnen Boroughs zusammenwucherte.

Fährt man durch die wiedergewonnenen Viertel des Ostens, so begegnet man überall einzelnen Quartieren, in denen sich das Großstädtische Berlins erhalten hat, vom Scheunenviertel bis zum Kollwitzplatz. Das sind die Arbeiterviertel, in denen die Armenärzte Karl Kollwitz und Alfred Döblin ihre Praxis hatten, wo der junge Arnold Zweig wohnte und Gerhart Hauptmann in Erkner oder in Charlottenburg seine ersten Stücke schrieb. Der Potsdamer Platz und die Friedrichstraße, wo jetzt geradezu eine Olympiade der Avantgardisten stattfindet, sind natürlich wichtige Orte, und nur eine Verklärung der Vergangenheit, die das gründerzeitliche Gesicht der Leipziger Straße und der beiden Plätze, in die sie mündete, des Leipziger und des Potsdamer Platzes, nicht in Erinnerung hat, kann einen Zweifel haben, daß das nun Entstehende weit über dem Niveau von einst liegen wird. Aber das Schicksal der Millionenstadt – von der vorläufig noch ungewiß ist, ob sie jemals wirklich eine mitteleuropäische Metropole werden wird – entscheidet sich in jenem Häusermeer, das immer mehr war als jene »Prachtquartiere«, von denen die Stadtführer der Kaiserzeit sprachen. Nur Ahnungslosigkeit kann meinen, daß Berlin als Kunstwerk Schritt halten könnte mit den Städten an der Seine und am Tiber.

Hier und da deutet sich aber ganz unspektakulär an, daß die Tradition der unverwechselbar berlinischen Architektur fortgesetzt wird – ein wenig beachteter Wohnhausblock des frühen Kleihues am Vinetaplatz in Wedding, Mietshäuser von Kollhoff beim Luisenplatz am Charlottenburger Schloß oder an der Stadtautobahn nahe dem Hohenzollerndamm und vielleicht ein Dutzend weitere, über das ganze Stadtgebiet verteilte Bauten. In solchen Architekturen, die das Outrierte vermeiden und das Simple zur Vorbildlichkeit bringen, wird jene Berliner Bautradition fortgeführt, bei der das Raffinement immer aus dem kam, das kein Aufhebens von sich machte.

Von dergleichem Maßhalten könnte eine nicht importierte Erneuerung des Berliner – oder vielleicht sollte man sagen: des preußischen – Stils kommen. Am Ende triumphiert immer das Einfache über das Weithergeholte.

Wettbewerbsentwurf zu einem Hochhaus in der Friedrichstraße
von Ludwig Mies van der Rohe, 1922.

Ullstein-Druckhaus in Tempelhof, Mariendorfer Damm, das erste »gegossene« Hochhaus in Berlin, 1926/27 nach Entwürfen von Eugen G. Schmohl erbaut.

Ehemaliges Universum-Kino am Lehniner Platz,
die heutige Schaubühne, 1926 bis 1931 nach Entwürfen
von Erich Mendelsohn erbaut. Aufnahme 1982.

Geschäfts- und Bürohaus am Alexanderplatz (Berolina-Haus), 1930/31 nach einem Wettbewerbsentwurf von Peter Behrens erbaut.

Shell-Haus am Reichpietschufer, 1931 nach Entwürfen von Emil Fahrenkamp erbaut.

Vergessene Traditionen und versunkene Utopien
Die verschiedenen Gesichter der Moderne

Nie ist ein Stilwandel in der Architektur so über Nacht erfolgt wie bei jenem Epochenbruch, als den sich die letzte Jahrhundertwende immer deutlicher zu erkennen gibt. Der neobarocke Dom von Raschdorff am Ende der »Linden« ist 1905 eingeweiht worden, das Faguswerk von Gropius wird nur sechs Jahre später entworfen; zwei Welten stoßen aufeinander.

Das Erlahmen alten Formwillens und das Hochkommen neuer Impulse geht sonst bestenfalls in Jahrzehnten, mitunter in Jahrhunderten vor sich. Die Ablösung des Barock durch den Klassizismus, vermittelt durch manche Zwischenstationen – in England den Palladianismus, in Frankreich das Régence und das Directoire, in Deutschland den Vorklassizismus in seiner Wörlitzer oder Berliner Prägung –, dauert ein Vierteljahrhundert. Um ein Berliner Beispiel zu geben: Das Brandenburger Tor von Langhans wird als Fanal des Neuen drei Jahre nach dem Tod Friedrichs des Großen im Jahr der Französischen Revolution 1789 entworfen; ziemlich genau fünfundzwanzig Jahre braucht es noch, dann zeichnet Schinkel nach den Napoleonischen Kriegen an denselben »Linden« seine Neue Wache. Als »Königswache« ist sie der Auftakt zu seinen großen Berliner und Potsdamer Bauten. Das Spätrokoko Friedrichs, der längst schon ein Nachzügler geworden war, ist endgültig durch den Klassizismus abgelöst.

Zumeist ist ein noch größerer Zeitraum vonnöten, bis sich ein neuer Stil zur Geltung bringt. Die Renaissance benötigt zumindest einhundert Jahre, die Gotik kommt sogar auf gut und gern zwei Jahrhunderte, bis sie sich in ganz Europa durchgesetzt hat. Wann aber wird ganz unmerklich aus der Spätantike das Frühmittelalter? Es ließen sich Dutzende von Beispielen nennen, bei denen schwer zu sagen ist, welcher Welt sie zugehören. Ist das Grabmal des Theoderich in Ravenna noch antik, oder gibt sich hier schon jener Geist zu erkennen, der dann die Kirchen der frühen Romanik prägen wird? Und was ist erst mit der karolingischen, dann mit der hohenstaufischen Renaissance? Nachklang oder Ouvertüre?

Aber die Turbinenhalle von Peter Behrens aus dem Jahre 1909, deren schmucklose Stirnfläche unerhört ist, bricht in das Bauen der Jahrhundertwende wie eine Revolution ein, und das Warenhaus Tietz von Sehring in der Leipziger Straße präsentiert 1899 den ersten radikalen *Skin-and-skeleton*-Bau auf dem Kontinent, wobei das Gekräusel auf seiner Oberfläche nichts zur Sache tut. Nimmt man Loos in Wien und Le Corbusier in Paris dazu und Frank Lloyd Wright in den Staaten, so sind es nur wenige Jahre, bis sich die Weltsprache des Neuen Bauens überall etabliert. Dergleichen Abruptheit hat es noch nicht gegeben.

Es bedarf nur noch der Vertreibung der Avantgarde aus Deutschland, und der Internationale Stil ist wirklich international geworden, als den Philip Johnson bereits vor einem halben Jahrhundert die Ubiquität und Simultaneität, die Ort- und Zeitlosigkeit des neuen Elans kennzeichnet. Wenige Jahrzehnte später ist die Architektur in Chicago, Hongkong, Rio und Frankfurt tatsächlich kaum noch unterscheidbar; nicht selten sind es ja auch dieselben Architekten, die überall den Ton angeben.

Aber nicht nur der Entwurf des Neuen ist von einer Zäsur geprägt, die ein Vorher und ein Nachher kennt, auch die Geschichtsschreibung folgt derselben scheinbaren Eindeutigkeit. Die Architekturtheoretiker und Gropius-Propheten Giedion und Pevsner haben das theoretische Rüstzeug für diese Sicht der Dinge geliefert. Die Moderne ist der Architekturhistorie das, was mit den radikalen Revolutionären vor genau einem Jahrhundert ans Leben trat. Es gab zwar Rückschläge, hin und wieder ein Ermatten des neuen Elans, auch eine Reaktion, die zuweilen von politischer Gewalt erzwungen wurde. Aber immer folgt solchen Phasen ein erneuter Aufbruch, der bei den Wegbereitern vom Jahrhundertbeginn anknüpft und ins Neue, noch nie Betretene führt.

Der Weg der Architektur in diesem Jahrhundert war für diese Sicht der Dinge gradlinig und unmißverständlich. Wer auf der anderen Seite gestanden hatte, die Baumeister der Industrie- und Warenhausarchitektur der Jahrhundertwende, die Stuttgarter Schule um Schmitthenner und Riemerschmid, der Heimatschutzbund-Vorkämpfer Schultze-Naumburg (der übrigens aus dem Werkbund kam), die später in das Dritte Reich eingemündeten Bonatz und Kreis, aber auch der nach 1933 in Acht und Bann getane Tessenow, war diskreditiert, nicht nur durch die Nähe zum Regime, sondern vor allem durch das vorgeblich rückwärts gewandte Bauen selber. Ist aber die Entwicklung wirklich so eindeutig gewesen?

Zuerst einmal ohne Zweifel nicht, was den wirklichen Verlauf der Dinge anlangt. Das Neue Bauen blieb lange, was das Neue immer ist, eine Außenseitersache. Wie in der deutschen Malerei vor und nach dem Weltkrieg noch Liebermann, Corinth und Slevogt den Ton angaben, als Brücke, Blauer Reiter und Bauhaus – Kirchner, Kandinsky und Schlemmer – schon längst die Bühne betreten hatten, so beherrschten Messel mit dem Kaufhaus Wertheim, Schwechten mit seinem Anhalter Bahnhof und der Architekt der Berliner U- und S-Bahnhöfe, Alfred Grenander, die Stadtmitte Berlins, als draußen am Stadtrand Behrens, Gropius und Mies van der Rohe das überlieferte Stilreservoir zum Einsturz brachten. Wer nahm um 1900 von den Revolutionären überhaupt Notiz?

War das wirklich nur das Zurückbleiben des Trosses hinter der Avantgarde? Die Geschichtsschreibung ist oft ungerecht, auch das Bewußtsein der Nachlebenden. Denn so war es für die Zeitgenossen ja gar nicht, wie jeder Blick in die Bücher von Scheffler, Lichtwark und Westheim lehrt, und es ist die Frage, ob nach einem Jahrhundert nicht eine gerechtere Sicht auf die Architektur der Jahrhundertwende fällig ist.

Selbst das Bauhaus betrat ja auf ganz andere Weise die Szene, als das der Nachwelt erscheint. Gropius sprach Anfang des Jahrhunderts von der »Kathedrale« der Zukunft, die es mit »Meistern« und »Gesellen« zu errichten gelte; er war noch weit von jener Überzeugung, daß die Kunst sich mit der Industrie verbinden müsse. Die Architekten der »Gläsernen Kette«, die im Schatten der Revolution von 1918 mehr zeichneten als bauten, waren rückwärts gewandte Phantasten und tief von der Gotik, auch dem Gotizismus des 18. und 19. Jahrhunderts geprägt; es schauderte ihnen vor der technischen Zukunftswelt, die der durch den Weltkrieg gegangene Gropius inzwischen doch gerade heraufführen wollte.

Sie alle kamen vom Jugendstil oder vom Expressionismus her und unterhielten die freundschaftlichsten Beziehungen zu Nolde, Barlach und Rohlfs. Wie sie selber im Bauen gegen die »Seelenlosigkeit« des Konstruktivismus standen, so war jenen der Futurismus fremd, zu dem die italienische und russische Moderne drängte, Marinetti wie Tatlin. Nur Hitler hat sie alle gleicherweise zu kalten, »technischen« Modernen gemacht, und merkwürdigerweise ist ihm die Nachwelt gefolgt.

Aber es war genau umgekehrt. Poelzig, scheinbar einer der Pioniere von Weimar, der in seinem Großen Schauspielhaus mit dessen Stalaktitengewölbe gleich nach der Revolution nicht nur dem Historismus der Reichsgründungszeit, sondern auch der preußisch-klassizistischen Tradition eine Absage erteilt hatte und dessen zehn Jahre später entstandenes Berliner Funkhaus von 1931 einer der letzten großen Bauten vor dem Dritten Reich war, sprach damals von der Notwendigkeit einer »Rettung vor der hereinbrechenden Modernität«. Sieht man Deutschlands Städte ein halbes Jahrhundert später, so will es scheinen, als sei diese Mahnung nicht unbegründet gewesen.

Es ist nicht die Restauration, sondern gerade die Revolution, die vor der »Gesichtslosigkeit« der heraufziehenden Zukunftsarchitektur warnt. Die Wendung, daß auch die »simpelste Bauaufgabe den Schimmer eines Doms« erkennen lassen müsse, findet sich in Tauts Schrift »Die Stadtkrone« und wurde, noch im Krieg verfaßt, bald nach der Ausrufung der Republik veröffentlicht. War das antimodern, oder hatte die Moderne viele Gesichter? Erst die faschistische Revolte hat sie alle gleicherweise zu Ausgeschlossenen und Geächteten gemacht. Das bindet sie im nachhinein aneinander.

Die Übermacht der radikalen Avantgarde für die ganze spätere Zeit liegt natürlich daran, daß Mies van der Rohe, Frank Lloyd Wright und Le Corbusier wirklich die Genies ihrer Epoche waren; ihre frühen Bauten sind die Inkunabeln des Jahrhunderts, auch und gerade wenn man sie aus dem Abstand fast eines Jahrhunderts betrachtet. Der Entwurf für ein Hochhaus in der Friedrichstraße von Mies, Frank Lloyd Wrights Haus Robie in Chicago und die frühen Haustypen und Stadtentwürfe von Corbusier haben tatsächlich eine neue Sprache gesprochen, die man am Ende des Jahrhunderts noch immer mit jenem Staunen sieht, das sie vor siebzig oder achtzig Jahren erweckten.

Aber haben sie wirklich die Urbanistik weitergeführt, haben sie den Bau von Städten nicht möglicherweise in die Irre geführt? Ein wenig hat die Schönheit ihrer Meisterwerke von der Nutzlosigkeit des Mörikeschen »Und selig scheint es in ihm selbst« an sich. Mies van der Rohe wollte gar nicht, daß Kunstwerke in seiner Neuen Nationalgalerie gezeigt wurden; ein Mondrian, Picassos »Guernica« und Lehmbrucks »Kniender« – das sei genug, alles andere störe nur die Reinheit seiner Architektur. »Mein Haus selber ist das Kunstwerk. Es will kein Behälter für Kunst sein«, sagte Mies während der Bauarbeiten als Antwort auf Angriffe, sein Bau sei als Galerie ungeeignet. Oben seien die Räume zu hell, unten zu dunkel.

Frank Lloyd Wrights Guggenheim-Museum ist in seiner Spiralhaftigkeit geradezu ein optischer und akustischer Feind der Werke, die in ihm präsentiert werden, was er durchaus sah und in Kauf nahm. Am Ende seines Lebens war Frank Lloyd Wright allen Ernstes mit dem bereits durchgerechneten Entwurf eines einen Kilometer hohen Wolkenkratzers beschäftigt, der mehr Menschen beherbergen sollte, als Paris oder London wenige hundert Jahre zuvor Einwohner gehabt hatten. Als besonderen Vorzug dieses Hauses wies Wright darauf hin, daß die obersten zweihundert Meter über den Wolken fern des Irdischen in der Sonne liegen würden. Könnte man deutlicher machen, daß dies eine Architektur ist, die der Stadt den Rücken kehrt?

Le Corbusiers *Cités radieuses* in Nantes, Marseille und Berlin sind wenige Jahre nach ihrer Errichtung schon Sozialfälle geworden – wie das Leben, das in ihnen stattfindet. In Frankreich wird allen Ernstes erwogen, eine dieser Wohnmaschinen, die ein für allemal mit dem klassischen Städtebau ein Ende machen wollten, abzureißen. Was wäre aus Corbusiers kilometerlangem Haus wohl geworden, das bei Algier schlangenartig die Küste Nordafrikas säumen sollte?

Eine neue Vision von Stadt? Worum es ihnen allen und schließlich auch Scharoun mit seinem Traum, wonach die Stadt durch eine »Stadtlandschaft« abgelöst werden müsse, in Wirklichkeit ging, war nicht ein neuer Entwurf von Stadt, sondern die Abschaffung des Molochs Stadt. Es fiel nicht aus der Ordnung, als Le Corbusier gleich nach dem Krieg allen Ernstes empfahl, Berlins historische Stadtmitte bis auf wenige Solitäre abzureißen und durch ein System von Wohnmaschinen zu ersetzen. Er hatte denselben Vorschlag schon vor dem Krieg für das Herz des alten Paris gemacht, das durch eine Reihung von vierundsechzig Hochhäusern ersetzt werden könne.

Betrachtet man heute unsere Städte und ihre Großsiedlungen, die sämtlich auf rationalistische Gedankenmodelle der zwanziger Jahre zurückgehen, so sind es viel eher die Werksiedlungen und Gartenstädte des späten Kaiserreichs und der Weimarer Republik als die ungebauten Idealstädte Hilberseimers, Mays oder Mies van der Rohes und die gepriesenen berühmten Exempel der Nachkriegszeit – die Hamburger Scheibenhäuser von Hermkes, Scharouns Punkthäuser »Romeo und Julia« bei Stuttgart oder Berlins Gropiusstadt –, die uns eine Vorstellung geben, wie Deutschland nach den Zerstörungen des Krieges hätte wieder aufgebaut werden können. Mit diesem unspektakulären Siedlungsbau wird demonstriert, auf welchem Wege sich der Städtebau befand, als die Philosophie des Neuen Bauens über diese Ansätze hereinbrach und rationalistische Gegenmodelle triumphierten.

Wenn es richtig ist, daß nie eine Stilwende so über Nacht vollzogen worden ist wie Anfang des Jahrhunderts, so sind auch nie die neuen Ideale – die städtebaulichen, nicht die architektonischen – so schnell zuschanden geworden wie in der zweiten Nachkriegszeit. Wann ist jener Satz gesagt worden, der das Empfinden angesichts eines Gangs durch die neuen Siedlungen festhält?

»Vielleicht ist das Entsetzen dieser Zeit in den architektonischen Erlebnissen am sinnfälligsten: Eine grauenhafte Müdigkeit bringe ich stets heim, wenn ich durch die Straßen gewandert bin. Ich brauche die Häuserfronten gar nicht eigens zu betrachten; sie beunruhigen mich, auch ohne daß ich den Blick zu ihnen erhebe. Was bleibt, ist eine tiefe Beunruhigung und Wissen, daß dieser Baustil, der keiner mehr ist, bloß ein Symptom darstellt, ein Menetekel für einen Zustand des Geistes, welcher der Ungeist dieser Unzeit sein muß.«

Das schrieb nicht einer der Konservativen aus dem Umkreis Moeller van den Brucks, sondern Hermann Broch im dritten Band seiner Romantrilogie »Die Schlafwandler«. Er erschien 1932 in Zürich, noch bevor Broch sich in die Emigration nach Amerika rettete.

Das Mißlingen konnte gesehen werden, wenn man nur richtig zu sehen verstand. Aber wer tat das schon zu Beginn der zweiten Nachkriegszeit, als die Zerstörungen des Bombenkriegs es zum ersten Mal möglich machten, die Doktrinen der neuen Stadtphilosophie in Städtebau umzusetzen? Die unzerstörten Städte der Zwischenkriegszeit hatten die Stadttheoretiker von Weimar ja auf die Stadtränder von Frankfurt, Berlin oder Breslau verwiesen, und nur an Reißbrettern war abzulesen gewesen, in welche Richtung die Träume der radikalen Moderne gingen. Am Ende von Weimar war aber die Gewaltherrschaft gekommen, und als man 1945 einen neuen Anfang versuchte, belasteten die vergangenen zwölf Jahre alles, was gegen die scheinbar reine Lehre, die einzig wahre Modernität stand.

Wer hätte gewagt, die Siedlungen vom Beginn des Jahrhunderts gegen jene »weißen Bauten standardisierter Konstruktionssysteme« auszuspielen, deren bloße Erscheinung schon »soziale Gleichheit und technischen Zukunftsglauben« ausdrücken sollte, wie einer der

Architekten der Stuttgarter Weißenhof-Siedlung formulierte? Die berühmte Hutfabrik von Mendelsohn in Luckenwalde und die exemplarische Gutsanlage von Häring in Garkau wurden in den Debatten der fünfziger Jahre zu maßgebenden Denkmälern »rationalen und zugleich rationellen Bauens« erklärt, obwohl doch gerade ihr Rationalismus sehr zweifelhaft geworden war. Neue Fabrikationssysteme machten Mendelsohns scheinbar rationalistisches Werk schon nach wenigen Jahren unnutzbar und die modernen maschinellen Melkanlagen die technischen Stallungen Härings unbrauchbar. Jetzt sind beide Anlagen Denkmäler. Aber Denkmäler wofür und wovon?

Wahrscheinlich kommt viel von dem Mythos der zwanziger Jahre daher, daß die Visionen von damals, die Hochschulstadt von Hilberseimer wie die Reihung von Wolkenkratzern, die Gropius am Ufer der Havel vorsah, Utopien auf dem Zeichentisch blieben. Wenn die Visionen der zwanziger Jahre verwirklicht worden wären – den fünfziger und sechziger Jahren wäre viel erspart geblieben.

Das fortschrittliche, das progressive Bauen war ja inzwischen von der Progression selber überholt worden, und so ist es vielem ergangen, was eben noch einen zeitlosen Zukunftsentwurf zu liefern versprach. Wirklich scheint am Ende dieses Jahrhunderts das zu Ende zu gehen, was man an seinem Anfang unter »Modernismus« verstand. Das gibt der Postmoderne, die über weite Strecken so unerträglich ist wie die Vulgärmoderne, ihr höheres Recht.

In welchem Maße selbst innerhalb der Moderne das verdrängt wurde, was sich nicht in den gerade modischen Entwurf von Zukunft einfügte, zeigt das Schicksal vieler Neuerer der zwanziger Jahre. Martin Wagner, der legendäre Generalbaumeister Berlins im Staat von Weimar, ging 1945 ganz selbstverständlich von dem Glauben aus, daß Berlin und vor allem dessen Bürgermeister, sein alter Freund Ernst Reuter, ihn zurückrufen würde. Aber die Spielart der Moderne, die inzwischen an den Schalthebeln der Macht saß, wußte mit ihm so wenig anzufangen wie mit seiner gebauten Hinterlassenschaft, der Hufeisensiedlung in Britz, der Weißen Stadt von Reinickendorf oder Scharouns Siemensstadt. Der *New brutalism* stand inzwischen auf der Tagesordnung, und die Onkel-Tom-Siedlung Tauts in Zehlendorf galt den Architekten des Märkischen Viertels als Kleineleuteglück. Denkschrift nach Denkschrift richtete Wagner gegen die inzwischen herrschende *New-town*-Lehre, die in Deutschland zum ersten Mal im Hansaviertel, das zweite Mal in Bremens Neuer Vahr triumphierte.

Martin Wagner hatte in diesem Klima wenig Chancen, so daß er schließlich aus Berlin wieder resigniert in sein Exil zurückkehrte. Ähnlich war es in Hamburg, dessen Oberbaudirektor Schumacher zwar schon 1947 starb; aber auch die Schule des Mannes, der Hamburgs Gesicht mit seiner Klinkerarchitektur bis auf den heutigen Tag geprägt hat, kam in den fünfziger und sechziger Jahren nicht mehr zum Zuge. Lag das nur daran, daß Schumacher, zwar persönlich unbelastet, anfangs nicht ohne Sympathie dem Bauwillen des Regimes gegenübergestanden hatte? Oder daran, daß inzwischen ein viel radikalerer Begriff von Moderne das Sagen hatte?

Es waren jene Jahre, in denen die Theorie der freistehenden Hochhausscheiben obenan stand, von der man erst in den siebziger Jahren wieder abging. Am Kampf der Verfechter des einzig seligmachenden Zeilenbaus – womit die Stadt so offen werden sollte wie die »offene Gesellschaft« – gegen die »undemokratische« Blockrandbebauung läßt sich noch ablesen, wie der Städtebau als Vehikel gesellschaftlicher Ideale genommen wurde. Für die Siedlungsarchitekten des späten Kaiserreichs und der frühen Republik und auch für die Generation der Hamburger Backsteinarchitekten aus den Schulen Schumachers und Högers oder Tessenows und Schmitthenners war es in diesem Klima zu spät; oder zu früh.

Aber war nicht auch Gropius längst passé, als er 1958 das Pan-Am-Building in New York baute, 1965 eine Universität im Irak und in den siebziger Jahren für Berlin das Bauhaus-Archiv entwarf? Die altgewordenen Le Corbusier, Frank Lloyd Wright und Gropius sah man jedoch noch als Greise voller Ehrfurcht, obwohl ihre letzten

Arbeiten nur noch Verlegenheit auslösten. Über ihre Gegenspieler von 1930 aber war die Zeit hinweggegangen; man nahm sie und ihre Tradition nicht mehr zur Kenntnis. Ihrer aller Werk stand eben zwischen den klassischen Stilen und dem Ende aller Stile, weit von der eklektizistischen Stilarchitektur des 19. Jahrhunderts, aber auch fremd der Ubiquität des Internationalen Stils. Das hat nicht nur ihrer aller Wirkung auf das 20. Jahrhundert ruiniert, sondern auch ihre Geltung in der Architekturgeschichte.

Man ist aber nicht ungestraft ein Außenseiter, und während die Großmeister der Moderne die Heiligen der Gegenwart sind, kennen die Jungen kaum noch die Namen derer, die gestern groß waren – den Schwechten des Anhalter Bahnhofs zum Beispiel, den Messel des Kaufhauses Wertheim und den Muthesius der Berliner Geschäftshausarchitektur. Ihrer aller Werke wurden sämtlich zwischen 1950 und 1970, obwohl nur wenig beschädigt, abgerissen. Die Zeit hat sie verschluckt.

Blickt man auf die Nachkriegsentwicklung der Städte, in denen die Abkehr vom Bauwillen der Väter am entschiedensten vollzogen wurde – Hamburg in der von Hermkes geprägten Ära, Hannover unter Hillebrecht und Berlin unter Scharoun –, so fragt man sich, ob die Städte gut daran taten, ein ganzes Spektrum des Bauens der zwanziger Jahre abzuschreiben und nach 1945 einzig auf die Radikalmoderne zu setzen. Hätte nicht ein wenig Poelzig, Bartning, Böhm, Tessenow, ein wenig auch Schumacher und Höger dem Wiederaufbau der kriegszerstörten Städte gut getan? Ließ sich wirklich nicht ihrer aller Handwerkertum, ihr Traditionalismus, ihr Willen zum Stil – im Tautschen Sinn – mit dem Modernitätsanspruch der Nachkriegszeit in Einklang bringen?

»Warum holte man mich nicht zum Wiederaufbau?«, fragte Fritz Höger melancholisch 1949, als sein eigenes kriegzerstörtes Rappolthaus durch einen fremden Architekten wiederaufgebaut wurde. Das könnte ein resignierter Kommentar zum Abtreten einer ganzen Generation sein, die nach dem Kriege zum alten Eisen geworfen wurde.

Inzwischen sind das alles Kämpfe von gestern. Beide Schulen, die so lange gegeneinander standen – die futuristische und die traditionalistische –, die Idealstadt Hilberseimers, die noch nach dem Krieg die Charta von Athen inspirierte, und Albert Speers Traum von künstlichen Kleinstädten mit Marktplätzen, Rathäusern und Laubenganghäusern, einem letzten Nachklang seines Lehrers Tessenow, sind gleicherweise nur noch Erinnerung. Einzig in dem gegenwärtigen Berliner Weltanschauungskrieg über Hochhäuser scheinen die alten Gegensätze noch einmal auf.

Die Fronten haben sich aber merkwürdig verkehrt: Die Linke kämpft am Potsdamer Platz für die traditionelle Traufhöhe, und die Rechte will eine Ballung von Wolkenkratzern am Alexanderplatz. Wahrscheinlich geben zufällige Neigungen und die jeweiligen Berater den Ausschlag, wohin der Städtebau der künftigen Hauptstadt marschiert. Die eine Partei kämpft für fünfgeschossige Bebauung nach dem Muster der bürgerlichen Stadt des 19. Jahrhunderts, die andere hat Hochhäuser im Stil Manhattans auf ihr Panier geschrieben. Was tut es für eine Sache, daß der konservative Senator in Berlin ein Sozialdemokrat, der zum Modernismus neigende Senator ein Christdemokrat ist? Sicher ist nur, daß die nun zum zweiten Mal »reparierte« Stadt im nächsten Jahrhundert einem Flickenteppich gleichen wird.

Etwas ganz anderes spielt eine Rolle. Zum dritten Mal in einem Jahrhundert ist eine neue Figur als Träger des Baugeschehens auf dem Plan erschienen. Hinter dem Bauen der bürgerlichen Welt stand der Bauherr in zweierlei Gestalt. Im Industrie- wie im Geschäftsbau waren es die großen Unternehmer, die der Stadt ihren Stempel aufprägten, Emil Rathenau mit den Turbinenhallen der AEG, die Familie Wertheim mit ihren Warenhäusern, die Mosses mit dem von Mendelsohn umgebauten Zeitungshaus im alten Zeitungsviertel oder die fünf Brüder Ullstein mit deren Druckhochhaus in Tempelhof. Im Wohnungsbau aber waren es die Unternehmer, die zu Kleinkapitalisten gewordenen Baumeister, die sich Mietshäuser als mündelsichere Altersversorgung bauten. Neben ihnen standen die »Terraingesellschaften«, die aber ihrerseits wieder von Dutzenden, meist sogar Hunderten von privaten Bauherren getragen wurden.

Auch das gehört zur Baugeschichte Berlins. Der Kurfürstendamm, die Villenkolonie Grunewald oder der Wannen-See – aus dem in diesen Jahrzehnten der Wannsee wurde – wurden auf ganz hergebrachte Weise von Bauherren erschlossen, aus denen erst im nächsten Jahrhundert später Bauträger wurden. In den zwanziger Jahren, als die großen Vermögen der kleinen Leute im Ersten Weltkrieg dahingeschmolzen waren, wurden es die gewerkschaftseigenen oder genossenschaftlichen Wohnungsbaugesellschaften, die den darniederliegenden Wohnungsbau trugen und die berühmten Stadtrandquartiere errichteten, die dann in die Architekturgeschichte eingegangen sind.

Auf diese großen Traditionen gingen all die Wohnungsbaugesellschaften nach dem Zweiten Weltkrieg zurück, denen die Bundesrepublik ihre spektakulären Großsiedlungen verdankt, Frankfurt-Nord, München-Neuperlach, das Märkische Viertel in Berlin. Heute stehen sie alle als Monumente der Wirtschaftswunderzeit in ihren Städten, und die berüchtigtste von diesen gewerkschaftseigenen oder kommunalen Gesellschaften, die »Neue Heimat«, die dann in einer Serie von Korruptionsprozessen unterging, markiert den geistigen, den gesellschaftlichen und schließlich auch geschäftlichen Niedergang dieser Art von Städtebau. Man muß nur den Briefwechsel der beiden Tauts und der Brüder Luckhardt mit den damaligen Chefs der Wohnungsbaugesellschaften lesen und ihn mit der Korrespondenz der nachgeborenen Architektengeneration und all den Vietors vergleichen, um die ganze Misere des Städtebaus der Nachkriegszeit vorgeführt zu bekommen.

Heute spielen sie alle keine Rolle mehr, die privaten Bauherren so wenig wie die »gemeinnützigen« Gesellschaften. An ihre Stelle sind Investoren getreten, weshalb denn konsequenterweise der Staat »Investoren-Wettbewerbe« ausschreibt. Jeder Investor kommt dann mit seinen Architekten, von denen er weniger die beste städtebauliche Lösung als den stärksten Einfluß auf die Bauverwaltung und die Preisrichter erhofft. Wenn man mit den richtigen Renommiergrößen paradiert, kann man nicht nur mit Aufträgen rechnen, sondern auch Richtlinienbefreiungen und Ausnahmegenehmigungen erwarten.

Geistige Positionskämpfe finden ohnehin nicht mehr statt. Jeder Investor sucht mit seinen Koryphäen Eindruck zu machen, aber diese sind im Grunde völlig austauschbar. Der eine führt Richard Rogers ins Feld, der andere Helmuth Jahn; Aldo Rossi steht gegen James Stirling. Oswald Matthias Ungers ist einer der wenigen Deutschen, die sich in die Reihe der internationalen Großmeister drängen; aber den größten Wettbewerb Berlins, den für den Potsdamer Platz, hat schon wieder Renzo Piano gewonnen. Warum ist I. M. Pei nicht zum Zuge gekommen, und weshalb hat Berlin Philip Johnsons ursprünglichen Entwurf verworfen? Das sind die Streitpunkte, die die Presse beschäftigen.

Niemand wüßte zu sagen, für welche Konzeption von Stadt ihre Entwürfe stehen, und darüber redet auch niemand. Nicht die Stadt ist wichtig, sondern die Architektur. Aber dem entspricht die Anonymität des Bauherrn. Weder die Investorengemeinschaften und deren Anteilseigner noch die kreditgebenden Banken sind ja außerhalb des Geschäftlichen an dem interessiert, was Berlin im nächsten Jahrhundert prägen wird.

Im letzten Jahrzehnt des vorigen Jahrhunderts war der Städtebau in neue Welten aufgebrochen; genau ein Jahrhundert später steht er am Ende aller geistigen Kämpfe der zurückliegenden Zeit. Mühselig muß man sich aus Dokumenten heraussuchen, wofür gestern die Gruppierungen standen, die so leidenschaftlich gegeneinander ihre Positionen behaupteten. Waren viele der Avantgardisten von 1920 tatsächlich von der großen Welle des intellektuellen Kommunismus geprägt? Wie kam es, daß einige der Bannerträger des Bauens von Weimar, Wilhelm Kreis wie Paul Bonatz, Fritz Schumacher wie Fritz Höger, nicht ohne Sympathie für den Bauwillen des Dritten Reiches waren?

Alle solche Fragen, über denen einst alte Freundschaften zerbrachen, sind zurückgesunken. Die Matadore von einst sind Dinosaurier geworden, die einen Platz in den Handbüchern, nicht aber in der Bauwirklichkeit haben. Noch immer sehen wir voller Faszination diesen Gefühlsaufschwung, all die »Idealstädte«, in deren gleichförmigen Häusern gleichförmige Menschen in gleichförmigen Wohnungen mit gleichförmigen Bedürfnissen leben. »Soziale Gleichheit bei gleichen Lebensansprüchen« hatte 1929 Mies van der Rohe für die von ihm konzipierte Siedlung Dammerstock bei Karlsruhe verheißen, für die dann Gropius mit dem ersten Preis ausgezeichnet worden war. »Wohlfahrtsstadt« nannte Hilberseimer denn auch ganz im Sinn des Wohlfahrtsausschusses der Französischen Revolution seine Kunststädte.

Aber sind das noch die Visionen der heutigen Generationen? Das Brüchigwerden solcher Utopien steht hinter dem Scheitern des Elans des Neuen Bauens. Es ist merkwürdig, daß die Verklärung der zwanziger Jahre so ganz von den gesellschaftlichen Entwürfen absieht, denen das Bauen ja nur zur Erscheinung verhelfen sollte. Wer bloß auf die Architektur sieht, überschätzt diese. Die Träume von gestern sind uns Alpträume geworden.

Am Ende eines Jahrhunderts auch der geistigen Revolutionen halten wir wieder da, von wo wir in den neunziger Jahren des vorigen Jahrhunderts aufgebrochen waren.

Anhalter Bahnhof am Askanischen Platz, lange vorbildlich als gelungene Synthese von moderner Verkehrstechnik und funktionaler Architektur. 1872 bis 1880 nach Entwürfen von Franz Schwechten erbaut, nach Kriegsschäden 1956 bis 1961 abgetragen.

Portikus auf der Nordseite des Anhalter Bahnhofs vor der Rasterfassade eines Neubaus aus den sechziger Jahren.

Das Märkische Viertel in Reinickendorf, mit 17 000 Wohnungen 1963 bis 1976 nach einem städtebaulichen Konzept von Werner Düttmann, Georg Heinrichs und Hans Müller unter Beteiligung von mehr als dreißig in- und ausländischen Architekten errichtet.

Wohnhochhäuser an der Allee der Kosmonauten
in Marzahn, 1971 bis 1979 in Plattenbauweise errichtet.

Berlins Mitte mit dem 1894 bis 1905 von Julius Raschdorff im Stil der italienischen Hochrenaissance erbauten Dom, dem Fernsehturm aus den sechziger Jahren und dem 1973 bis 1976 errichteten »Palast der Republik« als Nachfolgebau des 1950/51 abgetragenen Stadtschlosses.

Baustelle Potsdamer Platz, 1997. Links das Grand Hotel Hyatt, davor eine Einkaufspassage, rechts der 1978 fertiggestellte Neubau der Staatsbibliothek nach Plänen von Hans Scharoun, in der Bildmitte die im Bau befindliche Verlängerung des Tiergartentunnels, im Hintergrund das Debis-Hochhaus.

Traditionslosigkeit ist die einzige Tradition der Stadt

Niemand kann Berlin vorwerfen, daß es nicht alle Anstalten macht, der wiedergewonnenen Hauptstadtfunktion mit den Mitteln der Architektur gerecht zu werden. Die Tinte auf dem Einigungsvertrag war kaum getrocknet, als schon die ersten gedanklichen Modelle vorgelegt wurden, wie die neue Bundeshauptstadt aussehen solle. Seitdem findet ein Wettbewerb nach dem anderen statt, Planungswettbewerbe, Ideenwettbewerbe, Architektenwettbewerbe. Es ließe sich sogar sagen, daß die Stadt auf eine eigene städtebauliche Konzeption verzichtet habe, um ihrer Begriffsstutzigkeit durch ständige Konkurrenzen aufzuhelfen, für die man die Koryphäen aus aller Welt aufbietet.

Die Stadt war ungeduldig mit sich geworden, als auch im fünften Jahr nach der Vereinigung wenig vom hauptstädtischen Baufieber zu sehen war. Aber das war ungerecht, eher ist zu staunen, wie sich jetzt am Potsdamer Platz, in der Friedrichstraße und den »Linden« ein Wald von Kränen erhebt, der signalisiert, daß hier ein neues Berlin entworfen wird. Aber welches Berlin wird das sein? Ist an den ersten schon sichtbaren Rohbauten, den Architekturmodellen und den Entwurfsplänen abzulesen, daß hier tatsächlich etwas Neues entstehen wird, das neben den beiden Architekturrevolutionen, die Berlin zu einem Mekka des modernen Bauens gemacht haben, bestehen kann?

Zwei Jahrhundertwenden haben Berlin geprägt. Vom Brandenburger Tor bis zum Alten Museum brach der Klassizismus in die barocke Residenz wie eine Revolution ein, und als das nächste Mal ein Jahrhundert zu Ende ging, kündigte sich schon die Weltsprache des Neuen Bauens an, die von Berlin ausgehend die Architektursprache des ganzen nächsten Jahrhunderts prägen sollte. Jetzt geht wieder ein Jahrhundert zu Ende, und noch einmal sind die Karten neu gemischt.

Es ist aber nirgends zu sehen, daß der geschichtliche Augenblick auf vergleichbare Weise zu einem neuen Ausdruck findet. Eher scheint das neue Berlin einem Warenhaus gleich vorführen zu wollen, was zur Zeit in Hongkong, in New York, in Barcelona, in London oder in Paris *en vogue* ist. Werden Baumeister wie Renzo Piano, Richard Rogers, Jean Nouvel und Aldo Rossi nicht als Personen selber importiert, so sind es deren Gedanken. Berlin als Inspirator der Architektur scheint abgedankt zu haben, oder es kommt nur insoweit zum Zuge, als die jetzt tonangebenden Architekten wie Oswald Ungers, Jürgen Sawade oder Josef Paul Kleihues überall bauen könnten und ja auch bauen.

Die Bauten, die im nächsten Jahrzehnt entstehen werden, mögen gut oder schlecht oder nichtssagend sein; niemand aber wird sagen wollen, daß sie sich in unverwechselbar berlinischer Tradition bewegten, wie sie von Schinkels Schauspielhaus über Messels Kaufhaus bis zu Mendelsohns Universum-Kino durchhielt. Das ist das erste, was man zum Gegenwärtigen sagen muß, wobei man ganz dahingestellt lassen mag, ob die Internationalität des heutigen Bauens, die man auch Gesichtslosigkeit nennen kann, nicht gerade die Weltsprache der Architektur ausmacht.

Das zweite betrifft den Neuentwurf selbst. Wieder einmal macht Berlin sich daran, sich von Grund auf neu zu entwerfen. Der Streit ging nur darum, ob die traditionelle Traufhöhe das verbindliche Richtmaß sein soll. Oder soll durch kosmetische Zutaten – nämlich vorgehängte Marmor-, Granit- oder Sandsteinverkleidungen – der Eindruck vorgespiegelt werden, es werde das traditionelle »steinerne« Berlin entstehen? Oder werden Stahl- und Glasfassaden eine scheinbare Modernität andeuten? Auf jeden Fall wird, wenn die dritte Berliner Gründerzeit abgeschlossen sein wird, ein neues Berlin entstanden sein, das wenig mit dem Berlin von 1900 zu tun hat und schon gar nichts mit dem Berlin, das um 1800 zwischen Aufklärung und Rationalismus entstand. Aber eben das, dieser ständige Neuentwurf der Stadt, ist wahrscheinlich das eigentliche architektonische Gesetz Berlins. Wenn man will, kann man sagen, daß die Traditionslosigkeit die wahre Tradition der Stadt ist. Das muß wissen, wer über das jetzt entstehende Berlin spricht.

Dem Spaziergänger in Berlin fällt ja die Erinnerung schwer, daß diese Stadt einst zu den schönsten Metropolen Europas gezählt wurde. In der Mitte des vergangenen Jahrhunderts sprach man in St. Petersburg davon, daß Unter den Linden der »glänzendste Prospekt« des Kontinents sei, gleich neben dem Newski Prospekt von St. Petersburg und den Champs-Élysées von Paris. Aber dann, in der zweiten Jahrhunderthälfte, kamen, lange vor allen kriegerischen Verwüstungen, die großen Zerstörungen, die die Architektur über Berlin brachte.

In den fünfziger Jahren des 19. Jahrhunderts kam nach der Welt Schinkels der Renaissanceismus, in den achtziger Jahren die Neugotik und das Neobarock, auftrumpfend mit Raschdorffs Dom gleich neben dem Stadtschloß, und jedesmal mußte die alte Stadt weichen. Ganz zuletzt, als das neue Kaiserreich Ende des Jahrhunderts glaubte, an die mittelalterliche Kaiserherrlichkeit angeknüpft zu haben, kam eine wiedergeborene Romanik, die sich bis zur Abrißwut der Nachkriegszeit noch überall im Stadtbild zu erkennen gab. Das Romanische Viertel rund um die Gedächtniskirche war die letzte Anstrengung dieses wilhelminischen Bauwillens.

Nach der Jahrhundertwende brach sich dann schon die Moderne Bahn, mit Alfred Muthesius, Alfred Messel und vor allem mit Peter Behrens, in dessen Atelier Mies van der Rohe, Walter Gropius und Le Corbusier lernten. Die Moderne begann, was niemand mehr weiß, in der Hauptstadt des Kaiserreichs, nicht in der Weltstadt der Republik.

Aber das späte 19. Jahrhundert hatte ausgereicht, das klassische Gesicht Berlins zu zerstören, es bedurfte dazu nicht des Bombenkriegs und der Straßenkämpfe. Die Architekten selber waren die großen Zerstörer, und ihr Neuerungswille konnte in Berlin um so ungehinderter zur Geltung kommen, als die Stadt nicht wirklich neben den alten Plätzen Europas stand. Rom war zwar längst nicht mehr die Millionenstadt der Antike, aber es war auf dem Weg zur Metropole des 1871 vereinigten Italien. Paris feierte in diesen Jahrzehnten seinen fünfhunderttausendsten Bewohner, und London ging da schon auf eine Million zu. Selbst Palermo und Edinburgh hatten sechs- und achtgeschossige Gebäude, als in Berlin noch vermerkt wurde, wenn ein bürgerliches Haus über zwei Stockwerke hinausging. Lissabon oder Glasgow waren nach den Begriffen jener Zeit Großstädte, als Berlin noch immer eine norddeutsche Residenz von gerade einhundertvierzigtausend Bewohnern war.

Die unaufhörliche Selbstzerstörung Berlins, das sich alle dreißig Jahre neu entwarf, kam natürlich aus seiner Jugendlichkeit. Eben war Berlin noch Kurfürstenstadt gewesen, dann wurde es an der Wende des 17. zum 18. Jahrhundert Königsstadt und 1871 Hauptstadt des neuen Kaiserreiches, über das schließlich in wenigen Jahrzehnten die Industriewelt hereinbrach. Berlin mußte sich ja tatsächlich immer wieder neu entwerfen, wo doch Paris und London stets dieselben blieben. Die Kurzatmigkeit der politischen Geschichte Berlins steht hinter seiner architektonischen Atemlosigkeit und der Zerrissenheit seines baulichen Gesichts. Das Unglück war, daß dieser ständige Zwang zur Neuschöpfung in eine Zeit mangelnder architektonischer Gelassenheit und städtebaulicher Sicherheit fiel. Man griff nach allen Stilen der Vergangenheit, um seiner gegenwärtigen Größe zum Ausdruck zu verhelfen.

Das war zwar an der Seine oder Themse mitunter nicht viel anders, dort aber fiel es nicht sonderlich ins Gewicht. Die neuen Viertel lagerten sich ja an die historischen Quartiere an, so daß denn die Boulevards Napoleons III. an die Avenuen der Bourbonen stießen. Noch heutigentags bekommt man etwa im Marais des 16. und 17. Jahrhunderts, in das das Centre Pompidou von Renzo Piano und Richard Rogers hineingebaut ist, vor Augen geführt, wie ganz verschiedene Jahrhunderte nebeneinander leben. In Berlin muß immer das Alte dem Neuen weichen; rücksichtslos wird schon unter dem letzten Hohenzollern der größte Teil der »Linden« abgerissen, die eben noch als »Prachtboulevard« gefeiert worden waren.

Der Belle-Alliance-Platz, Anfang des 17. Jahrhunderts entworfen, ist am Ende des 19. bereits nicht mehr erkennbar, und der Pariser Platz am Brandenburger Tor wird dreimal in einem einzigen Jahrhundert abgeräumt, wobei er das letzte Mal im Geschmack der späten Schinkelschule aufgebaut wird. Die beiden das Tor flankierenden Palais August Stülers treten in der Mitte des Jahrhunderts an die Stelle der barocken Häuser aus dem 18. Jahrhundert, zwischen denen der erste Napoleon eingeritten war. Das Palais des Grafen Redern, der die Florentiner Renaissance so liebte, daß er Schinkel nötigte, sie in klassischer Gestalt nachzubilden, wird schon siebzig Jahre später wieder abgerissen.

Geht man im Kaiserreich vom Pariser Platz – dem alten »Quarré« – über den Gendarmenmarkt und den Belle-Alliance-Platz – dem einstigen »Rondell« – zum Alexanderplatz – dem ehemaligen »Ochsenmarkt« –, so trifft man kaum ein Gebäude, das fünfzig Jahre zuvor dagewesen war. Jeder Reisende von auswärts notiert immer wieder diese Schnellebigkeit nicht nur des Berliner Lebens, sondern auch der Berliner Architektur. In Rom sieht man hinter der Piazza Navona noch heute den kargen Raum, der Raffael als Atelier diente, und in Paris sind die Häuser erhalten, in denen Balzac, Stendhal oder Flaubert wohnten. Aber in Berlin findet man kaum einen Ort, der die Berliner Literatur beherbergte; die Häuser E. T. A. Hoffmanns, Fontanes, Döblins und Benns sind eines wie das andere abgerissen, was zur auffälligen Geschichtslosigkeit des Lebensgefühls Berlins beiträgt.

Das muss man als Hintergrund allen Nachdenkens über das Bauen des gegenwärtigen Berlin sehen. Denn die Rücksichtslosigkeit, die Berlin auch in seiner Stadtplanung prägt, ist das Lebensgesetz einer Stadt, die ständig Metropole sein will und es niemals gelassen zu sein vermag. Das wird nur immer dem Bauen des Dritten Reiches nachgesagt und insbesondere dessen »Generalbauinspektor« Albert Speer. Aber die Nachkriegszeit ist sowohl im Westen als auch im Osten viel rücksichtsloser mit dem historischen Berlin umgegangen als das Dritte Reich, wo weder Hitlers Reichskanzlei in der Voßstraße noch der Zentralflughafen Tempelhof oder das Reichssportfeld die Maße der Stadt und den Stil der Epoche gesprengt hatten.

Solcher etwas hohle Neoklassizismus hatte ja Paris mit seinem Musée d'Art Moderne und London mit seinen Admiralitätsgebäuden im selben Maße geprägt, und daher kommt, daß die Demokratien Westeuropas die Staatsbauten des Dritten Reiches beifällig sahen. Dieses nur ausgeglühte alte Berlin, das man auf Wochenschau-Aufnahmen vom 17. Juni 1953 das letzte Mal – von Messels Kaufhaus Wertheim bis zu Schinkels Bauakademie – weitgehend intakt sieht, wurde in der Nachkriegs-Neuerungssucht planiert, nicht nur das des Dritten Reiches, sondern auch das der fast ebenso verachteten bourgeoisen Epoche.

Im Westteil der Stadt war der Platz der Republik, wenn auch in rauchgeschwärzter Ruinengestalt, fast vollständig erhalten, als die Waffen schwiegen. Gegenüber dem Reichstagsgebäude stand die wenig beschädigte spätklassizistische Kroll-Oper, flankiert von Moltkes Generalstabsbau. Alles das wurde zwischen 1950 und 1960 in der ummauerten Halbstadt dem Wahn des Neuen geopfert, wie auch die berühmten Berliner Fernbahnhöfe, deren schönster, Franz Schwechtens Anhalter Bahnhof, erst sechzehn Jahre nach dem Krieg als »Arbeitsbeschaffungsmaßnahme« abgetragen wurde, da Berlin – in einem Deutschland ohne Ostprovinzen – nie mehr eines hauptstädtischen Fernbahnhofs bedürfe.

Im Osten der ehemaligen Hohenzollernresidenz aber fielen die Meisterwerke des Barock und Rokoko, Andreas Schlüters Stadtschloß wie Eosander von Göthes Schloß Monbijou, die zwar stark beschädigt, aber weniger mitgenommen waren als das Schloß Charlottenburg im Westen. Ging man nach dem Krieg vom Roten Rathaus zum Spittelmarkt, so bewegte man sich in vertrauten, wenn auch ausgebrannten Quartieren. Zwanzig Jahre nach dem Krieg war daraus eine kahle Fläche geworden, die von »Magistralen« nach moskowitischem Vorbild zerschnitten wurde.

Dieses große Abräumen der Nachkriegszeit kam aber nicht nur aus der Absage an die Vergangenheit, deren Historismus und Eklektizismus man hier wie da verachtete; die Absage galt den »Zwingburgen der Junker« auf der einen und dem Mietskasernenelend Zilles auf der anderen Seite. Wichtiger waren vielleicht noch die Zukunftsvisionen, die man hier wie da hatte – die *Brave-new-world*-Träume, die das historisch gewachsene Berlin einer »Stadtlandschaft« Hans Scharouns opferte, der sich einer nachstädtischen Zivilisation zu nähern trachtete. Sein Gesamt-Berliner »Kollektivplan« wurde noch im notdürftig hergerichteten Stadtschloß Unter den Linden ausgestellt, und er galt sowohl der westlichen als auch der östlichen Stadthälfte. Diese ganze Generation, die dort von Hans Scharoun, hier von Hermann Henselmann angeführt wurde, war ja unter dem Eindruck aufgewachsen, man brauche nicht ein Beil, einen Menschen zu erschlagen, Häuser genügten. Der hochgemute Glaube an die Zukunft, der in all diesen Architektenkongressen zwischen 1920 und 1950 mit seiner Charta von Athen Triumphe feiert, ist im Grunde eine einzige Absage nicht nur an die bourgeoise Stadt des 19. Jahrhunderts, sondern an die Idee der Stadt.

Geht man heute durch die neuen Städte beider Teile des Landes, durch die ehemalige Karl-Marx-Stadt Chemnitz, durch Schwedt oder durch München-Neuperlach und Frankfurt-Nord, so wird einem überall vor Augen geführt, daß Städtebau tatsächlich eine Waffe sein kann, den Bürger zu ermorden. Insofern setzt die Gegenüberstellung von »demokratischem« und »sozialistischem« Städtebau zu tief an. Das bezieht sich auf ästhetische Unterschiede, nicht aber auf solche, die den wirklichen Differenzpunkt bezeichnen: die Haltung zur bürgerlichen Stadt (die in der Postmoderne inzwischen eine zuweilen lächerliche Wiederaufwertung erfahren hat). Der Kommunismus träumte einen ähnlichen Traum, wie die proletarische Palastarchitektur Ulbrichts zeigt. Er scheint tatsächlich Visionen einer nachbürgerlichen Weltstadt gehabt zu haben, als deren Fanal die Stalinallee gedacht war. Mit dem historischen Berlin hatte das eine wie das andere wenig zu tun.

Was dann nach 1960 kam, die satellitenstadtähnlichen Neubauviertel, die im Westen Märkisches Viertel und Gropiusstadt hießen und im Osten sehr bald Marzahn und Hellersdorf, knüpfte aber an die architektonischen Utopien der zwanziger Jahre an, wenn es auch deren jeweilige ästhetische Ärmlichkeit verdeckte. Hatte nicht Hilberseimer, neben Mies van der Rohe und Gropius der radikalste Prophet von Weimar, mit derselben Rücksichtslosigkeit wie Walter Ulbricht dem alten Berlin den Kampf angesagt? Kurz bevor Weimar unterging, hatte Hilberseimer Modelle vorgelegt, in denen die intakten Viertel hinter dem Gendarmenmarkt abgerissen worden waren, um Quartiere für die egalitäre Gesellschaft der Zukunft aufzuführen. Den politischen Revolutionen, die wenig später Deutschland umstürzen sollten, waren architektonische Revolutionen vorausgegangen, die merkwürdigerweise noch heute die Phantasie beflügeln und in keiner Architekturgeschichte fehlen.

Die beiden Stadthälften Berlins, so hart sie in der politischen Wirklichkeit gegeneinanderstanden, entsprachen sich städtebaulich immer spiegelbildlich. Wer sich heute mit dem Flugzeug der einstigen Metropole nähert, vermag aus der Luft kaum wahrzunehmen, über welcher Region er sich befindet. Es ist derselbe geschichtslose Geist, der sich in verschiedener Gestalt Berlins bemächtigt hat – nur, daß im Westen die Schule des *New brutalism* triumphierte, im Osten die sozialistische Notdurftarchitektur, wo der Abstand der Plattenhäuser voneinander nicht von ästhetischen Überlegungen, sondern von der Reichweite der Kräne bestimmt wird.

Vieles spricht dafür, daß die neue Architektur Berlins überall einander gleicht und daß sie von der in den anderen Großstädten der Gegenwart nicht unterscheidbar sein wird. Blutleere, von der man nicht weiß, ob sie aus ästhetischer Selbstkasteiung oder aus

Einfallslosigkeit kommt, macht allein noch keine Berliner Architekturschule aus. Das »Hommage to the Square«, wie es Oswald Ungers' Architektur zum Prinzip erkoren hat, reicht vielleicht für die Malerei aus, sicher nicht für die Architektur.

Liegt das daran, daß dieselben Köpfe, die überall das Sagen haben, heute Preisrichter in Berlin sind und morgen Preisgekrönte in Chicago? Auf jeden Fall wird es die Generation zwischen sechzig und siebzig sein, die die neue Hauptstadt baut, es sind die Etablierten, die zum Zuge kommen. Das hat ja Berlin seit dem Kriege schon charakterisiert, als der siebzigjährige Scharoun seine Staatsbibliothek entwarf und der achtzigjährige Mies van der Rohe die Neue Nationalgalerie baute. Jetzt kommt die neue Architektur in Gestalt des Wissenschaftszentrums des über siebzigjährigen James Stirling, der Erweiterungsbau des Zeughauses von I. M. Pei, der die Achtzig überschritten hat, und das Haus am Checkpoint Charly von dem mehr als neunzigjährigen Philip Johnson. Ach ja, die junge Berliner Architektur.

Aber vielleicht ist das eigentliche Dilemma nicht das Fehlen von jungen Architekten, sondern die Abwesenheit von wirklichen Bauherren. Wo immer man hinsieht, sind es anonyme Finanziers, die hinter dem stehen, was zur Zeit in der alten Stadtmitte geschieht. Man spricht ja auch nicht zufällig von Investoren und Investoren-Wettbewerben statt von Bauherren, wie sie das Berlin von gestern aufgebaut haben, von den Rathenaus der AEG oder den Borsigs in Tegel und den Siemens, Vater und Sohn, nach denen ein ganzer Stadtteil heißt. Die größten dieser Familien, denen Berlins Städtebau so viel verdankt, waren wahrscheinlich die Familien Wertheim und Ullstein, die die spektakulärsten Industriebauten der Kaiserzeit und der Weimarer Republik errichteten, das legendäre Kaufhaus Wertheim am Leipziger Platz, das in dem Wahn der Nachkriegszeit abgerissen wurde, und das Druckhaus Tempelhof, das, in den zwanziger Jahren errichtet, noch heute zeigt, wie es einzelne Familien waren, die den Mut hatten, mit unkonventionellen Lösungen die ganze Stadt zu prägen, ohne daß eine Flut von Wettbewerben,

Stadtforen und Gutachterausschüssen über die Stadt hereinbrach. Wieder einmal denkt man an das alte englische Sprichwort, das Frederick Ullstein, der sich vor dem Dritten Reich in die englische Emigration gerettet hatte, so liebte: »Was ist ein Kamel? Ein Kamel ist ein von einem Gremium entworfenes Pferd.«

Wahrscheinlich ist dies das eigentliche Verhängnis jenes Berlin, das eben jetzt entsteht, und nicht die Architekturintrigen, die die Kritiker fast ausschließlich beschäftigen. Ortsfremde Architekten mit geringer Kenntnis von Berlin bauen für ortsfremde Investoren, die nur Renditegesichtspunkte im Auge haben. Auf diese Weise ist aber noch nie eine Metropole entstanden, und es sollte Wunder nehmen, wenn so der Potsdamer Platz, den statt Dutzende von Bauherren vier Großkonzerne in der Hand haben, die auftrumpfenden »Passagen« der Friedrichstraße, der neue Prachtboulevard, wo der Name der »Linden« auch dem banalsten Bau zum Zweck der Mietsteigerung angehängt wird – »Lindencorso« –, Gestalt annehmen kann. Wird mehr daraus entstehen als jenes öde Bonner Regierungsviertel, das Egon Eiermann als Vertreter des Bundes Deutscher Architekten beraten hat?

Die Diskussionen der Stadtbautheoretiker und die Kämpfe der Architekturkritiker finden auf nebensächlichem Terrain statt. Investorenmodelle und Mietpreistabellen geben den Ausschlag und nicht der Kampf zwischen Architekturschulen, die von ihrer eigenen Abhängigkeit nichts wissen. War die Schlacht um Berlin bereits entschieden, bevor die Architekten ihre Reißbretter hervorholten?

Das Schloß lag nicht in Berlin – Berlin war das Schloß

Alle grossen Städte Europas sind ohne ihre Schlösser denkbar. In Rom weiß man gar nicht, welchen der vielen Paläste man als Mittelpunkt der Stadt nehmen soll. Den Palazzo Venezia, den alten Sitz der Republik Venedig, von dessen Balkon Mussolini einst den Eintritt seines Landes in den Zweiten Weltkrieg ausrief? Oder den Palazzo Madama, wo heute das Parlament zusammenkommt? Oder doch den Quirinal, die alte Residenz der Päpste, wo jetzt der Staatspräsident residiert? Niemand weiß es zu sagen; fragt man die Römer, wird jeder eine andere Auskunft geben.

In London kann man stundenlang durch die Stadt wandern, ohne vom Schloß der englischen Könige, dem Buckingham Palace, etwas wahrzunehmen, übrigens liegt er außerhalb der alten Stadt. Aber dieses königliche Schloß wurde im 18. Jahrhundert gebaut, erhielt sogar erst 1831 seine endgültige Gestalt und 1912, zwei Jahre vor dem Weltkrieg, seine heutige Fassade. Es ist das jüngste aller alten Schlösser Europas, und London war schon weit über tausend Jahre alt, ehe man daran dachte, es zu errichten. Lange hatten die englischen Könige im Windsor Castle gesessen, weshalb sich das Königshaus nach ihm nannte, als es 1917 im Ersten Weltkrieg seinen deutschen Namen Sachsen-Coburg-Gotha loswerden wollte.

In Paris wird jedermann den Louvre nennen, aber das ist ein Augentrug. Was heute der »Neue Louvre« heißt, wurde erst unter den beiden Napoleons errichtet, und die wirklich alten Teile nimmt der Besucher kaum zur Kenntnis. Napoleon hat selbstverständlich nicht im Louvre, sondern im Tuilerien-Schloß gewohnt, das erst beim Aufstand der Commune 1871 niedergebrannt wurde. Heute erinnert nur noch der Tuileriengarten an das verschwundene Gebäude – und zwei einzelne Säulen, die in Berlin am Eingang zur Insel Schwanenwerder aufgestellt wurden. Auch St. Cloud, das dritte Königsschloß von Paris, ist älter als jener Bau, in dessen Hof inzwischen die Glaspyramide des chinesischen Amerikaners I.M. Pei steht. Und die Schlösser von Fontainebleau aus dem 13. oder Rambouillet aus dem 14. Jahrhundert? Paris ist nicht mit einem einzigen Königsschloß zu identifizieren.

Berlin aber war das alte Stadtschloß am Ende der »Linden«, das eigentlich älter ist als die Stadt selber. Das Schloß an der Spree – oder doch sein ältester Flügel – stand schon zu einer Zeit, als Brandenburg noch ein Kurfürstentum des Heiligen Römischen Reiches Deutscher Nation war, und es nahm seine jüngste Gestalt an, als Kurfürst Friedrich III. von Brandenburg gerade in Königsberg zu Friedrich I. in Preußen, nicht von Preußen, erhoben worden war, zum ersten preußischen König. Nach eindreiviertel weiteren Jahrhunderten wurde dann aus dem König von Preußen der Deutsche Kaiser.

Das Berliner Schloß hat das alles miterlebt; es war nicht nur genauso alt wie das Geschlecht, das darin residierte, sondern auch wie das alte Brandenburg und das junge Preußen. Es hatte eine ganz andere Bedeutung für Berlin als die Schlösser Englands, Italiens und Frankreichs für ihre Hauptstädte. Überall war die Stadt vor dem Schloß da; in Berlin aber gab es das Schloß, und dann erst kam die Stadt. Nur etwa fünfzehntausend Einwohner zählte Berlin, als die erste Burg gebaut wurde; als dessen Zelle, das »Hohe Haus«, errichtet wird, schätzt man die Kaufleute, Fischer und Ackerbürger auf ganze fünftausend Seelen.

Dieses Schloß ist ausgelöscht worden. Es war durch den Bombenkrieg und die Straßenkämpfe schwer beschädigt, einige Flügel waren stark zerschossen, andere nahezu vollkommen ausgebrannt. Aber große Teile blieben so gut erhalten, daß hier sehr bald schon Versammlungen und Ausstellungen stattfanden. Die berühmte erste Nachkriegsausstellung Hans Scharouns über den Wiederaufbau der zerstörten Reichshauptstadt wurde 1946 im Stadtschloß Unter den Linden eröffnet, und die Berliner gingen zu Zehntausenden durch die Trümmerwüste, um zu sehen, wie sie dereinst leben sollten.

Acht weitere Wochen brauchte man, um die Schäden des Daches zu beheben und die geborstenen Fenster neu zu verglasen. Dann waren so viele Räume wiederhergestellt, daß der französische Militärgouverneur in ihnen die große Ausstellung der französischen Impressionisten eröffnete, die Konservateure aus Paris hatten keine Bedenken gehabt, ihre Manets, Monets, Renoirs und Cézannes dort zu zeigen, wo einst die Kurfürsten, Könige und Kaiser gewohnt hatten. Übrigens war das Schloß nach der Revolution von 1918 von Museen und wissenschaftlichen Institutionen genutzt worden, ganz wie der Louvre in Paris. Genau das hatte der erste frei gewählte Magistrat von Berlin auch 1945 nach dem zweiten verlorenen Weltkrieg vor.

Von der Renaissance über das Barock bis zum Klassizismus hatten Jahrhunderte an dem königlichen Schloß gebaut. Caspar Theyß und Johann Gregor Memhardt hatten der uralten Burg eine neue Gestalt gegeben und ein wirkliches Schloß daraus gemacht; das war in der zweiten Hälfte des 17. Jahrhunderts gewesen. Die Hauptfront und den grandiosen Innenhof, der seinen Namen trug, hatte Andreas Schlüter gebaut, der größte Barockbaumeister und Bildhauer Nordeuropas, der dann nach St. Petersburg gegangen war. Nach ihm war Johann Eosander von Göthe gekommen und hatte den zweiten Schloßhof errichtet, der das barocke Pathos Schlüters ins Elegante wendete. Zum Schluß hatten alle Architekten des Klassizismus, von Erdmannsdorff über den älteren Gilly und Langhans, den Erbauer des Brandenburger Tors, bis zu Schinkel, Persius und Stüler, an seinem Innenausbau mitgewirkt, und nicht wenige waren der Meinung, daß dies Preußens größte Innenarchitektur gewesen sei.

Wer immer in Preußen über die Jahrhunderte architektonisches Talent bewiesen hatte, war auch in irgendeiner Weise am Bau des Schlosses beteiligt gewesen, so daß es am Ende in gewisser Weise ein Architekturmuseum geworden war, an dem sich die verschiedenen Perioden preußischer Bau- und Stilgeschichte ablesen ließen. Beherrscht wurde es von der mächtigen Kuppel, die ihm um 1850 aufgesetzt worden war und deren ausgebranntes Gestänge noch im

Ruinenzustand die Silhouette der Innenstadt bestimmte, bis zum Untergang des Staates wie der Stadt.

Friedrich Wilhelm III., der Monarch, der gegen Napoleon die Freiheitskriege siegreich bestanden hatte – auch wenn sich heute die Berliner vor allem seiner Frau, der Königin Luise, zu erinnern pflegen –, hatte auf Anraten seines Sohns, des späteren vierten Friedrich Wilhelm, erst Schinkel, dann Persius, schließlich Stüler beauftragt, eine Kuppel auf das Hauptportal zu setzen. Aber immer kam etwas dazwischen; entweder fehlte Geld, oder die Architekten waren vorzeitig gestorben. Schließlich wurde unter Friedrich Wilhelm IV. Stülers mit Hilfe Borsigs errichtete Schloßkuppel doch noch eines der Wahrzeichen Berlins, höher als die Kuppel der Hedwigskirche und die der beiden Gontardschen Dome auf dem Gendarmenmarkt, die Friedrich der Große nach dem Vorbild der Doppelkirchen auf der Piazza del Popolo in Rom gebaut hatte.

Der letzte Kaiser des spät gewonnenen und schnell verspielten Reiches, Wilhelm II., achtete streng darauf, daß kein profanes Bauwerk die Schloßkuppel überragte, und diese Hierarchie der Höhen führte sogar zu einem ernsthaften Konflikt, als der Architekt des Reichstagsgebäudes, Paul Wallot, es wagte, mit seiner gläsernen Reichstagskuppel die Schloßkuppel um ein paar Meter zu übertreffen. Im Verständnis des letzten deutschen Kaisers stand da die Souveränität des Parlaments gegen die Souveränität des Monarchen von Gottes Gnaden. Der Reichstag mußte im wörtlichen Sinn zurückstecken, und so blieb das Schloß mit seiner Kuppel der beherrschende Bau des alten Berlin. In dem Trümmermeer von 1945 schien es wie ein Symbol, daß wenigstens die größte und bedeutendste Architektur der Stadt einigermaßen über den Krieg gekommen war.

Aber fünf Jahre nach dem Krieg ließ Walter Ulbricht das Schloß abreißen, und weil das gar nicht ganz leicht ging – die Mauern waren zum Teil einige Meter stark –, rückten Sprengkommandos an, die mit sowjetischem Dynamit in monatelanger Arbeit Flügel für Flügel in die Luft sprengten. Nicht nur in den westlichen

Stadtteilen, selbst im sowjetischen Sektor fanden Protestversammlungen statt. Kunsthistoriker aus der ganzen Welt, der siebzigjährige Richard Hamann aus Leipzig als Bannerträger voran, schickten Protestadressen, und sogar im Zentralkomitee der inzwischen »Sozialistische Einheitspartei Deutschlands« benannten Kommunistischen Partei regte sich Widerspruch. Auf einer dieser Versammlungen ergriff Theodor Liebknecht, der Neffe von Rosa Luxemburgs Liebknecht, selber ein alter Kommunist, das Wort: »Genossen, ich höre immer, daß die Zwingburg der Junker abgerissen werden müsse. Aber ich habe noch nie einen Junker mit einer Maurerkelle oder einem Hobel gesehen. Genossen, ihr wollt das Werk der deutschen Arbeiter zerstören. Das ist unser Schloß, nicht das Schloß der Hohenzollern.«

Aber es half alles nicht. Ulbricht wußte nichts von der Geschichte des Schlosses und begriff nichts von seiner Bedeutung, und er scherte sich auch nicht darum. Manche seiner ehemaligen Kampfgefährten, vor allem Wilhelm Zaisser und Rudolf Herrnstadt, beide Mitglieder des Politbüros, die er später wegen einer angeblichen Parteirevolte stürzte, behaupteten sogar, daß er das Schloß als Symbol des alten Deutschland schon immer gehaßt habe.

Wichtiger wird sein, daß Walter Ulbricht auch darin sklavisch dem Moskauer Vorbild folgte. Nicht ohne Grund fand gerade er die Parole, die die Satrapie Moskaus auf deutschem Boden prägte: »Von der Sowjetunion lernen, heißt siegen lernen.« Wie in Moskau der Rote Platz seit der Zeit der ersten Volkskommissare ein Aufmarschgelände für Kundgebungen abgab, so mußte nun im Herzen Berlins eine gewaltige freie Fläche für »machtvolle Demonstrationen der Arbeiterklasse« geschaffen werden, wie Wilhelm Pieck erklärte. Da Berlin in der Stadtmitte aber keinen freien Platz hatte, störte das Schloß eben.

Eine abgeräumte Leere, über die der Wind fegte, hielt jahrzehntelang die Erinnerung an das einstige Zentrum Berlins wach: der Marx-Engels-Platz. Hier wurden zu jedem 1. Mai die Tribünen aufgebaut, auf denen die Funktionäre von Politbüro, Zentralkomitee, Regierung und Volksarmee den Vorbeimarsch abgeordneter Massen abnahmen, auch dies eine Übernahme sowjetischen Brauchtums, wo sich von Stalin bis Breschnew die Gewaltigen auf dem Dach des Mausoleums versammelten, in dem noch heute die konservierte Mumie Lenins liegt.

Übrigens war das selbst für Rußland eine sonderbar archaische Totenehrung: Nie war ein Zar mumifiziert und ausgestellt worden. Von der Antike über das Mittelalter bis zur Neuzeit wäre in Europa kaum jemand auf den Gedanken gekommen, die toten Herrscher einzubalsamieren und auszustopfen, damit sie jahrhundertelang die allgemeine Anbetung genießen könnten. Wie die Sowjetunion den ägyptischen Totenkult einer fünftausendjährigen Vergangenheit imitiert hatte, so ahmte nun Ost-Berlin das ferne Moskau nach, und dies gerade an jenem Ort, wo einst Berlins Schloß gestanden hatte.

Die Mitte Berlins, nämlich das Stadtschloß und seine Umgebung, war ein Ort der Fülle auch in baulicher Hinsicht. Auf alten Bildern ist noch zu sehen, wie die Quartiere der Handwerker und Bürger bis an die Mauern des Schlosses heranreichten. Es gab ja sonst in Preußen nur landgesessenen Adel; die Gutshäuser der Junker, das alte Herrenhaus der Bismarcks an der Elbe oder das der Marwitzens an der Oder, lagen draußen in Brandenburg. Nie hatte das Herrscherhaus die Aristokratie an den eigenen Hof gezogen, wie das in Frankreich der Fall gewesen ist, wo die großen Familien alle ihre Stadtpalais im Herzen von Paris haben mußten, die Rochefoucaults wie die d'Ormessons.

In Preußen saßen die Dohnas Hunderte von Kilometern entfernt in Ostpreußen, die Henkel-Donnersmarcks in Schlesien, die Thaddens in Pommern und die Kleists in Brandenburg. Um das Schloß herum drängte sich das Bürgertum, und die »Linden« waren, die dynastischen und sakralen Plätze abgerechnet, eine bürgerliche Allee. Vom Ochsenmarkt im Osten, der später aus Anlaß eines Zarenbesuchs in Alexanderplatz umbenannt wurde, reichte die Straße bis zum Pariser Platz, dessen Name die Erinnerung an den Einzug der verbündeten Monarchen Rußlands, Österreichs und Preußens in der Hauptstadt Napoleons bewahren sollte.

Das war das Zentrum der sonderbaren Militärmonarchie der Hohenzollern. Nur ganz oben, in der unmittelbaren Nähe der Residenz des Herrschergeschlechts, standen die Bauten des Staates: das Zeughaus voran, dann das etwas einfältige Palais des Prinzen Heinrich, des Bruders Friedrichs des Großen, danach die Königliche Bibliothek und schließlich die Hofoper neben der Hedwigskirche. Auf der anderen Seite des Schlosses aber begann schon – eher kleinbürgerlich als hochbürgerlich – das Gewirr der Gassen. Später lag hier, nicht weit vom Alexanderplatz, das berühmte Scheunenviertel, der Schauplatz von Döblins Roman.

Und alle, die engbrüstigen Häuser der Handwerker wie die bescheidenen Palais des Adels, über die man in Paris gelächelt hätte, richteten sich nach dem Schloß, das sie alle überragte. Kam man vom Tiergarten her durch das Brandenburger Tor, so ragte seine dunkle Masse in der Ferne auf und gab den »Linden« Halt, die ja erst Jahrhunderte später angelegt worden waren und sich bis in die Einzelheiten auf jenen gewaltigen Bau an ihrem Ende bezogen.

Warum laufen die »Linden« jetzt so merkwürdig diagonal in Richtung Osten und enden im Nichts? Selbst aus der Leere, in der nun, sinnlos und verloren, der nach hinten versetzte »Palast der Republik« des Honecker-Regimes steht, kann man schließen, daß hier einmal etwas gewesen sein muß. Warum steht das Alte Museum so sonderbar am Auftakt zur Museumsinsel, leicht in der Achse gewendet, so daß man meint, es müsse auf etwas bezogen sein? Schinkel, dessen Meisterwerk der flache Bau mit seiner Säulenvorhalle ist, zeichnete mehr als ein Dutzend Entwürfe, bevor er Baumasse, Lage und Winkel des Museums endgültig festgelegt und in das rechte Verhältnis zum Schloß gebracht hatte.

Übrigens sehr auffällig, daß die größten Bauanstrengungen der gegen Napoleon siegreichen Monarchie nicht königlichen Palästen und staatlichen Repräsentationsbauten galten, sondern eben dem Museum und dem gleichfalls von Schinkel entworfenen Schauspielhaus, Stätten bürgerlicher Bildung. Nicht ein einziges Schloß Berlins ist nach dem 18. Jahrhundert gebaut worden, während doch die Repräsentationslust der Habsburger, Bonapartes, Romanows und Windsors gerade im späten 19. Jahrhundert eine Nachblüte erlebte. Die Stadt an der Spree ist im neuen Jahrhundert erst einmal die Stadt der Bildungsbauten, dann die der Verkehrs- und Industriearchitektur.

Aber anders als in London oder Paris standen all diese Schauspielhäuser, Opern und Museen nur einen Steinwurf weit vom Schloß entfernt. Jetzt, wo es beseitigt worden ist, wirkt das Alte Museum wunderlich verloren an seinem Platz. Nicht nur ein Gebäude, der Maßstab der ganzen Umgebung ist zerstört. Auch die Handwerker- und Bürgerhäuser im Süden und Osten sind abgeräumt worden, um »Magistralen« nach moskowitischem Beispiel Platz zu machen, ein Areal von zwölfbahnigen Rennstrecken, auf denen bis zur Wende die Trabant fuhren.

Trostlose Großmannssucht eines gescheiterten Sozialismus. Wie ein Symbol mißratener Bestrebungen wirkt der Fernsehturm – der einzige in Europa, der als Stadtmitte gedacht war, denn dergleichen gibt es nicht einmal in Moskau neben dem Kreml, von Paris oder London ganz zu schweigen. Sah man in dem neuen Marx-Engels-Forum tatsächlich seinen Anspruch auf Weltniveau befriedigt? Jedenfalls war das die real existierende Stadtplanung des Sozialismus, der seine eigenen Traditionen sämtlich verraten hatte. Keine mustergültigen Arbeitersiedlungen wie in der Weimarer Republik, keine in die Zukunft weisenden Industriebauten, wie sie das späte Kaiserreich mit Siemens, Krupp und Borsig errichtet hatte, keine futuristischen Staatsbauten, wie sie in Moskau nach der Oktoberrevolution in Wettbewerben ausgeschrieben worden waren, an denen sich die gesamte Avantgarde der westlichen Welt beteiligte, von Walter Gropius über Perret bis zu Corbusier.

Selbst auf eigenem Feld war der Sozialismus gescheitert, und fährt man heute durch die müden Relikte dieser zerbrochenen Revolution, so stehen seine Hinterlassenschaften sinnlos herum wie Bausteine aus einem Märklin-Baukasten. Was das untergegangene Regime den vergifteten Äckern, der verpesteten Luft, den verdorbenen Flüssen angetan hat, ist schlimm genug; am sichtbarsten aber ist seine Erbschaft in Deutschlands Städten, in denen es eine Wüste zurückgelassen hat. »Trümmer schaffen ohne Waffen« – dieser bittere Vers aus den späten siebziger Jahren ist zehn Jahre später wahr geworden.

Das in die Luft gesprengte Stadtschloß aber war jenseits dessen, was es für sich selbst bedeutete, der Bezugspunkt jenes historischen Zentrums, das von dem Pariser Platz im Westen, dem Gendarmenmarkt in der Mitte, dem Alexanderplatz im Osten und dem Belle-Alliance-Platz im Süden begrenzt wurde. Das Geviert war in vielerlei Hinsicht eine städtebauliche Heraufrufung Roms, denn die Ewige Stadt wird ja auch von vier Platzräumen eingegrenzt, der Piazza di Spagna, der Piazza del Popolo, der Piazza Navona und der Piazza Venezia. Und wie dort alles auf das antike Rom bezogen blieb, so erhielt hier das einzelne durch die gewaltige Masse des Schlosses seinen Sinn. Daher geht die Diskussion darüber, ob der Bau kunsthistorisch zu den großen Werken der europäischen Architekturgeschichte gehörte oder ob Versailles und Schönbrunn vielleicht von höherem Rang sind, an seiner wirklichen Bedeutung vollkommen vorbei.

Die Frage eines Wiederaufbaus des Stadtschlosses gilt also nicht so sehr diesem Schloß selber als dem klassischen Zentrum Berlins. Auf was werden die »Linden« zulaufen, wenn der »Palast der Republik« über kurz oder lang entfernt werden wird? Denn der Abriß ist unvermeidlich, nicht allein deshalb, weil er ein tristes Symbol des zerbrochenen Staates ist, weil seine Asbestverseuchung die Benutzer gefährdet, und nicht einmal nur, weil seine architektonische Mediokrität alles beschädigt, was in seiner Nähe steht. Zumindest ebenso wichtig ist, daß diese sozialistische Mehrzweckhalle am falschen Ort im falschen Winkel steht und daß ihr Volumen nicht ausreicht, Knobelsdorffs Oper, Nerings Zeughaus, Boumanns Universität und Schinkels Museum aneinander zu binden.

Das nämlich war ja die eigentliche Funktion der Architektur des Schlosses, daß es durch sein pures Dasein so Verschiedenartiges zusammenhalten konnte – die barocke Gewalt des Zeughauses, das englisch gebändigte Rokoko der Oper, den vergleichsweise simplen Palladianismus vom Palais des Prinzen Heinrich und die reine Linie von Schinkels Klassizismus. Der Zusammenhang von Nichtzusammengehörendem war das eigentliche Wunder der »Linden«, und Vergleichbares gab es in keiner anderen Stadt Europas. Was sind jetzt die »Linden« ohne das Schloß?

Es bedarf keines Wortes, daß das Argument der Kosten in solchem Zusammenhang überhaupt keine Rolle spielt, man entscheidet Fragen dieser Art nicht mit dem Rechenschieber. Erstens wird niemand ernsthaft daran denken, das Schloß heute oder morgen aufzubauen, und zweitens ließe sich durch die Einsparung der etwa achthundert Millionen für das einst geplante Deutsche Historische Museum nach Aldo Rossis geistreich-eklektizistischem Entwurf zumindest die äußere Hülle des Schlosses sofort aufführen. Die andere Milliarde könnte nach dem Gelingen des Wiederaufbaus in Ostdeutschland kommen, nach einem Jahrzehnt oder nach einer weiteren Generation; das macht kaum einen Unterschied.

Die neuesten Bonner Schätzungen des Finanzbedarfs der neuen Bundesländer gehen auf zumindest eintausend, die des Bundeswirtschaftsministeriums auf eine Billion, die von Schweizer Wirtschaftsforschungsinstituten auf zwei Billionen. Der Wiederaufbau des Schlosses kostete also nichts Nennenswertes, nämlich 0,01 Prozent. Wer will eine Aufgabe, die sich das arme Polen mit dem Wiederaufbau des Warschauer Königsschlosses gleich nach dem Krieg leistete, im Ernst dagegen aufrechnen? Überdies brauchte der Staat oder die Stadt nicht eine Mark beizusteuern, private Investoren würden sich finden, das Schloß in eigener Regie wieder aufzurichten.

Und es gäbe in republikanischer Zeit keine Verwendung für ein Schloß? Warum sollte denn das wiederaufgebaute Bauwerk nicht Sitz des Bundespräsidenten sein? Er wäre dann endlich im Herzen der Hauptstadt, wie der italienische Präsident ja auch im Quirinal residiert. Das Schloß Bellevue könnte dann endlich zu jenem Gästehaus der Bundesregierung werden, nach dem man seit zehn Jahren Ausschau hält.

Nach dem Krieg hat man das Argument der mangelnden Authentizität immer wieder gehört, Kunsthistoriker und Architekten führten es gleicherweise ins Feld. Die Reste von Xantens gotischem Dom aus dem 13. und 14. Jahrhundert wollten die Kunsthistoriker damals abreißen, da sein Wiederaufbau nur eine Fälschung ergeben werde, wie ein rheinischer Denkmalpfleger als Gutachter versicherte. Das mittelalterliche Meisterwerk wurde von einem einzelnen gegen den Zeitgeist auf eigene Faust wiederhergestellt, wofür er übrigens Jahrzehnte später den Schinkelpreis erhielt. Das Frankfurter Goethe-Haus war so gut wie nicht mehr vorhanden, und unter der Anführung der Fachleute wurde von den Konservatoren gegen seinen Wiederaufbau protestiert. Walter Dirks, mit Eugen Kogon zusammen Herausgeber der »Frankfurter Hefte«, beschwor das Land Hessen wie die Stadt Frankfurt, den Wiederaufbau nicht zuzulassen. Der Geist des Hirschgrabens und des Frauenplans habe die Barbarei nicht verhindern können; seine Kopie laufe auf eine Verfälschung der deutschen Geschichte hinaus.

So ging es in fast jeder deutschen Stadt zu, und fast immer blieben die Puristen siegreich. Hunderte von Bauten von Ulm bis Braunschweig – wo man Ottmers Residenzschloß Jahre nach dem Kriege abriß – hätten gerettet werden können, hätten nicht fehlgeleitete Denkmalpfleger dem 5. Bomberkommando nachgeholfen. Nur zuweilen bewahrten Volksaufstände das Bedrohte vor den Konservatoren.

Das Stuttgarter Neue Schloß war aufgrund von Gutachten der Architektenkammer vom Oberbürgermeister der Stadt und vom Ministerpräsidenten des Landes Württemberg schon zum Abriß freigegeben. In Stuttgart aber retteten Bürger die eigene Geschichte, lange vor der Frankfurter Alten Oper bildete sich eine Bürgerbewegung gegen konservatorischen Expertenverstand und politischen Willen zum »Zeitgemäßen« und trotzte dem Gemeinwesen den Wiederaufbau des Neuen Schlosses ab. Jetzt gibt Württembergs Landesregierung dort ihre Staatsempfänge. Denkmalpfleger sollen gehört werden, wo es um Bestehendes geht; die Frage der Wiedergewinnung von Verlorenem aber fällt nicht in die Zuständigkeit von Konservatoren. Das ist eine Sache der Bürger und des Staates.

Wenn der Besucher heute die »Linden« entlang am Kronprinzenpalais vorbeigeht, dankt er dem Geschick, daß wenigstens dieser Bau überdauerte. Aber in Wirklichkeit war das Palais nicht mehr vorhanden. Weit schwerer beschädigt als das Schloß, wurde es nach dem Krieg abgerissen; jahrelang erinnerte nur eine mit Wasser gefüllte Baugrube an das einstige Prinzenpalais. Plötzlich aber befand man, daß eine inzwischen etablierte Regierung ein Gästehaus brauche, und so wurde das Gebäude nach den alten Plänen, Zeichnungen und Photographien neu aufgeführt. Nicht ein einziger Stein des heutigen Kronprinzenpalais ist original. Die Geschichte hat die Gewissenhaftigkeit der Puristen besiegt, nach deren Argumenten niemand mehr fragt, wenn das nachgeahmte Alte selber alt geworden ist.

Was wird im Streit um einen Wiederaufbau des Schlosses nicht alles von der Authentizität in der Architektur geredet, besonders von jenen, die das Originale von dem nur Nachgeahmten gar nicht zu unterscheiden wissen. Alle Welt bewundert den Knobelsdorffschen Palladianismus des Opernhauses unter den »Linden«. Viele wissen, daß der Bau am Ende des Krieges schwer beschädigt war und erst Jahrzehnte nach dem Krieg wiederhergestellt wurde. Einige wissen sogar, daß die Staatsoper zu Anfang des Krieges schon einmal von Bomben getroffen und in einer Gewaltanstrengung mitten im Krieg wiederaufgebaut worden war. Aber jene Linden-Oper, die heute sogar das Wohlwollen der Konservatoren genießt, ist selber nur eine Kopie des ursprünglichen Knobelsdorff-Baus. Kaum einer der Politiker, die vehement gegen eine Rekonstruktion des Schlosses sprechen, hat auch nur eine Ahnung davon, daß sie im Falle der Oper der Bewahrung einer Imitation das Wort reden.

Die Königliche Oper war schon 1843 in einer der größten Brandkatastrophen des biedermeierlichen Berlin nahezu vollständig vernichtet worden. Der Bühnenbildner Gerst hat noch während der Löscharbeiten die bis auf wenige Mauerreste zerstörte Ruine in einem Aquarell festgehalten, das noch heute in der Alten Nationalgalerie zu besichtigen ist. Aber auch die stehengebliebenen Mauerreste mußten zumeist eingerissen werden, als man sich fast ein Jahrhundert nach dem ursprünglichen Bau an dessen Neuschaffung machte. Auch damals war ein heftiger Streit vorausgegangen, weil ziemlich weit gediehene Pläne bestanden, ein neues Opernhaus am alten Königsplatz, dem jetzigen Platz der Republik, zu errichten. Damals siegten die Verteidiger des Alten, und ein wiederhergestelltes Original wurde als Kopie errichtet.

So steht es mit vielem – mit Schinkels Neuer Wache, Ende des Krieges zerbombt, Jahre später zum Teil eingestürzt, mit Stracks als Kopie wiederaufgebautem Kronprinzenpalais, mit Knobelsdorffs gleich dreimal rekonstruierter Oper: Die Baugeschichte Berlins ist, wie die ganz Europas, eine Geschichte von Falsifikaten.

Die Auseinandersetzungen über einen Wiederaufbau des Schlosses gehen somit an der Sache vorbei. Natürlich ist ein wiederhergestelltes Schloß nur eine Replik, soviel an originalen Fassadenteilen, Gesimsen und Skulpturen sich auch noch finden lassen mag, niemals mehr wird ein originaler Bau aus Renaissance, Barock oder Klassizismus entstehen. Das, was auf diese Weise wiederhergestellt werden kann, bleibt in jedem Falle lediglich eine Kopie, und man muß das deutlich sagen, wenn man sich nicht in die Phalanx jener Nostalgiker einreihen will, die in allen Himmelsrichtungen nach

Argumenten suchen, ein wiederaufgebautes Schloß besitze doch so etwas wie Authentizität. Die wird es nie wieder haben.

Aber darum handelt es sich nicht. Man hat nicht das Schloß, sondern die Stadt im Auge, und insofern sind das wiederaufgebaute Goethe-Haus in Frankfurt und das restaurierte Schiller-Haus in Weimar unzulängliche Beispiele. Frankfurt und Weimar haben durch die Imitationen des Einstigen ja nichts gewonnen als eben diese musealen Häuser. In Berlin dagegen ist es schwer vorstellbar, daß die Innenstadt wiedergewonnen werden kann, wenn nicht das Stadtschloß zumindest in seiner äußeren Gestalt neu geschaffen werden wird.

Es geht, um den Gedanken auf die Spitze zu treiben, um die Rettung der Stadtgestalt. Natürlich läßt sich gegen zahllose Beispiele wiedererrichteter Kirchen, Schlösser und Museen einwenden, daß diese in früheren Jahrhunderten ja zumeist in veränderter, zuweilen in gänzlich neuer Form wiederhergestellt worden seien, weshalb romanische Dome beim Wiederaufbau gotische Portale, Renaissance-Paläste barocke Fassaden erhielten und Rokoko-Schlösser klassizistische Züge annahmen. Aber eben diese Kraft hat die Gegenwart nach allen Erfahrungen der zurückliegenden Zeit verloren. Die Versuche der Nachkriegsära, das beschädigte Alte mit dem Stilwillen der Gegenwart zurückzugewinnen – Luckhardts Experiment mit dem Bremer Rathausplatz, die von Scharoun erzwungene Modernisierung des Reichstags und die unter der Federführung des Werkbunds 1948 gesichtslos erneuerte Paulskirche in Frankfurt – führen allzu deutlich vor Augen, daß zwar ein Weg von der Romantik zur Gotik führte, aber keiner vom Bauhaus zum Barock.

Die wirkliche Entscheidung, vor der Berlin steht, liegt deshalb in der Frage, ob man der Gegenwartsarchitektur zutraut, die Lücke zu füllen, welche die Sprengung des Schlosses im Gesicht der Stadt hinterlassen hat. Auf diese Frage pflegen die Architektenverbände, die in den verflossenen Jahrzehnten in fast jedem Einzelfall falsche Ratschläge gegeben haben, den scheinbar einleuchtenden

Gesichtspunkt ins Feld zu führen, daß schließlich jede Epoche aus dem Geist ihrer Zeit bauen müsse, und mit frommem Populismus fügen sie hinzu, daß man nicht so gering von der eigenen Zeit denken dürfe.

Aber mit diesem Argument ist es mißlich bestellt. Bleiben wir, da es um das Berliner Stadtschloß geht, bei Berliner Beispielen. Dann hätte man also in den sechziger Jahren an das Ende der »Linden« Scharouns monströse Staatsbibliothek gestellt, die heute sein eigenes Kulturforum ruiniert. Bereits Mies van der Rohe beklagte, daß seine Neue Nationalgalerie mit Scharouns anthroposophischer Architektur konfrontiert werde. In den siebziger Jahren hätte man Schülers Internationales Congress Centrum gleich neben Knobelsdorffs Oper gestellt, als Widerpart von Schinkels Altem Museum. Und wieder ein Jahrzehnt später wäre an dem Boulevard ein Bau aus dem Geist von Heinrichs' Autobahnüberbauung an der Schlangenbader Straße errichtet worden. Kann man sich Zeitgeist-Architektur solcher Art an Deutschlands einzigem klassischen Boulevard vorstellen? Und doch sind dies die drei Bauten Berlins, die am ehesten noch an das Volumen des Schlosses heranreichen.

Damit man das nicht falsch versteht: Hier werden nicht aus polemischen Gründen absurde Monstren der zeitgenössischen Architektur genannt, von denen ja genug namhaft gemacht werden könnten. Alle drei Architekten sind unverächtliche Baumeister der Gegenwart, zählen zu den besten Köpfen der Nachkriegsarchitektur, immer wieder mit großen Preisen bedacht.

Oder soll man westdeutsche Exempel heranziehen, etwa das Beispiel der provisorischen Hauptstadt Bonn? Hier war Jahrzehnte hindurch Gelegenheit, die Möglichkeiten moderner Architektur an Dutzenden von öffentlichen Gebäuden vorzuführen – am Bundeskanzleramt, an der Beethovenhalle, an Parteihauptquartieren und an fast zwanzig neuen Ministerien, die zusammengenommen die größte Bauanstrengung des neuen Staates ergeben, der sich so seinen auswärtigen Besuchern empfiehlt. Fährt man heute die Adenauerallee von Godesberg nach Bonn, so fällt kein einziges Gebäude in die Augen, das man im wiedervereinigten Berlin sehen möchte. Dabei sind das keineswegs vorläufige Zweckbauten, gedacht für ein politisches Provisorium. In jedem Einzelfall handelt es sich um Gebäude von Kunstanspruch, mit dem »Langen Eugen« von Egon Eiermann als Ausrufungszeichen. Die Ausstrahlung bleibt jedoch die einer kleinstädtischen Assekuranz.

Jene Akademien, Hochschulen und Architektenverbände, die sich auch jetzt wieder zu Wort melden, stellten auch damals die Gutachter und Preisrichter. Würde man die Namen der Experten, die für das neue Bonn verantwortlich waren, heute veröffentlichen, so hätte man ein nahezu lückenloses »Who is Who« derer, die in den vergangenen Jahrzehnten in Deutschland das Sagen hatten. Der Staat hat sich über die Fachleute nicht hinweggesetzt, er ist ihnen nur allzu getreu gefolgt. Woher nehmen sie jetzt nur immer das gute Gewissen, man müsse ihrer Weisheit folgen? »Ich habe keine Zeit, mich mit meinen alten Fehlern zu beschäftigen; ich bereite mich auf meine neuen vor«, so Brecht.

Aus Betrachtungen dieser Art spricht natürlich Resignation. Die moderne Architektur hat ebenso Mustergültiges zustande gebracht wie frühere Epochen. Niemand wird Mies van der Rohe, Gropius, Corbusier und Frank Lloyd Wright geringschätzen, das Bauen des späten 19. Jahrhunderts hat Mühe, gegen sie aufzukommen. Aber nicht in einem einzigen Fall hat es das Neue fertiggebracht, die Mitte einer Metropole aus dem Nichts zu entwerfen, und die künstlichen Kapitalen Brasilia, Dacca und Chandigarh sind melancholisch stimmende Beispiele.

Ist es nicht eine schreckenerregende Vorstellung, Corbusier hätte seine Berliner *Cité radieuse* nicht neben dem Olympiastadion, sondern wirklich in der Stadtmitte gebaut, wie er es ursprünglich von Berlins Bauverwaltung verlangte? Wollte Gropius nicht am Ufer der Havel zwischen Pichelsdorf und Wannsee Reihungen von Hochhäusern errichten, um ein Ausufern der Stadt ins Land hinein zu verhindern? Nahm er, sekundiert von seinem Dessauer Schüler

Wils Ebert, diese Lieblingsidee nicht in dem absurden Viertel in Buckow-Rudow wieder auf, das seinen Namen trägt? Soll man die Dutzende von Vorschlägen in Erinnerung rufen, die von dem Projekt einer Avus-Überbauung vom Funkturm bis zum Kontrollpunkt Dreilinden und der vorgeschlagenen Golden-Gate-Brücke über die Havel bis zu jenen Wunderlichkeiten reichen, die im Frankfurter Architekturmuseum als Projekte für das neue Berlin versammelt waren?

Ach, die Baugeschichte hat selten solche Aufschwünge wie in dieser zweiten Nachkriegszeit gesehen und kaum jemals ein vergleichbares Desaster erlebt. Wer die Gremien von immer neuen »Weisen« und »Stadtforen« lange genug verfolgt hat, kehrt zu Carlo Schmids Satz zurück: »Wehe dem Staat, der auf seine Intellektuellen nicht hört. Doppelt wehe dem Staat, der ihnen folgt!«

In diesem Sinne läßt sich sagen, daß eine Wiederherstellung des Schlosses natürlich nur ein Notbehelf ist. Nichts als eine Kopie kann man zustandebringen, wie man das vor einigen Jahrzehnten mit dem Kronprinzenpalais bewerkstelligte. Warum soll man bestreiten, daß eine Replik des Stadtschlosses unter denkmalpflegerischen Gesichtspunkten eine Fälschung wäre? Dennoch gibt es keine andere Möglichkeit, die Stadt als Stadt zu retten, und deshalb wird man nicht triumphierend, sondern resignierend das Verlorene mit Abschiedsschmerz wiederherstellen müssen.

Blick auf die »Linden« mit dem von Zeughaus, Neuer Wache, Humboldt-Universität, Staatsoper, Staatsbibliothek und St. Hedwigskathedrale gesäumten Forum Fridericianum. Im Hintergrund das Stadtschloß und der Raschdorff-Dom. Aufnahme 1928.

Das Stadtschloß, bis 1918 Residenz der Hohenzollern. Blick auf die Nord- und die Westfassade mit dem überkuppelten Portalbau (Eosander-Portal).

Teile des Stadtschlosses, hier im Zustand von 1947, wurden in den ersten Nachkriegsjahren trotz starker Zerstörungen für Ausstellungen und Veranstaltungen genutzt.

Auf Befehl Walter Ulbrichts wurde 1950 trotz internationaler Proteste die gesamte Schloßanlage gesprengt. An ihrer Stelle entstand ein riesiger Aufmarschplatz und später der »Palast der Republik«.

Blick vom Stadtschloß auf Berlins Prachtboulevard Unter den Linden, vom Großen Kurfürsten 1647 als Verbindung vom Schloß zum Tiergarten angelegt. Rechts hinter der Schloßbrücke das Zeughaus, links das nach dem Krieg abgetragene Kommandantenhaus. Aufnahme um 1930.

Blick vom Brandenburger Tor auf die leidlich durch den Krieg gekommene, später großenteils durch Neubauten ersetzte Randbebauung der »Linden«. Aufnahme 1947.

Der Preußische Corso Unter den Linden in Berlin

Mit der unverhofften Wiedervereinigung des Landes wie der Stadt gerieten über Nacht auch die »Linden«, der alte »Prospekt« der Residenzstadt, wieder in den Blickpunkt. Plötzlich war die Chance gegeben, daß man anstelle des erst nach dem Krieg ruinierten wilhelminischen Kurfürstendamms den eigentlich preußischen Corso wiedergewann. Er hatte ja den Krieg zwar schwer beschädigt, aber doch in der Substanz ungemindert überdauert. Nun könnte sozusagen das Vergangene das Zukünftige werden: die Avenue des 18. Jahrhunderts als der Boulevard des einundzwanzigsten.

Ging man 1950 vom Brandenburger Tor her über den nur kulissenhaft ausgeglühten Boulevard an Nerings und Schlüters Zeughaus auf der einen und Knobelsdorffs Königlicher Oper und Stracks Kronprinzenpalais an der anderen Seite vorbei in Richtung des Schlosses, so schien die historische Stadtmitte leidlich durch den Krieg gekommen zu sein. Zwar wurden das Stadtschloß, in dem in den ersten Jahren nach dem Krieg schon wieder Ausstellungen stattgefunden hatten, und der Pariser Platz, wo in den Ruinen des Hotels Adlon in den Trümmern des Kriegsendes ärmliche Menüs serviert worden waren, abgerissen, aber der östliche, der eigentlich monarchische Teil der »Linden« mit Boumanns Palais des Prinzen Heinrich, das nach Jena und Auerstedt Universität geworden war, und dem gegenüberliegenden, Mitte des 19. Jahrhunderts aufgestockten und »embellizzierten« Kronprinzenpalais, dem anschließenden Prinzessinnenpalais von Gentz und dem alten Palais von Langhans wurde doch wiederhergestellt. Das Politbüro brauchte eine repräsentative Allee, wo man die Genossen aus Moskau gebührend empfangen konnte, da man selber nur der »Protokollstrecke« zum jahrzehntelang provisorischen Flughafen Schönefeld fähig gewesen war.

Nur der im Grunde bürgerliche Teil der »Linden« zum Westen

hin, also der Abschnitt zwischen der Friedrich- und der Wilhelmstraße, der beiden Straßen, die mit ihren Namen schon für die Dynastie gestanden hatten, die in all den Friedrich Wilhelms sozusagen zu sich selber kommt, wurde sonderbarerweise vom Sozialismus zehn, zuweilen erst zwanzig Jahre nach dem Kriege abgeräumt. Die nur ausgeglühte spätklassizistische Preußische Akademie der Künste fiel ebenso dem Wahn einer sozialistischen »Magistrale« zum Opfer wie die Botschaftsgebäude Großbritanniens, der Vereinigten Staaten und Frankreichs auf dem alten »Quarré«, dem Pariser Platz. Noch jahrzehntelang führten rauchgeschwärzte Fassaden vor Augen, weshalb man im alten St. Petersburg die »Linden« im 19. Jahrhundert den »glänzendsten Prospekt Europas« und den Platz am Brandenburger Tor den »Salon Berlins« genannt hatte.

Einen Boulevard dieser Art hatte es ja tatsächlich nirgendwo sonst gegeben, und die wilhelminischen Zutaten seiner westlichen Hälfte störten im Grunde nicht sonderlich. Es war eine Allee, die von den Renaissance-Erkern des Schlosses bis zu dem Vorklassizismus des Tores von Langhans am Saum des Tiergartens reichte, und von Schlüter über Knobelsdorff und Schinkel bis zu Persius und Stüler reihte sich hier eine klassische Architektur an die andere, bis in das Frühjahr des Jahres 1945.

Was waren die Champs-Élysées aus dem Kaiserreich Napoleons III. und was Roms Via Veneto mit ihren Bürgerpalästen aus dem Fin de siècle dagegen? Bis in die Straßenkämpfe der Eroberung hinein war Berlin – sonst doch, nach Fontanes Wort, nicht viel mehr als eine hochgebuffte Ansammlung von Häusern – wenigstens an dieser Stelle eine der großen Städte Europas.

Der Sozialismus räumte die ausgehöhlten Reste der »Linden« einen nach dem anderen ab, radikaler noch ging er vor als die Zukunftsenthusiasten der anderen Stadthälfte. Westlich des Brandenburger Tors träumte man anstelle des verachteten Häusermeers von einst von einer heiteren »Stadtlandschaft« inmitten grüner Parkanlagen, die sich auf den Trümmern erstrecken sollte.

Aber auch der erste Entwurf des »Planungskollektivs« nach dem Kriege sieht nicht einmal den Straßenzug der »Linden« vor. Die erhaltenen Bauten aus Berlins klassischer Epoche sollten nicht mehr entlang einer Straße »aufgereiht« sein, sondern als Erinnerung an die historische Stadt vereinzelt für sich auf Rasenflächen stehen.

Die Wandlung der »Linden« in den vier Jahrzehnten von der Zukunftseuphorie des Kriegsendes über die proletarische Palastarchitektur der Stalin-Ära bis zu den Bauten des untergehenden Staates spiegelt die ganze Misere der sozialistischen Welt. Die Mai-Aufzüge der fünfziger Jahre hatten noch über die Reste des Boulevards der aristokratischen und der bürgerlichen Welt geführt, bald zogen die Massen vorbei an Großplattenbauten oder durch leere Quartiere, über die nur noch der Wind strich.

Diese »Linden« waren ununterscheidbar von den »Magistralen« der anderen östlichen Städte geworden. Zumeist sollen die Bauten der Honecker-Welt jetzt abgerissen werden, schon des schlechten Bauzustands wegen. Für das Linden-Hotel wie den Lindencorso und einem »Haus Pietzsch« genannten Bürocontainer sind bereits die Entwürfe für die Nachfolgebauten vorgestellt worden, weitere Wettbewerbe wurden ausgeschrieben. Was man an Plänen bisher zu sehen bekommt, ruft Poseners Wort in Erinnerung »Ah, jetzt geht's los!« Heute überkommt einen Schrecken: »Ach, um Himmels willen, was wird da wieder gebaut werden?« Immerhin: Hier könnte eine neue Avenue entstehen, Ersatz nicht nur für sich selbst, sondern auch für die ruinierte Allee im Westen.

Aber natürlich stellt sich die Frage, ob die egalitäre Massengesellschaft des zu Ende gehenden Jahrhunderts eines Boulevards noch fähig – und bedürftig – ist. Ein Boulevard hat die zweckfreie Aufgabe aller großen Straßen der Welt: der Menge mit sich selbst zu imponieren, was Goethe angesichts von Veronas Arena über solche Versammlungsorte sagte. Das nämlich und nicht die Bereitstellung von Arbeitsraum für Angestellte oder das Feilbieten von Gütern, Bürokomplexe und Warenhäuser also, ist der erste und vornehmste

Sinn aller Plätze dieser Art, ob man sie nun Corso im 17., Avenue im 18. oder Boulevard im 19. Jahrhundert nannte.

Geht man heute die Fifth Avenue und den Broadway entlang oder wandert man über Londons Regent Street und die Oxford Street, so lehrt einen der Augenschein, daß auch die Gesellschaft, die nach der bürgerlichen kam, solche Bedürfnisse zu haben scheint. Boulevards sterben, und andere werden geboren, fast immer kann man die Ersatzstraßen nennen, die sich das Verlangen geschaffen hat, wo ihm seine angestammte Kulisse genommen wurde. Der Kurfürstendamm ist zwar als Boulevard verdorben, aber die Menschen sind noch da, die ihn einst bevölkerten. Sie erobern sich stille Nebenstraßen, in die nun mit den Geschäften auch die zugehörigen Menschen einziehen, in Berlin sind das die gestern noch dem Wohnen vorbehaltene Fasanenstraße oder die Meinekestraße. So ist es überall, in Wien in den Seitengassen der Kärntner Straße wie in Zürich neben der Bahnhofstraße.

Die Frage, die der Wiederaufbau der »Linden« aufwirft, gilt also der Fähigkeit unserer Zeit, neue Bühnen zu bereiten, auf denen das alte Stück stattfinden soll. Kann die Gegenwart, um es auf eine Formel zu bringen, noch einen Boulevard als Boulevard konzipieren, zu dem es den Besucher zieht, weil er, ein Flaneur in nachbürgerlicher Zeit, sich selber begegnen will? Oder wird wieder nur eine Büro- und Ladenkettenmeile daraus, aus der das Leben in die unversehrten Räume flieht?

Das ist die wirkliche Aufgabe, vor die sich Berlin mit seiner alten Stadtmitte gestellt sieht und die nicht in erster Linie den Architekten und Stadtplanern gestellt ist. Stadtquartiere und Straßenräume werden von dem Leben bestimmt, das dort einzieht, nicht von der Architektur, die preisgekrönt wird; insofern hat die gedankliche Anstrengung der formalen Bemühung vorauszugehen.

Tatsächlich ist es der Mangel des Denkens, der am Mißlingen der Nachkriegsarchitektur noch mehr in die Augen fällt als das Versagen der Kunst. Über die banale Fassade eines Hauses kommt man hinweg; was einen Boulevard ruiniert, ist die Verkennung seiner Idee oder, schlimmer noch, daß niemand mehr zu sehen scheint, daß einer Straße eine bestimmte Aufgabe im Stadtzusammenhang zukommt. Die Logik der Sprache weiß das sehr genau; sie sprach früher von der politischen Gewalt als von Stadtvätern. Die Architekten sind demgegenüber nur die Geburtshelfer; sie sollen dem von einem Gemeinwesen Gewollten zum bestmöglichen Ausdruck verhelfen.

Das wurde früher immer gewußt, nicht nur in monarchischer Zeit, wo die Herrscher festlegten, welche Art von Häusern in welchem Quartier für welche Benutzer entstehen sollten. Auch in Republiken, in Florenz, Edinburgh oder in Lübeck, stimmte vor dem Auftrag an die Architekten der Rat darüber ab, wo Kirchen, Rathäuser, Waisenhäuser und die Häuser der Bürger errichtet werden sollten. In Berlin läßt sich das an den Entwürfen für die geplante Stadterweiterung der südlichen Friedrichstadt ablesen; am »Rondell« zum Beispiel hat der Souverän den Verwendungszweck der Häuser festgelegt, bevor die Baumeister hinzugezogen wurden. In Potsdam kamen Büring, Manger oder Gontard erst zum Zuge, als Friedrich bestimmt hatte, welcher Aufgabe die neuen Stadtquartiere dienen sollten.

Die Misere des Nachkriegsbauens hat viel mit der Umkehrung dieses Verhältnisses zu tun. Immer wenn der Staat nicht weiterwußte, blickte er fragend auf die Architekten. Er schrieb also einen Wettbewerb aus, der ihm Ideen geben sollte. Im Grunde sollten die Architekten nicht zeichnen, sondern denken. Da die Architekten selber aber auch keinen zureichenden Begriff von der zukünftigen Gesellschaft hatten, lief das darauf hinaus, daß der Lahme den Hinkenden stützte.

Es geht also bei dem Neuentwurf von Berlins historischer Mitte um die Verständigung über das Leben, das zwischen dem ehemaligen »Quarré«, dem Pariser Platz im Westen, und dem einstigen Ochsenmarkt, dem Alexanderplatz im Osten der »Linden«, stattfinden soll. Darüber hätte sich Berlin erst einmal verständigen müssen, dann erst wurde die Frage der Architektur wichtig.

Die Architekturwelt zeigte sich in den Monaten nach der Vereinigung jedoch vor allem besorgt, ob die Stadt auch die einzigartige Chance begreife, die ihr zugefallen sei, nämlich die Avantgarde nach Berlin zu holen. Die Architektur interessierte sie, nicht die Stadt. Werde man wirklich die Elite der ganzen Welt zusammenrufen, Berlins neue Stadtmitte aus dem Boden zu stampfen? Nun müßten sich die ersten Köpfe der zeitgenössischen Architektur zusammenfinden, um die Stadtbrache zu füllen.

Berlins alte Mitte sozusagen als Internationale Bauausstellung, wie Berlin das schon dreimal in Szene gesetzt hat, 1931 mit der Deutschen Bauausstellung, 1957 mit der Interbau im Hansaviertel und 1984 bis 1987 mit der IBA in der südlichen Friedrichstadt. In der Tat wurde in der Euphorie der Vereinigung hier und da vorgeschlagen, den Bereich zwischen den barocken Stadtplätzen Leipziger Platz, Pariser Platz, Belle-Alliance-Platz und Gendarmenmarkt zum Gegenstand einer neuen Bauausstellung zu machen. Wieder wurde der Architektur eine Rolle zugebilligt, die ihr nicht zukommt. Die Stadt ging den alten Weg, der sie seit Jahrzehnten schon in die Irre führt: Sie trat die eigentlich an sie gestellte Aufgabe an die sogenannten Fachleute ab. Nicht das Stadtparlament beriet über Aufgabe und Funktion des historischen Zentrums der alten und neuen Hauptstadt, sondern es delegierte diese vornehmste und wichtigste Aufgabe an die, denen sie doch ihrerseits Aufgaben stellen sollte: an die Architekten, aus deren Reihen dann die üblichen Jurys gebildet wurden. Berlin bezahlte solchen Verzicht auf einen der Politik verantwortlichen Stadtbaudirektor oder Generalbaumeister geistig mit der fehlenden sozialen Ordnung seines Wiederaufbaus, ästhetisch mit der Gesichtslosigkeit der neuen Quartiere.

Es liegt dem ein merkwürdiger Glaube an die Weisheit von Gremien zugrunde, der trotz allen Mißlingens der Vergangenheit unausrottbar scheint. Ein einziger Blick auf die Ergebnisse von solchen Preisausschreibungen während der letzten hundert Jahre zeigt ja, daß die Akademien, Hochschulen und Architektenverbände besonders schlechte Ratgeber in Fragen der Architektur sind. Es ist nicht so, daß die Stadt bei den katastrophalen Fehlentscheidungen der letzten Jahrzehnte – der Abrißeuphorie der fünfziger wie der Großsiedlungsideologie der sechziger Jahre – sich über die Empfehlungen der Fachleute hinweggesetzt hätte; sie ist ihnen nur allzu getreu gefolgt. Fast unter jedem verhängnisvollen Beschluß steht der Name eines Akademiepräsidenten. Will man Namen und Beispiele? Man nennt sie nur deshalb nicht, weil solche Aufzählungen nur allzu leicht einen denunziatorischen Charakter bekommen. Unverfänglicher ist es, einen Blick zurück zu tun.

Mustert man zum Beispiel die Entwürfe aus dem Wettbewerb für den Reichstag aus den siebziger, für den Dom aus den achtziger Jahren oder für den Königsplatz, den späteren Platz der Republik, aus dem Anfang dieses Jahrhunderts, so fällt auf, wie der Zeitgeist die Koryphäen in höherem Maße noch beherrscht als die öffentliche Meinung.

Wilhelm II. hatte für die neue Hofkirche neben dem Stadtschloß alles erwogen – eine gotische Kathedralkirche, einen Dom im Stil der italienischen Hochrenaissance und ein romanisches Münster (das er dann in Gestalt der Kaiser-Wilhelm-Gedächtniskirche am jetzigen Breitscheidplatz, dem einstigen Auguste-Viktoria-Platz, baute). Entscheidend war ihm, daß diese Kirche unter den »Linden« die Macht des neugewonnenen Kaiserreichs darstellte und in ihrer Zuordnung zum Schloß ein Sinnbild der Verbindung von Thron und Altar war.

Dies aber waren nicht Phantasien eines zeitenthobenen Monarchen, der ja auch sonst seinen Adlerhelm über die Industriewirklichkeit der Epoche stülpte, sondern Träume einer ganzen Generation, die sich in vergangene Größe zurücksehnte. In den Preisrichterkollegien, die all das trugen, saßen alle prominenten Vertreter von Raschdorffs Architektenschaft und Anton von Werners Akademie, meist gaben Ihne und Schwechten den Ton an. Nur wenige Außenseiter wie Karl Scheffler, Max Osborn und Alfred Lichtwark widersprachen dem Unisono der Zeitgenossen, die sich für Baustile entschieden, die für Deutschlands vermutete Größe standen. Aus dem Abstand eines Jahrhunderts fallen die damals so umkämpften Unterschiede ins Nichts zusammen, das gemeinsam Wilhelminische drängt sich statt dessen in den Vordergrund.

Es ist üblich geworden, das alles dem Industriekaiser Wilhelm II. aufs Konto zu schreiben, der an der wirklichen Moderne vorbeigegangen sei, für die die Architekten vergeblich gekämpft hätten. Aber als seine Untertanen ihr eigenes Haus in Gestalt des Parlamentsgebäudes des neuen Reichs zu entwerfen hatten, fielen die Ergebnisse der Wettbewerbe fast noch trostloser aus. Sieht man heute die damals zur Debatte stehenden Entwürfe, so hat man die ganze Misere eines Zeitgeschmacks vor Augen, der die Hochschulen im selben Maße prägte wie die Hofgesellschaft.

Paul Wallots anstelle des Wettbewerbssiegers am Ende ausgewähltes Reichstagsgebäude von 1884 läßt sich ja auch nur intellektuell rehabilitieren, indem man den artifiziellen »Reichsstil« des deutschen Parlaments gegen die neugotischen Gebäude von Londons Westminster oder Budapests Parlament ausspielt. Für sich genommen ist aber auch das Reichstagsgebäude aus der Epoche der Jahrhundertwende ein gedanklicher und formaler Anachronismus, dessen Rekonstruktion nach dem Krieg sich nur mit der Bedeutung rechtfertigen läßt, die der Bau immer wieder in der deutschen Geschichte gespielt hat – mit der großen Friedensresolution des Kriegsjahres 1917, in den Tagen der Revolution im November 1918, beim Untergang der Republik im Feuer des Reichtagsbrands vier Wochen nach Hitlers Machtergreifung 1933, bei seiner Eroberung durch die Rote Armee im Mai 1945 und bei den großen Freiheitskundgebungen Ernst Reuters während der Blockade.

Was die Architektur anlangt, so war alles wirklich Neue, Messels Kaufhaus Wertheim von 1896, Peter Behrens' Turbinenhalle von 1909, Gropius' Schuhleistenfabrik von 1911 und Muthesius' Funkstation Nauen von 1917, Außenseiter-Unternehmung, von keinem Kollegium gestützt und von keiner Jury dem Bauherrn empfohlen.

Es sind vielmehr gerade die Verbände, die für den Triumph des

Zeitgeistes sorgen. Die Misere des heutigen Wettbewerbsunwesens besteht gerade in dem, was das Mittelmaß zurückdrängen soll. Das Auswahlverfahren soll demokratisiert werden, indem die Machtvollkommenheit oder Urteilslosigkeit der Eigentümer in die Schranken gewiesen wird. Aber das heißt: Kein Emil Rathenau könnte mehr seinen Peter Behrens berufen, und die Familie Wertheim müßte Himmel und Hölle in Bewegung setzen, um einer Verwaltung die Genehmigung abzuringen, ihren Hausarchitekten Alfred Messel das Warenhaus am Leipziger Platz bauen zu lassen. Würde den fünf Brüdern Ullstein von einem Beratergremium aus den Reihen der Architekturverbände noch erlaubt werden, ihr Druckhaus in Tempelhof von einem Mann ihrer Wahl bauen zu lassen, und zwar nach einem internen Familienwettbewerb durch den Außenseiter Eugen Schmohl?

Die Liste ließe sich unendlich verlängern. In fast jedem Fall waren es neue, weithin unbekannte Architekten, die von den Bauherren auf eigene Faust berufen wurden, und es waren zumeist Dreißigjährige, die gegen die großen Namen von gestern aufstanden. Das gilt nicht nur für die jungen Revolutionäre der Weimarer Zeit, Taut, Luckhardt oder Häring, auch Messel, Behrens oder Muthesius waren zu ihrer Zeit die nächste Generation, die sich gegen die damals Etablierten erhob, gegen Ihne, Raschdorff und Schwechten also. Von den zwanzigjährigen Gilly und Schinkel über Semper, der mit dreißig seine ersten großen Entwürfe vorlegte, bis zu Gropius und Mies van der Rohe waren es immer die ganz Jungen, die den neuen Impuls brachten. Heute ist es schon eine Revolution, wenn die fünfzigjährigen Sawade und Mächler gegen den über siebzigjährigen Behnisch aufstehen. Auch das gehört zu dem Verlust an Berliner Tradition.

Wichtiger vielleicht noch: Es waren erst einmal Bauherren vorhanden, bevor Baumeister kamen, wie denn eine Geschichte der großen Auftraggeber der Vergangenheit aufschlußreicher noch als ein Verzeichnis der Architekten wäre, deren Namen ohnehin zumeist nach einer Generation schon vergessen sind. Oder weiß jemand noch, wer Bonns Beethovenhalle, Frankfurts Schauspielhaus und Berlins Nachkriegs-Messehallen entwarf? Der Architekt des »Bierpinsel« legt selber großen Wert darauf, daß niemand mehr weiß, wer das gestern noch spektakuläre Monstrum, das die Schloßstraße von Steglitz verunstaltet, gebaut hat.

Die Misere von heute ist also zuerst einmal das Verschwinden individueller Bauherren, an deren Stelle anonyme Institutionen getreten sind, die ihr gutes Gewissen daraus beziehen, daß sie ihrerseits die Entscheidungsbefugnis an Kollegien abgetreten haben. Die spektakulärsten Unternehmungen dieser Art waren die Wettbewerbe für den Potsdamer Platz, bei denen paradierte, wer in der Architekturszene der Welt an der Tête reitet. Werden Ergebnisse von heute länger Bestand haben als das Resultat der Wettbewerbe für den Dom und den Reichstag gestern?

Die gegenwärtige Auseinandersetzung über den Stadtraum der »Linden« findet also auf einer falschen Ebene statt. Man streitet fast ausschließlich über die Wahl der Architekten. Waren die richtigen Leute eingeladen worden? Warum war diese oder jene internationale Koryphäe nicht dabei? Wie war die Jury zusammengesetzt gewesen, die die Entscheidung getroffen hat? Ist das Ergebnis passabel, befriedigend oder sogar vorzüglich? Hätte sich etwas Besseres denken lassen? Das sind die Themen, die leidenschaftlich diskutiert werden.

Was die »Linden« anlangt, so gibt das bisher Bekanntgewordene wenig Zutrauen, daß hier ein neuer Boulevard entsteht, auf dem einst Berlins Flaneure bummeln werden. Man könnte über die Architekten streiten und Namen nennen, die man an dieser Stelle gern vertreten sähe. Aber damit begäbe man sich auf das Feld, das man gerade zu vermeiden sucht. Die ersten Modelle für die »Linden« mögen die Erwartungen erfüllen oder versagen – darum geht es nicht. Besorgnis macht, daß hier wieder einmal die Stadt abgedankt hat und alles den Bauherren überließ, die meist nur Bauträger sind, was oft genug auf Investorengemeinschaften hinausläuft.

Der Staat, hier also die Stadt, überwacht lediglich die Einhaltung des demokratischen Vorgehens der Instanzen, vornehmlich also die Einschaltung der Architektenverbände in die Entscheidungsprozesse. Wo beschränkte statt offene Wettbewerbe stattfinden – vielleicht noch unter eingeladenen Architekten –, droht der zuständige Verbandspräsident mit seinem Rücktritt. Das wäre allerdings auch seine einzige Möglichkeit, den eigenen Namen bekannt zu machen.

Aber das war genau die Manier, in der der Kurfürstendamm ruiniert wurde. Auch damals wurde den künstlerischen Instanzen ihr Recht nicht beschnitten; immer hatten Juroren oder Berater das letzte Wort. Und dennoch kamen der Rasterbau des Bayer-Hauses, der banale »Beamteneinkauf« und jener pazifizierte Monumentalbau zustande, in dessen Nobeletage einmal die Berliner Niederlassung von Mercedes-Benz residierte. Man wechselt nur die Architektengeneration, nicht aber die Bevorzugung des gerade Modischen aus. Nach dem Stil der sechziger kommt heute der Geschmack der neunziger Jahre. Wirklich ein besserer? Daß die Verbände auch heute wieder diesem Verfahren akklamieren, versteht sich von selbst; aber es geht nicht um deren Zustimmung, sondern gerade um deren Ausschaltung.

Der Staat pflegt sich in dieser Situation immer auf seine Ohnmacht herauszureden, und in der Tat ist die Demokratie als Bauherr eine auf Zustimmung angewiesene Instanz. Deshalb schmückt er sich gern mit Namen, die seine Entscheidungen nach der Seite der Autoritäten hin absichern. Aber sind die Stadtväter denn wirklich so machtlos, daß sie keine Möglichkeit hatten, dem von ihnen Gewollten zum Ausdruck zu verhelfen?

Nie haben der Staat und jene Instanzen, die man die öffentliche Hand nennt, solche Befugnis gehabt wie heute. In der Zeit immer neuer Befreiungsregelungen, Ausnahmebestimmungen und Finanzierungsmodelle ist der Staat im Grunde für alles verantwortlich zu machen, was in der Epoche der zweiten Gründerzeit nach dem Krieg entstanden ist, der in Berlin eben jetzt eine dritte Gründerzeit folgt. In Berlin wären weder das Ku'damm-Karree noch der Steglitzer »Kreisel« ohne die Stadt möglich gewesen, und da diese Bauten sich nicht nur als ästhetische, sondern auch als finanzielle Katastrophen erwiesen haben – für die man die Bürgschaften Berlins mit Dutzenden von Millionen Mark in Anspruch nehmen mußte –, sind nicht die Bauträger oder die Architekten verantwortlich, sondern der Staat als heimlicher Bauherr. Im Grunde ist nicht Frau Kressmann-Zschach haftbar, sondern das Parlament. Aber es wird natürlich überhaupt niemand zur Rechenschaft gezogen.

In Wirklichkeit war der Staat nie so mächtig wie in der Gegenwart, in der sich fast für jedes Gebäude benennen läßt, von welchen Sonderrechten und Finanzierungsmodellen der Bauherr Gebrauch machte. Soll man einzeln aufzählen, wo die zulässige Geschoßflächenzahl, Parkraumvorschrift und Traufhöhe mit Genehmigung der Behörden überschritten wurde? Das Hochhaus, das in Gestalt des Karrees am Kurfürstendamm gebaut wurde, ist ganz versehentlich einige Stockwerke höher geworden als genehmigt. Im Falle des Wertheim-Kaufhauses, das den Kurfürstendamm ruinierte, war das zum Beispiel eine Überschreitung der Geschoßflächenzahl von zulässigen 30000 auf 60000 Quadratmeter. Doch wer sollte schon Protest erheben, wo der Akademiepräsident selber, Werner Düttmann, die Fassade zeichnete?

Immer hat die Stadt Möglichkeiten gehabt, das von ihr Gewollte mit sanfter Gewalt in die Wege zu leiten. Nichts, was in Berlin in der Nachkriegszeit entstanden ist, kam ohne Sondergenehmigungen aus, der Staat hätte von seiner Vollmacht nur Gebrauch machen müssen. Aber der Staat wollte nicht das Falsche; er wollte gar nichts.

Natürlich geht Stadtplanung, die nicht das Spektakuläre, sondern die Stadt im Auge hat, genau umgekehrt vor. Sie kommt zuerst mit sich selber ins reine, welche Funktionen im Stadtzusammenhang ein Areal haben soll und was daraus für die Straße folgt. Daraus geht dann alles Weitere hervor, auch und vor allem die Nutzung der

Straße, also der Anteil und die Verteilung von Wohnungen, Geschäftsräumen und Büroflächen in den einzelnen Häusern. Dann müßte festgelegt werden, welchen Charakter der Straßenraum haben soll; Gestaltungsrichtlinien nannte man das in der Weimarer Zeit. Erst wenn alle diese Fragen entschieden sind, sind die Baumeister am Zuge, um mit den Mitteln der Architektur zu klären, wie die verschiedenen Baukörper, also die Häuser und deren der Straße zugewandten Fassaden, aussehen sollen. Nur so könnte der moderne Boulevard einer Metropole entstehen: der lebendige Schauplatz urbanen Lebens.

Nichts von alledem ist für die »Linden« vom staatlichen Bauherrn entschieden worden, bevor die Aufträge an die Architekten gingen. Natürlich waren unzählige Beiräte am Werk, die sich mit den künftigen Regierungsvierteln im nördlichen Spreebogen und auf der Spreeinsel beschäftigen, bei den »Linden« aber hat der Staat wieder einmal abgedankt. Wie üblich beratschlagen Kommissionen darüber, welchem der konkurrierenden Investoren ein Grundstück zugesprochen wird, und dann sind Jurys am Werk, die die eingereichten Planungen begutachten. Aber die Grundlage aller dieser Entwürfe, eben die Nutzung der einzelnen Bauten, blieb dem Bauträger überlassen. Bestenfalls werden zehn oder fünfzehn Prozent für die Öffentlichkeit nutzbarer Flächen verlangt, fast ausnahmslos für erdgeschossige Ladenzeilen. Diese Bedingung läßt sich um so leichter erfüllen, als Gewerbemieten natürlich einen höheren Zins erzielen. Wie das Gesicht der Häuser aussieht, welche Anforderung an die Fassade gestellt wird, welche Materialien verlangt werden, welche Größe, Form und Farbe die Lichtreklame hat – nicht nur, was in Paris oder in London, sondern auch in Hamburg oder in München von der Stadt entschieden wird –, das bleibt alles dem Investor überlassen, den Bauherrn zu nennen ein Euphemismus wäre.

Was an Plänen, Entwürfen und Modellen vorgestellt wurde, zeigt, wie die Dinge laufen werden. Statt des Travertins und des Sandsteins der Nachkriegszeit sind nun der polierte Granit und der interessant geschnittene Marmor an der Reihe, meist in der Kombination mit Edelstahl und Glas. Dieser Architekt bevorzugt horizontale Fensterbänder, jener vertikale Wandöffnungen, die hier und da über mehrere Geschosse reichen, was als besonders interessant gilt; übrigens läßt sich so auch der Raum zur Brandmauer hin besser vermieten. Die Dachetage wird meist durch kaschierte Büroräume zusätzlich nutzbar, was den potentiellen Mietern in Prospekten als besonderer Vorteil avisiert wird. Was unterscheidet diese »Linden« von jenem Kurfürstendamm, den Schwebes und Schoszberger und Müller und Sobotka oder Frau Kressmann-Zschach in den fünfziger und sechziger Jahren aufbauten? Nur: Es ist selbstverständlich alles wesentlich luxuriöser.

Natürlich, die »Linden« waren schon zwischen den Kriegen verdorben. Firmenniederlassungen verdrängten die alten Bewohner, und längst hatten die Mieten eine Höhe erreicht, die es gerade jenen Geschäften, die doch zu einem Boulevard gehören, unmöglich machten, hier ihren Platz zu behaupten. Auch die letzten privaten Wohnungen sahen sich zuletzt einem Verdrängungswettbewerb ausgesetzt. Die Anwaltskanzleien und Arztpraxen machten ebenso Konzernniederlassungen Platz wie die Stadtwohnungen des Adels und die wenigen verbliebenen Quartiere der Bürger, unter denen Max Liebermann bis ganz zuletzt am Pariser Platz aushielt.

Liest man die Tagebücher und Briefe, in denen vom Fackelzug der Machtergreifung am 30. Januar 1933 berichtet wird, so wird aber deutlich, wie offensichtlich noch bis in den Untergang des Mai 1945 Einsprengsel des bürgerlichen Lebens an den »Linden« zu Hause waren. Die Adreßbücher der dreißiger Jahre belegen solche Eindrücke, bis hin zu jenem Herrenschneider Ludwig, der in seinem ausgebombten Haus noch nach dem Krieg sein Geschäft betrieb. Ein Kunde prägte sich ihm besonders ein, weil der stets Arbeiteranzüge und Schiebermützen bestellte, allerdings aus feinstem englischen Stoff. Sein Name war Bertolt Brecht.

Diese Welt wird nicht wiederkehren. Noch Anfang 1934 traf sich auf den »Linden« das Mitglied der Secession Konrad Kardorff mit Käthe Kollwitz im Atelier Max Liebermanns am Brandenburger Tor. Übrigens hatte sich Wilhelm II. schon um die Jahrhundertwende empört, weil Liebermanns stählerner Dachaufbau sein Schönheitsverlangen beleidigte. Sonst hatte Wilhelm vergleichsweise wenig gegen Juden. Privat ging er lieber mit dem Reeder Ballin und dem Industriellen Rathenau um als mit Krautjunkern aus der Mark, denen die Geschäfte hier allerdings ohnehin zu teuer waren, wie sie denn auch im preiswerten KaDeWe im Westen und nicht im Wertheim am Leipziger Platz kauften. Zum Essen ging man ins Adlon am Pariser Platz, beim billigen Kempinski stand kleingedruckt in den Stadtführern: »Offiziere nicht in Uniform«.

Das ist die eigentlich vertane Chance der neuen »Linden« und nicht die durchschnittliche Architektur, die alle jene Kommissionen zu steuern suchen, welche die Investoren ästhetisch beraten. In Wirklichkeit hatte der Staat über das Leben zu wachen, das Unter den Linden einziehen wird; die Farbigkeit des Lebens wäre aber auch mit dem Subalternen fertig geworden. Medioker wird die Architektur der neuen »Linden« schon werden, aber hauptsächlich wird sie auch noch eine Kulisse für Banales sein. Was nützte es, wenn I. M. Pei dort bauen würde, und es wäre doch nur ein Behälter für Angestellte?

Insofern läuft jeder Prolog zu den neuen »Linden« auf eine Totenklage hinaus. Bevor noch die ersten Gerüste standen, wußte man schon, was alles mißlingen wird. Natürlich wird die einstige Avenue schon irgendwie wiedererstehen. Die Plattenbauten des Sozialismus werden den Luxusfassaden des Kapitalismus weichen. Aber nichts spricht dafür, daß der Boulevard als Boulevard wiederersteht. Daran aber werden nicht die Baumeister, sondern die Bauherren schuld sein – also die Stadt Berlin.

Wo Preußen am preußischsten war

Bei jedem neuen Umbruch in Deutschland wird alle Vergangenheit in Frage gestellt, die Flagge, die Hymne, das Mahnmal. Die Auseinandersetzungen, die der Neuen Wache Schinkels als Gedenkstätte gelten, machen das seit mehr als einem halben Jahrhundert deutlich. Schon ihre Umwidmung 1931 zerriß die Nation. Weder die radikale Rechte noch die extreme Linke nahmen an der Zeremonie teil, als sich die dem Untergang entgegentreibende Republik unter den »Linden« traf, den Staat angesichts der gemeinsamen Toten zu einen. Dann wurden nur vier Jahre nach der totalen Niederlage zwei Staaten gegründet, und jeder legte seine Kränze an anderer Stelle für andere Tote nieder.

Auch das wiedergewonnene gemeinsame Land verständigt sich schwer, wo und auf welche Weise es seiner Vergangenheit begegnet. Der städtebauliche Ort, die Vergangenheit der Architektur, die Angemessenheit von Bildwerken, die Widmung und deren Adressat, die sprachliche Form, sogar die Stelle der Anbringung von Schrifttafeln – all das führt zu Auseinandersetzungen, die in jedem anderen Land undenkbar wären. Victor Emanuel, Mussolini, Togliatti und de Gasperi legten an derselben Stelle ihre Blumen nieder. In Deutschland wird nicht nur das Marineehrenmal in Laboe Gegenstand von Erörterungen über die Erlaubtheit von Gedenkstätten für die kaiserliche Marine, sondern auch der bayerische Triumphbogen Leo von Klenzes am Ende der Ludwigstraße soll nach dem zweiten verlorenen Krieg abgerissen werden. Das Land kommt mit sich nicht zurecht, viel weniger mit seinen Monumenten.

Das ist das eine. Das andere ist, daß der städtische Ort ganz zurücktritt vor dem Streit über den einstigen oder gegenwärtigen Sinn von Gebäuden oder Skulpturen. Dies wurde an den Auseinandersetzungen über die klassischen Architekturen Berlins auf eklatante Weise greifbar. Als das Stadtschloß nach dem Krieg gesprengt wurde, galt die Leidenschaft der zur Macht gelangten Kommunisten dem Zweck, dem es einst gedient hat. Das Schloß als städtebauliche Mitte der Stadt spielte keine Rolle, schon gar nicht seine Architektur.

Ähnlich war es mit der Neuen Wache. Man redete nur über ihre Verwendung, über ihren Innenraum, über die bildhauerische Fassung des Mahnmals, den Zweck der Skulpturen, die Schinkel gewollt und in Auftrag gegeben hatte.

Nirgendwo wurde und wird über das Kunstwerk gesprochen, das dieser Teil der »Linden« gewesen ist und noch heute sein könnte. Die Avenue des frühen 19. Jahrhunderts spielt gar keine Rolle, weder in den Diskussionen in Bonn noch in den Debatten der öffentlichen Meinung, soweit sie in der veröffentlichten Meinung faßbar wird. Von diesen »Linden« soll hier die Rede sein, denn sie sind der einzige Ort, in dem Berlin an der großen europäischen Stadtbaukunst teilhat.

Anderthalb Jahre vor dem Untergang der Weimarer Republik, der nach zwölf Jahren auch der Preußens sein sollte, wurde 1931 die von Tessenow umgestaltete Neue Wache Schinkels als Ehrenmal eingeweiht. Der sozialdemokratische Regierungschef Preußens, Otto Braun, hielt in Anwesenheit des Reichspräsidenten Hindenburg, des Reichskanzlers Brüning und des Reichswehrministers Groener die Ansprache. Der Staatsakt war von der Regierung als Symbol der »inneren Einheit« Deutschlands gemeint; links und rechts, die Arbeiterpartei und die einst kaiserliche Armee, sollten sich angesichts der Gedenkstätte für die Gefallenen des Weltkriegs verbinden.

Aber die Versöhnung zwischen neuem Staat und alter Armee fand nicht statt. Bis auf drei Ausnahmen blieb die Generalität, eine offene Provokation des Generalfeldmarschalls, trotz ausdrücklicher Einladung diesem letzten großen staatlichen Ereignis von Weimar fern. Traditionsverbände wie der »Stahlhelm« boykottierten die

Feierstunde, da der Verband jüdischer Frontkämpfer ebenfalls geladen war. Die neue Republik und das alte Deutschland gingen nicht zusammen.

Schinkels Neue Wache, die ehemalige Kanonierwache des 18. Jahrhunderts, nach den Befreiungskriegen zur »Königswache« avanciert, war im frühen 19. Jahrhundert das Herzstück des preußischen Boulevards geworden. Neben dem barocken Zeughaus und gegenüber der palladianischen Oper Friedrichs des Großen gelegen, schloß die Wache die im Grunde neuen »Linden« an den traditionellen Bereich des alten Berlin an, dessen Mitte das hochbarocke Schloß Andreas Schlüters war, das Kurfürst Friedrich III. nach seiner Erhebung als König Friedrich I. gebaut hatte.

Wenn es irgendwo in Deutschland ein gebautes Gesamtkunstwerk gab, dann waren es diese »Linden«, an der alle Architekturen versammelt waren, die Preußen zwischen der Mitte des 18. und dem Auftakt zum 19. Jahrhundert hervorgebracht hatte. Vorher war Berlin ja eine Stadt des ländlichen Barock gewesen, wie es viele in Deutschland gab; nachher sollte die Stadt jenes Suchen nach einem nachklassischen Stil zeigen, das ganz Europa in der zweiten Hälfte des 19. Jahrhunderts charakterisierte. Aber in diesem knappen Jahrhundert war Berlin auch im Bauen unvergleichlich, und das Merkwürdige ist, daß die Zeitgenossen – wie Briefe von Humboldt und Hegel zeigen – es gewußt zu haben scheinen.

Schinkel hatte den bloßen Auftrag erhalten, ein neues »ansehnliches« Wachgebäude inmitten eines Kastanienwäldchens zu errichten. Friedrich Wilhelm III. hatte die sehr bürgerliche Forderung hinzugefügt, das Militärgebäude in einer Weise zu errichten, daß »das Publikum eine angenehme Promenade« erhalte. Schinkel hatte aber weiter und größer gedacht. Nach antikem Vorbild hatte er eine »Denkmalstraße« im Sinn, die vom Schloß über die Hundebrücke bis zur Oper reichen sollte. Den Plan dazu reichte er bereits 1816 dem König ein, wobei er die Idee eines Museums als eines städtebaulichen Gegenstücks zum Schloß bei sich behalten zu haben scheint, obwohl er es schon wenige Jahre später, 1822, in unmittelbarer Nachbarschaft des Schlüterbaus errichten sollte. Die räumliche Zuordnung eines bürgerlichen Bildungsbaus zur Residenz des Herrschers war ein geradezu revolutionärer Vorgang, zu dem es in ganz Europa keine Parallele gab.

Diese *Via triumphalis* für die Freiheitskriege griff alte Planungen von Gentz auf, der zwischen Gilly und Schinkel dem Klassizismus in Berlin zum endgültigen Durchbruch verholfen hatte. Das war der Ursprung der verbreiterten neuen Schloßbrücke mit den von Schinkel selber gezeichneten Figuren, die kurz vor dem Untergang des ostdeutschen Staates aus ihrem West-Berliner Exil zurückkehrten und wieder an ihrem alten Platz aufgestellt wurden.

Der König billigte die Pläne Schinkels schon im Juni 1816, wenn seine haushälterische Sparsamkeit auch die von Schinkel vorgesehenen fünf Standbilder, für die der Architekt seinen Freund Rauch als Bildhauer vorschlug, auf drei zusammenstrich, von denen die für Scharnhorst und Bülow schon 1822 vor dem Wachgebäude aufgestellt wurden. Es existieren sehr präzise Zeichnungen Schinkels, wie die Skulpturen die Wache flankieren und welchen Abstand zur Fluchtlinie der Straße sie einhalten sollten. Die Wache und die Standbilder waren von Schinkel von vornherein als Einheit gesehen worden.

Sieben Jahre später folgte, diesmal die Wache nicht flankierend, sondern ihr gegenüber, das Standbild für Blücher. Es dauerte noch einmal zwei Jahrzehnte, inzwischen hatte Friedrich Wilhelm IV. den Thron bestiegen, bis mit den Denkmälern für Gneisenau und York und dem Reiterstandbild Friedrichs des Großen auf der Mitte der »Linden« Schinkels Idee einer Denkmalstraße verwirklicht worden war, zehn Jahre nach seinem Tod und mit Skulpturen von Rauch.

Preußens Gesamtkunstwerk war nach fast einem Jahrhundert vollendet. Mit zehn schwebenden Viktorien und den Basreliefs im Giebelfeld, für die Schinkel 1815 noch den Begründer des preußischen Klassizismus, Gottfried von Schadow, hatte heranziehen können, vereinigte die Neue Wache das Dreigestirn der Architekten und Bildhauer, über die Preußen in diesem glücklichsten Moment seiner Geschichte verfügte. Keine andere Stadt Deutschlands, keine europäische Residenz besaß ein Ensemble dieser Art. Schlüter, Nering, Knobelsdorff, Langhans, Gentz, Schinkel, Schadow, Rauch – wo gab es sonst eine solche Versammlung von Größe auf kleinstem Raum? Wann vorher und wo nachher hat sich das Genie einer geistigen Provinz in vergleichbarem Maße an einem Ort zusammengezogen?

Otto Braun, der Ministerpräsident des Staates und eine letzte demokratische Bastion gegen die heraufziehende Gewaltherrschaft, hatte in der Feierstunde an jenem 8. Juni 1931 zu Recht gesagt, die Wache sei »der preußischste Ort ganz Preußens«. Doch nach dem zweiten großen Krieg wurde all das oder doch das meiste davon auf die eine oder andere Weise ruiniert. Mit der Sprengung des Stadtschlosses 1950 beseitigte man jenen Bau, auf den alles in seiner Umgebung bezogen gewesen war. Was immer in den nächsten Jahren und Jahrzehnten auch gerettet wurde, das Mittel- und Hauptstück dieser unvergleichlichen Meile war herausgebrochen.

Zur selben Zeit erhob die »Stadtleitung« des von Erich Honecker geführten Jugendverbandes der FDJ die Forderung, die Neue Wache abzureißen, da sie »von jeher der Glorifizierung des Heldentodes auf dem Schlachtfeld imperialistischer Kriege« verkörpert habe. Das Alte Museum wiederum scheint nur von sowjetischen Generälen gerettet worden zu sein, an die der Landeskonservator Ost-Berlins – ein alter Bauhaus-Mann – insgeheim appellierte, als aus der Partei die Forderung erhoben wurde, dieses Hauptwerk Schinkels als Ersatz für die Neue Wache – die übrigens vom Dritten Reich mit monumentalen Lorbeerkränzen an der Fassade (und merkwürdigerweise unter Hinzufügung eines christlichen Kreuzes, auf das Tessenow verzichtet hatte) zum »Reichsehrenmal« umgestaltet worden war – zu einem »Mal für den Kampf der Arbeiterklasse gegen den Faschismus« aus- und umzubauen.

Die Neue Wache blieb am Ende erhalten, und zwar im großen

und ganzen in jener Gestalt, die ihr Schinkel 1815 gegeben hatte. Aus dem inzwischen in »Reichsehrenmal« umbenannten *Castrum* Schinkels wurde ein »Mahnmal für die Opfer des Faschismus und Militarismus«, das am 6. Oktober 1969 vom Politbüro feierlich eingeweiht wurde. Vorausgegangen waren erbitterte Debatten außerhalb und innerhalb der Partei, wie der Schinkelsche Bau genutzt werden solle – als Universitätsbuchhandlung, als Stadtcafé, als Friedenswache oder als Goethe-Gedenkstätte. Lange Zeit hindurch hatte der Vorschlag eine Mehrheit im Politbüro, »eine Käthe-Kollwitz-Skulptur in der Ruine als Denkmal gegen den Krieg« aufzustellen. Der Gang der Diskussionen, die kurzfristig auch zu einem »Pantheon der Kultur« mit Büsten »aller fortschrittlichen Deutschen« nach dem Muster der Walhalla in Regensburg geführt hatte, ist in einer Veröffentlichung von Laurenz Demps über die Neue Wache nachzulesen, erschienen im Militärverlag der DDR 1988, ein Jahr vor dem Untergang dieses Staates.

Genau diesen Vorschlag von SED und FDJ hat Bonn aufgegriffen. Im November 1993 ist die Neue Wache mit der Vergrößerung eines eher beiläufigen Spätwerks von Käthe Kollwitz als Mahnmal neu eröffnet worden. Die ironische Pointe, daß Bonn nach vierzig Jahren verwirklicht, was das Politbüro in den ersten Nachkriegsjahren empfahl, kann man beiseite lassen; das sind die Arabesken, die sich die Geschichte leistet. Aber es ist nicht nur ein vollständiges Mißverständnis von Schinkel, Tessenow und Käthe Kollwitz, daß die Akkumulation von viel Großem am Ende Größe ergeben müsse. In die vollkommene Harmonie des klassischen Geistes von 1800 wird mit der spätexpressiven Geste eine Dissonanz gebracht, die alle vier beschädigt – Schinkel, Schadow, Rauch und auch Käthe Kollwitz. Dies betrifft nicht die tragische Integrität des Kollwitzschen Werkes und auch nicht die erbittert umstrittene Frage des künstlerischen Ranges dieser Altersarbeit der von der Gewaltherrschaft verfemten Künstlerin, sondern die Unvereinbarkeit zweier Formsprachen. Vor allem wird auf diese Weise das ungeheuerliche Geschehen verfehlt, dessen Chiffre die Vernichtungslager sind und das die jetzige, die vierte Fassung von Schinkels Neuer Wache als Gedenkstätte ja gerade versöhnen wollte.

Tessenow selber scheint – nach seiner Prämiierung – bereits die Empfindung gehabt zu haben, daß dem Massentod kein Eichenkranz auf einem Granitblock mehr angemessen sei, als er seinem preisgekrönten und wenige Monate später ausgeführten Entwurf einen zweiten nachschickte, der nur eine Öffnung im Boden vorsah. Die fassungslose Erschütterung ist nicht nur sprach-, sondern auch bildlos. Wieviel mehr gilt das nach Auschwitz als nach Verdun.

Aber es folgt noch eine Burleske. Die Enkel der vor einem halben Jahrhundert gestorbenen Käthe Kollwitz melden sich überraschend zu Wort. Der Aufstellung jenes um mehr als das Vierfache vergrößerten Nebenwerks ihrer Großmutter könnten sie nur zustimmen, wenn die Standbilder von Rauch entfernt würden, da es nicht im Sinn von Käthe Kollwitz sei, wenn deren Werk neben Skulpturen von Generälen aufgestellt würde. Das ist die rührende Pietät von Enkeln, die ihr juristisches Recht aus dem noch wenige Jahre vor Ablauf der Siebzig-Jahre-Frist geltenden Urheberrecht ableiten. Ihr moralisches Recht aber glauben sie aus dem Pazifismus von Käthe Kollwitz zu beziehen.

Kein Wort darüber, daß in der Neuen Wache sich die Trias des preußischen Klassizismus vereinigt hat, Schinkel, Schadow und Rauch, deren Anstrengung ja gerade dahinging, das Individuelle ins Allgemeine zu führen. Kein Gefühl dafür, daß hier nach dem Wort jenes sozialdemokratischen Ministerpräsidenten »Preußen am preußischsten« war.

Ahnungsloser ist nie mit dem in große Kunst eingegangenen Geist des Humanismus verfahren worden. So kann nur in Berlin gehandelt werden – am Tiber, an der Seine oder an der Themse wäre dergleichen undenkbar. Oder sollte die Figur Napoleons von der Vendôme-Säule an der Rue de Rivoli entfernt werden, und Nelson darf nicht mehr die Säule auf dem Trafalgar Square krönen, um der Friedensliebe willen? Aber die Stadt Berlin entsprach eilfertig jener Forderung der Kollwitz-Enkel. Aus dem Bundeskanzleramt erfuhr man, nicht Bonn, sondern Berlin sei es gewesen, das der Bedingung einer Entfernung der Hauptwerke Rauchs zugestimmt habe, da ja sonst die hochproblematische Replik nicht aufgestellt hätte werden dürfen. Überrascht und einigermaßen verwundert habe man in Bonn zur Kenntnis genommen, daß man an der Spree sehr schnell Verständnis für das Verlangen der Kollwitz-Familie hatte. Aus Berlin hörte man das Gegenteil: Bonn sei es gewesen, wo man emotional für die profane Pietà so eingenommen gewesen sei, daß man nicht viel nach der städtebaulichen Idee von Schinkel und der Einheit von Architektur und Skulptur gefragt habe. So sei Rauch auf dem Altar der Eintracht von alter und neuer Hauptstadt geopfert worden. Das Gesamtkunstwerk blieb auf der Strecke.

Auch hier wird wieder der falsche Streit in der Öffentlichkeit geführt. Überall wird kritisiert, daß der Kanzler, von wenigen Politikern, Historikern und Museumsleuten beraten, eigenmächtig die Entscheidung gefällt und nicht jene Gremien zu Hilfe gerufen habe, die in Fragen des Städtebaus immer ihr Wort erheben. Aber ist man denn so zufrieden mit den Wettbewerben, die in Bonn oder in Berlin in den letzten Jahrzehnten veranstaltet worden sind? Hat man nicht hinterher den Spruch der Jury verworfen, die unter fast tausend Teilnehmern des Reichstagswettbewerbs Fosters Zeltdachlösung preisgekrönt hatte?

Alle Welt zeigt sich aufs höchste angetan von der Eigenmächtigkeit der französischen Präsidenten, die sich mit dem Baubourg, dem Centre Pompidou, ein Denkmal gesetzt haben. Preist man nicht landauf, landab Mitterrand, weil er sich als oberster Bauherr die Entscheidung über die Glaspyramide im Hof des Louvre oder über den neuen Triumphbogen in La Défense angemaßt hat? Nicht die Mißachtung des demokratischen Prinzips in Fragen der Kunst irritiert, sondern das Ergebnis des deutschen Hinwegsetzens über die Prozeduren des Wettbewerbwesens. Niemand würde Bonns Entscheidungsfreude beklagen, wenn ihr Ergebnis auf allgemeine Zustimmung stieße. Aber gerade diese schnell gefundene Lösung ist der Anlaß der Klage.

Die Einheit von Schinkel, Schadow und Rauch – die Inkarnation der zum Klassizismus geronnenen Aufklärung – wird also aufgegeben, nur weil späte Enkel das wünschen? Oder weil das dem Zeitgeist, der nachträglichen Pazifizierung der Geschichte, gemäß ist? Oder im Grunde eigentlich nur, weil Berlin überhaupt nichts mehr von sich selber versteht? Der Ort wird zerstört, an dem in Spuren noch zu sehen war, weshalb Berlin wenigstens an dieser Stelle eine der großen Städte Europas war.

Neue Wache, Unter den Linden, als Königswache für Friedrich Wilhelm III. 1816 bis 1818 nach Entwürfen Karl Friedrich Schinkels erbaut, ein Hauptwerk des deutschen Klassizismus. Seit 1931 Ehrenmal für die Gefallenen des Ersten Weltkriegs, 1960 von der DDR-Führung zum »Mahnmal für die Opfer des Faschismus und Militarismus« erklärt, seit 1993 Zentrale Gedenkstätte Deutschlands.

Kriegsschäden am Portikus der Neuen Wache. Blick durch die dorischen Säulen auf das Scharnhorst-Denkmal (1822) und die ausgebrannte Westfassade des Zeughauses. Aufnahme um 1950.

Innenraum der Neuen Wache als Ehrenhalle für die Gefallenen des Ersten Weltkriegs, 1931 im Auftrag der preußischen Regierung von Heinrich Tessenow gestaltet. Der schlichte schwarze Granitblock trägt einen Totenkranz aus Edelmetall.

Umstrittener Mittelpunkt der zur Zentralen Gedenkstätte bestimmten Neuen Wache: die »Pietà« von Käthe Kollwitz, eine mehr als vierfach vergrößerte Skulptur, der ein Gipsmodell und ein Bronzeguß, 38 Zentimeter hoch, aus den Jahren 1937/38 zugrunde liegen.

Der Kurfürstendamm
Boulevard der republikanischen Weltstadt

Berlin hatte in den letzten einhundert Jahren zwei Boulevards, die alten »Linden« und den seit der Jahrhundertwende entstehenden neuen Kurfürstendamm. Das Hochkommen der wilhelminischen Bürgerstraße hatte mit dem Absinken der alten aristokratischen Avenue zu tun. Niederlassungen großer Unternehmen verdrängten dort um die Jahrhundertwende jene Wohnhäuser, Gaststätten, Cafés und kleinen Hotels, die der Allee zwei Jahrhunderte lang ihren Charakter gegeben hatten. So zog sich das Leben der Stadt im neuen Jahrhundert an den Kurfürstendamm zurück, der zwischen den beiden Weltkriegen in seiner Mischung von großbürgerlichen Wohnungen, Luxusgeschäften, Vorgartencafés, Restaurants, Max-Reinhardt-Theatern und Uraufführungskinos das eigentliche Schaufenster der Reichshauptstadt wurde. Zuletzt waren die »Linden« entthront, in der Zwischenkriegszeit war der Kurfürstendamm die Promenade der Metropole geworden. Hier, zwischen Kaiser-Wilhelm-Gedächtniskirche und Halensee, trafen sich auch, wie man in den Tagebüchern und Briefen der Epoche nachlesen kann, die Schriftsteller und Künstler der Weimarer Epoche.

Der Kurfürstendamm war der Boulevard der neuen Zeit, und er war, wie Maillol zu Graf Keßler sagte, dabei, die Champs-Élysées zu verdrängen; er schickte sich damals tatsächlich an, neben den Broadway zu treten. Die Halbwelt, die immer die andere Seite der großen Welt ist, hatte sich längst von den »Linden« zurückgezogen. George Grosz wie Otto Dix fanden ihre Modelle vorzugsweise in der Gegend des Kurfürstendamms, natürlich auch ihre Kunsthändler wie Flechtheim und Cassirer. Übrigens zogen auch die jungen Diplomaten in den »neuen Westen«, wo in den dreißiger Jahren Martha Dodd, die Tochter des amerikanischen Botschafters, zusammen mit dem jungen Ledig-Rowohlt die Bars zwischen Uhlandstraße und Gedächtniskirche unsicher machte. George F. Kennan erzählt in seinen Berliner Erinnerungen, wie er morgens von seiner Wohnung in der Giesebrechtstraße aus die Reiter auf dem Mittelstreifen des Kurfürstendamms gleich neben der Straßenbahn zum Grunewald ziehen sieht.

Diese Welt hatte sich in Ruinenkulissen noch nach dem Zweiten Weltkrieg erhalten, als sich die Literatur der Epoche, von Sartre und Gide bis zu Koestler, Orwell und Thornton Wilder, noch einmal auf dem Kurfürstendamm traf. Weit vor Roms Via Veneto und Londons Oxford Street war Berlins Kurfürstendamm die literarische Flanierstraße der Nachkriegszeit. Im »Monat«, der wichtigsten Zeitschrift dieses Jahrzehnts, erschien in den fünfziger Jahren ein geistreicher Aufsatz seines Herausgebers Melvin J. Lasky, wonach die Dazugehörigen – Heimito von Doderer hätte »die Unsrigen« gesagt – wie auf allen großen Bummelstraßen der Welt vom Boulevard St.-Germain bis zu Barcelonas Ramblas auch auf dem Kurfürstendamm nur auf einer Straßenseite, der meteorologischen Sonnenseite, in den Vorgartencafés sitzen dürfen, wenn sie zu erkennen geben wollen, daß sie dazugehören.

Das Entscheidende ist: Der Kurfürstendamm wurde damals ganz selbstverständlich zu den großen Straßen der Welt gezählt. Würde heute noch jemand auf diesen Gedanken kommen? Denn mit den sechziger Jahren kam eine zweite Gründerzeit, die sich daranmachte, die Stadt von Grund auf neu zu entwerfen. Die alten Zentren des Verkehrs, die berühmten Bahnhöfe wie Schwechtens Meisterwerk, der Anhalter Bahnhof, und der Potsdamer Kopfbahnhof wurden zwischen 1960 und 1970 abgerissen. Dann wurden nicht nur die barocken Plätze der preußischen Residenzstadt wie das alte »Rondell«, der spätere Belle-Alliance-Platz – der dann in einem wunderlichen Akt der Demokratisierung nach der Revolution 1918 nach einem sozialistischen Theoretiker in Mehringplatz umbenannt worden war (man war wohl zu verblüfft, daß man in der Schlacht von Belle-Alliance auf der richtigen Seite gestanden hatte und auch noch siegreich geblieben war) –, durch den Wiederaufbau ebenso zerstört wie das »Oktogon«, der Leipziger Platz, durch die Abräumung des ja nur ausgebrannten Kaufhauses Wertheim. Am Ende machten Berlins Städteplaner daraus jenes von Hochhäusern umgebene kleinstädtische Idyll, als das sich einer der großen Plätze des 18. Jahrhunderts heute den Besuchern präsentiert.

Auch die Platzanlagen des wilhelminischen Jahrhundertendes, allen voran der nach dem Kriege noch vollkommen vorhandene Platz der Republik – der einstige Königsplatz – mit dem ausgebrannten Reichstagsgebäude, der in ihrer Baumasse nahezu intakten Kroll-Oper und dem nur wenig beschädigten Generalstabsgebäude Helmuth von Moltkes, wurden jetzt als Arbeitsbeschaffungsmaßnahme beseitigt, wie übrigens auch der Leipziger Platz mit dem Messelschen Kaufhaus Wertheim und den Torhäusern von Schinkel erst damals abgeräumt wurde.

Die eigentliche Zerstörung Berlins kam nach den Bomben, und sie wurde von der Stadt als Fortschritt gefeiert. Wer in den siebziger Jahren aus dem Ausland in die eingemauerte Stadt kam, erkannte die ramponierte und doch glanzvolle Metropole der Nachkriegszeit nicht wieder. Noch immer war in dem Trümmermeer von 1950 ja die Weltstadt der Kaiserzeit und der Republik sichtbar gewesen, wie in einer gealterten Kokotte der Zauber von einst erkennbar ist. Jetzt half der Modernitätswahn einer fehlgeleiteten Provinzialität dem 5. amerikanischen Bomberkommando nach. Das Zeitgemäße stand auf der Tagesordnung. Selbst das Straßennetz, das alle Zeitläufe überdauert hatte, wurde der jeweiligen Zeitstimmung entsprechend alle zwanzig Jahre verändert. Erst wurde es durch Abrundung der Straßeneinmündungen und durch Verbreiterungen »geschwindigkeitstauglich« gemacht, dann wieder durch Bodenschwellen und künstliche Verengungen in Spielstraßen verwandelt.

Auch das Bauen der vergangenen Epoche tat man in Acht und Bann. Nicht nur die Hinterlassenschaft des Dritten Reiches wurde ästhetisch verdammt, auch der Architektur der bürgerlichen, der »bourgeoisen« Zeit galt die Verachtung. Der Stuck auf den Fassaden symbolisiere den Stuck in den Köpfen, sagte der Präsident der Akademie der Künste in einer allgemein mit Beifall bedachten

Rede. Ein »Entstuckisierungsprogramm« ließ sich die Stadt mehr an Zuschüssen kosten, als heute für die Stadtbildpflege zur Verfügung stehen. Der gebaute Nierentisch, wie er sich im Zoo-Palast noch heute neben der Gedächtniskirche präsentiert, die Tütenlampen im Salonwagen Adenauers und Erhards Sesselchen mit den abgespreizten Beinen wurden gegen den Formwillen der Väter und Großväter ausgespielt.

Am schlimmsten spielte diese Neuerungssucht dem Kurfürstendamm mit. Sicher war er architektonisch niemals bedeutend gewesen, genausowenig übrigens wie die Champs-Élysées oder die Fifth Avenue, keiner der namhaften Architekten von 1900 hatte hier ein einziges Haus gebaut; er hatte die lebendige Bühne einer bürgerlichen Welt dargestellt. Nun, meist Ende der fünfziger, mitunter erst in den sechziger Jahren, wurden die oft nur in den oberen Geschossen ausgebrannten Gründerzeithäuser abgerissen und die einstige Kleinteiligkeit der Parzellen in übergroße Komplexe zusammengefaßt, mitunter wurden ganze Boulevardabschnitte mitsamt den Nebenstraßen in einen einzigen Block zusammengezogen und einheitlich bebaut. Zugleich ergriff ein anderes Leben von dem Boulevard Besitz. Nicht mehr Ärzte, Rechtsanwälte und Geschäftsleute wohnten am Kurfürstendamm, sondern Firmenniederlassungen, die ihre Büros hier einquartierten. Fährt man heute nach Geschäftsschluß die drei Kilometer entlang, so sind nur die Ladenzeilen noch erleuchtet. Darüber erstrecken sich geschoßweise dunkle Etagen, die sich erst in den frühen Morgenstunden mit dem Einzug der Reinigungsfirmen wiederbeleben.

So wurde aus dem ausgebombten Boulevard der Nachkriegszeit die banale Straße, die sich heute dem Besucher darstellt. Zum dritten Mal in knapp fünfundsiebzig Jahren wandelte sich damit auch das Publikum, das den Kurfürstendamm bevölkert. An die Stelle der großbürgerlichen, wenn auch nicht eigentlich zur aristokratischen Gesellschaft gehörenden Familien der Kaiserzeit und der demokratischen, oft jüdischen Anwälte, Ärzte und Geschäftsleute der Republik ist eine ganz andere Welt getreten. Es ist jene Menge, die ihre Bedürfnisse in *Fast-food*-Ketten und in Discountläden befriedigt und deren Anblick Besucher aus München wie aus Düsseldorf und Hamburg, die ihre zukünftige Hauptstadt besichtigen wollen, immer wieder verblüfft. Aber auch das ging nicht unmerklich und sozusagen unbeabsichtigt vonstatten, sondern unter dem Beifall der Akademie, deren Präsident Hans Scharoun die neuerliche Verwandlung des Kurfürstendamms und seines Publikums ausdrücklich begrüßt hat. Alles andere entspreche nicht der Realität in dem zu Ende gehenden Jahrhundert.

Immer wieder fragt man sich, ob die Stadt eigentlich noch eine Vorstellung von dem Leben hat, das sich auf einem Boulevard begeben soll. Berlin leidet nicht an einem Zuviel, sondern an dem Zuwenig des staatlichen Bauwillens, der niemals einen intellektuellen Begriff von der Ersatz-City hatte, zu der man notgedrungen die eingemauerte Halbstadt ausbaute. Die Verbände aber taten, was sie immer tun: Sie achteten darauf, daß sie nicht zu weit von der Krippe sitzen. Nie gab es ein erkennbares soziales und geistiges Programm für den Kurfürstendamm, auf dem lediglich die Moden des jeweiligen Jahrzehnts zur Geltung kamen.

Man kann fast auf das Jahr genau festlegen, wann eines dieser Monstren errichtet wurde – die Travertinfassaden der fünfziger Jahre, das Marmorgesicht der sechziger Jahre und die Kunststoffhaut der siebziger Jahre. Stets hat die Stadt darauf verzichtet, durch soziale und ästhetische Vorgaben festzulegen, welches Gesicht der Boulevard haben soll. Das ist keine Frage der Parteipolitik. Das konservative München hat für seine Ludwigstraße zwischen Feldherrnhalle und Siegestor wie das sozialdemokratische Hamburg für seinen Binnenalsterbereich festgelegt, welche Art der Bebauung zulässig ist, sogar die Art der Dächer oder die Form und Farbe der Lichtreklamen sind vorgeschrieben. Das gibt dem Jungfernstieg oder der Maximilianstraße ihre Einheitlichkeit auch im Ästhetischen, während in Berlin die Beliebigkeit der Häuser derjenigen der Bewohner entspricht.

Wahrscheinlich rächt es sich auch in der topographischen Banalität und typographischen Vulgarität, daß Berlin seit der Weimarer Zeit weder einen Stadtbaudirektor noch einen »Reichskunstwart« besessen hat. Nun handelt jeder Bausenator nach seinem persönlichen Geschmack, und damit keine Einheitlichkeit aufkommt, beharren auch die einzelnen Stadtbezirke auf ihrer Hoheit. Dann nennen sie Berlins Downing Street, die Wilhelmstraße, in »Straße der Toleranz« um, womit die Gesinnungsnamen des Sozialismus wie »Straße der Völkerfreundschaft« oder »Straße der Jungen Pioniere« bei gleicher Mentalität sozusagen demokratisiert werden. Aber auch in West-Berlin haben sich die Bürgermeister benachbarter Bezirke oft nicht einigen können. Dann wechselt auf einer einzigen Straße, einer Parallelstraße zum Kurfürstendamm, der Kantstraße, alle paar hundert Meter der Laternentypus, weil diese Straße durch verschiedene Bezirke verläuft.

»An meinem Kurfürstendamm soll sich jeder Türke mit einer Boulette festmachen können«, so Hans Müller, der damalige Senatsbaudirektor, in einem berühmt gewordenen Satz, der den Verlust der Boulevardqualität zum offiziellen Programm erhob. Vielleicht hat er sogar recht gehabt. Es gab nicht nur die großen Stadtbaumeister von einst, Hoffmann und Wagner, sondern auch die Gesellschaft nicht mehr, für die alle großen Boulevards gedacht sind. Die Turnschuh- und Stretchhosenwelt hielt Einzug. Aber damit starb, was der Kurfürstendamm einmal gewesen war. Nun kam die Zeit jener vom Senat inszenierten Skulpturen-Boulevards und City-Feste, mit denen sich die zukünftige Haupt- und Regierungsstadt der staunenden Umwelt empfiehlt.

Die Geschichte des Kurfürstendamms dauert einhundert Jahre. Im letzten Jahrzehnt des 19. Jahrhunderts werden seine ersten Hauser gebaut, und kurz vor dem Ersten Weltkrieg fallen die letzten Baugerüste, er ist die jüngste Straße unter den großen Avenuen Europas. Als Boulevard existiert er sogar nur ein halbes Jahrhundert, von 1920 bis 1970. Vorher ist er Wohnstraße mit Staketenzäunen und Vorgärten; hinterher ist er eine Einkaufs- und Geschäftsstraße, wie es sie viele gibt. Niemand würde mehr auf die Idee kommen, ihn den Salon Berlins zu nennen, wie das Walter Benjamin und Siegfried Kracauer taten, die hier die letzten Flaneure suchten, und wie auch Thomas Wolfe fand, als er zusammen mit Ledig-Rowohlt während der Olympiade 1936 in seinen legendären Bars saß. Der Kurfürstendamm lebte, bevor es seinen Mythos gab, und er lebt noch immer, lange nachdem sein Mythos gestorben ist. Als Boulevard jedoch hat er aufgehört zu existieren.

Die Banalisierung seiner architektonischen Gestalt ist jedoch nur der ästhetische Ausdruck seines geistigen Untergangs. Das macht den illusionären Charakter der postmodernen Architektur aus. Man kann zwar die Kulissen von einst wiederherstellen, aber es steht ein anderes Stück auf dem Spielplan. Architekturen wie die Palastbauten von Charles Moore im Rahmen der Internationalen Bauausstellung gehen zwar die Wege von gestern, aber diese Wege führen ins Nichts. Seine Mietsschlösser nahe Schinkels Humboldt-Schlößchen sehen zwar aus wie ein demokratisiertes Versailles, aber das Leben, das darin stattfindet, ist das Leben der Angestelltenwelt des zu Ende gehenden Jahrhunderts. Ist dies auch das Schicksal des Kurfürstendamms?

Aber darin teilt der Kurfürstendamm vielleicht das Schicksal aller großen Boulevards von Paris bis New York, nicht nur der Champs-Élysées und der Via Veneto, sondern auch des Broadway. Dann wäre der Kurfürstendamm noch einmal repräsentativ für die bürgerliche Welt. Mit ihr wurde er geboren, und mit ihr starb er.

Geschichte statt Schönheit
Der sehr diskrete Charme Berlins

Berlin wird nach seiner endgültigen Installierung als deutsche Hauptstadt die einzige Kapitale Europas sein, in der sich die Geschichte nicht an einem Ort oder in einem Gebäude zusammenzieht. Das Stadtschloß Schlüters ist fünf Jahre nach dem Krieg von den zur Macht gelangten Kommunisten gesprengt worden. Das Reichstagsgebäude Wallots, ausgebrannt 1933, wurde in Nahkämpfen, die sich im April 1945 tagelang von Stockwerk zu Stockwerk vorarbeiteten, bis auf das Mauerwerk vernichtet. Der Bau wurde zwar in den sechziger Jahren im Geiste jener rigorosen Modernisierung, die damals von Akademien und Architekturverbänden zum verbindlichen Formenkanon erklärt wurde, durch Paul Baumgarten wiederhergestellt, aber dieser Bau der Jahrhundertwende hatte eigentlich nie für die deutsche, nicht einmal für die preußische Geschichte gestanden.

Der Reichstag war und blieb ein reichsdeutscher Bau des Wilhelminismus, ungeliebt in den Königreichen und Fürstentümern, die 1871 zum Deutschen Reich zusammengeschlossen wurden, und mit Geringschätzung von den Repräsentanten des Neuen Bauens von Behrens und Messel bis Muthesius angesehen. Zur Zeit wird er wieder einmal umgebaut, nachdem der zur Hilfe gerufene englische Großmeister der Hightech-Architektur Sir Norman Foster seinerseits alle Spuren des Zigarrenkistencharmes der Nachkriegszeit entfernte, um weitgehend auf die ursprüngliche Gestalt Wallots zurückzugehen.

Und sonst noch? Im Schloß Monbijou Eosander von Göthes hatte sich nie etwas Wesentliches begeben, und außerdem war auch dessen Ruine Jahre nach dem Krieg gesprengt worden. Wenn es nach den Denkmalpflegern, den Architektenverbänden und dem Werkbund gegangen wäre, hätte man ja auch im Westen die Ruine des Charlottenburger Schlosses abgerissen, wie man in Braunschweig die rauchgeschwärzten Mauern des klassizistischen Schlosses von Carl Theodor Ottmer gesprengt hat, weil es fünf Jahre einer Dienststelle Himmlers gedient hatte. Mit dieser Begründung beseitigte man in Berlin nach heftigen Auseinandersetzungen das Prinz-Albrecht-Palais Schinkels, das als einziges ehemals königliches Palais einigermaßen durch den Krieg gekommen war. Jahrzehntelang dienten dann die abgeräumte Fläche und der zugehörige Park von Lenné als führerscheinfreier Autoübungsplatz. Es war die Intervention von Ernst Reuter persönlich, der von der kommissarischen Schlösserdirektorin Margarete Kühn beraten wurde, daß das Charlottenburger Schloß, heute eine der wichtigsten Sehenswürdigkeiten Berlins, gegen das Votum der Experten wieder aufgebaut wurde.

Das Reichsgerichtsgebäude des Berliner Stadtbaurats Ludwig Hoffmann war erstens in Leipzig errichtet worden, und zweitens hatte es im Bewußtsein der Deutschen höchstens beim Reichtagsbrandprozeß eine Rolle gespielt. Es gibt in Berlin keinen Quirinal oder einen Palazzo Madama, wo der italienische Staatspräsident und die eine Kammer des Parlaments residieren, und weder ein Westminster noch einen Buckingham Palace, Sitz des englischen Königshauses und des britischen Parlaments. In Paris kann sich das nationale Selbstverständnis an viele Orte heften, an die unzähligen Königsschlösser vom Louvre bis Fontainebleau und Rambouillet oder an die Madeleine, wo das französische Parlament seit zweihundert Jahren tagt.

Berlin hat nichts dergleichen, woran sich nicht nur die ständigen Zerstörungen und Selbstzerstörungen der Stadt zu erkennen geben, sondern auch die tiefverwurzelte Vielstaatlichkeit der deutschen Geschichte. Bayern hat seine eigenen Wittelsbacher Plätze wie das Rheinland seinen Kölner Dom und Sachsen seine Wettiner Schlösser an der Elbe. Es war von den anderen Deutschen wohl viel verlangt, Berliner Bauten nationale Symbolkraft zuzusprechen, was sich ja auch an der Begeisterungslosigkeit zeigt, mit der man im Norden wie im Süden der Bundesrepublik die Berliner Debatte über den Wiederaufbau des Stadtschlosses verfolgt. Ein stadtgesessenes Bürgertum, das hinter die Losungen des Tages blickt und das ein Wiederherstellungsverlangen tragen könnte, gibt es in Berlin ohnehin nicht mehr, und ein städtisches Patriziat hat es hier seit der Hansezeit nie gegeben.

Nicht einmal über einen Kirchenbau als nationales Heiligtum verfügt Berlin. Die protestantische »Domkirche«, von Friedrich Boumann 1747 errichtet und von Schinkel zwischen 1817 und 1822 umgebaut, wurde Ende des letzten Jahrhunderts im Angesicht einer gleichgültigen Bevölkerung abgerissen, um dem monumentalen Parvenue-Dom Raschdorffs Platz zu machen, in dem sich eher die Dynastie als die Nation gespiegelt sah. Die Hedwigskathedrale Knobelsdorffs und Boumanns hinter der Königlichen Oper – nach eigenhändigen Entwürfen Friedrichs – war von Anfang an als politischer Kirchenbau konzipiert, sie sollte das katholische Schlesien für Preußen gewinnen. Die Zwillingsdome auf dem Gendarmenmarkt aber, von Gontard nach dem Vorbild der Zwillingskirchen auf der Piazza del Popolo in den letzten Jahren Friedrichs des Großen errichtet, hatten ihre Funktion eher im Berliner Stadtgefüge als in der Glaubenswirklichkeit des Berliner Protestantismus oder im Nationalgefühl Preußens.

Auch im religiösen Bereich gab es ernstlich nie einen Berliner Bau, an den sich das städtische Selbstgefühl oder die staatliche Leidenschaft der Deutschen heften konnte. Dieses Amorphe der Berliner Stadtlandschaft auch auf dem Felde der Architektur gibt sich in der Rolle zu erkennen, die ein banales Stadttor als Symbol Berlins spielt. Das Brandenburger Tor von Langhans, ursprünglich nichts anderes als eine besonders festliche Eingangspforte am westlichen Stadtrand, hat im Lauf der Zeit eine Bedeutung gewonnen, die kein anderes Bauwerk Berlins besitzt. Hier zog Napoleon nach der Niederwerfung Preußens nach Jena und Auerstedt ein, hier auch marschierten die aus Paris siegreich zurückkehrenden Truppen 1815 mit dem Monarchen an der Spitze ein. Seine Sandsteinquadern wurden nach dem Deutsch-Französischen Krieg 1871 mit Girlanden umhängt, und hier zog die geschlagene Armee 1918 in die Hauptstadt zurück.

Dann war das Brandenburger Tor für vierzig Jahre der Punkt, wo die Interessen der Weltmächte aufeinanderstießen. Es war nur folgerichtig, daß es seitdem zum Ritual aller Staatsbesuche gehört, durch seine Säulen zu gehen, um dem wiedervereinigten Land seinen Tribut zu zollen. Ein doch eher harmloses Stadttor als nationaler Feierort – das allein zeigt schon die Armut Berlins an symbolträchtigen Bauwerken, deren andere Länder Dutzende aufweisen. Die anständig-nichtssagende Siegessäule Stracks aus den siebziger Jahren des letzten Jahrhunderts – die Scharoun zum Zeichen der Abkehr vom Militarismus sprengen wollte – wird man ja nicht ernsthaft zu den großen Bauwerken Berlins zählen.

Es gibt im Stadtbild des heutigen Berlin nur einen einzigen historischen Ort, an dem sich deutsche Geschichte wenigstens in den letzten hundert Jahren begeben hat. Es ist jene zufällige Reihung von drei architektonisch eher beiläufigen Gebäuden, die als einzige für die letzten einhundert Jahre Berlins stehen und für die Katarakte der Geschichte, die über die Stadt hinweggegangen sind: das Preußische Herrenhaus, in das demnächst der Bundesrat einziehen wird; der Preußische Landtag, wo inzwischen das Berliner Stadtparlament Quartier genommen hat (und die beide der anständig-belanglose Friedrich Schulze um die Jahrhundertwende errichtete); und der Gropius-Bau, das einstige Kunstgewerbemuseum. Seine ausgebrannten Mauern wollte die Stiftung Preußischer Kulturbesitz nach dem Kriege nicht wieder in Besitz nehmen, da es – so der damalige Generaldirektor im Namen seiner Museumsdirektoren – »für moderne Ausstellungszwecke unbrauchbar« sei. Außerdem stand es Scharouns Vision einer heiteren »Stadtlandschaft« im Wege. Im großen Hauptstadtplan Scharouns ist es denn auch gar nicht mehr aufgeführt, und der Bausenator hat es in den sechziger Jahren bereits aus dem Flächennutzungsplan endgültig getilgt.

Dieses Gelände zwischen Brandenburger Tor und dem Park des Prinz-Albrecht-Palais bietet heute fast den einzigen Gebäudekomplex, der im amorphen Häusermeer Berlins für historische Kontinuität steht, und daher besitzt diese Meile fast so etwas wie geschichtlichen Rang, was man in den wirklich alten Städten Europas mit Ironie sehen wird. Aber diese Rolle ist ihm sehr spät, fast zufällig zugewachsen. Viele Jahrzehnte lagen die drei Gebäude im Niemandsland, im politischen der Teilung und auch als Werk der Architektur in einer Zwischenwelt, der Epoche nach dem Absinken der klassischen Stile und dem Aufkommen der neuen Formsprache der Moderne. Alle drei Häuser verdanken mehr der Verlegenheit, nicht politischer Weitsicht ihr Überleben, der Armseligkeit der sozialistischen Ökonomie und ihrer geographischen Randlage zur Mauer. Kaum noch erinnert man sich heute, wo sie nun alle drei eine besondere Bedeutung für die wiedervereinigte Stadt gewonnen haben, daß sie allesamt beseitigt werden sollten, im Osten wie im Westen.

Ein Vierteljahrhundert hindurch unternahm man immer wieder neue Anläufe, wenigstens den Gropius-Bau zu sprengen, um Raum für die Allerweltsarchitektur der fünfziger und sechziger Jahre zu schaffen. Im Schillertheater Rolf Grosses und Heinz Völkers, der Städtischen Oper an der Bismarckstraße und der Freien Volksbühne Bornemanns schuf sich diese Abkehr von aller Geschichte auch auf dem Felde der Architektur ihre Denkmäler. Mit der Architektur des Dritten Reiches warf man nach 1945 ja gleich auch das Bauen des Kaiserreiches wie das der Weimarer Republik über Bord. Weder die Gartenstadtidee aus der Vorweltkriegszeit fand in den fünfziger und sechziger Jahren eine Fortsetzung noch der Siedlungsbau der zwanziger Jahre, der unter Wagner und Taut weltweiten Ruhm gewonnen hat. Die *New-town*-Vision von Rotterdam, Rom-Tusculano, Stockholm-Vällingby oder Liverpool hatte Besitz von den Träumen einer jungen Architektengeneration ergriffen.

Ungläubig blicken die Söhne und Enkel heute auf die Hinterlassenschaft dieser Nachkriegszeit, die fast das ganze historische Berlin planierte und selber nur das Märkische Viertel, die Gropiusstadt und das Falkenhagener Feld zustande brachte.

Heute ist Deutschland wieder bei sich angekommen, die Geschichte hat von dem Land Besitz ergriffen. Wie in der Nachkriegsordnung Europa nun wieder seine alte Gestalt angenommen hat, so bringt sich die Geschichte auch im Stadtbild Berlins erneut zur Geltung. Der Staat hat im Reichstagsgebäude Wallots wieder den Ort, wo seine Geschicke beraten werden. Die Stadt aber wird vom Roten Rathaus Hermann Friedrich Waesemanns aus regiert, und Herrenhaus und Preußischer Landtag sind in ihre alten Rechte eingesetzt. Kein Gebäude des halben Jahrhunderts, das seit dem Untergang von 1945 errichtet wurde, ist an ihre Stelle getreten, so tief auch Berlin in den verschiedenen Wellen einer neuen Gründerzeit umgestaltet wurde. Das Überkommene hat selbst in beiläufiger Gestalt über die einander ablösenden Sensationen der Nachkriegsarchitektur triumphiert.

Es ist sehr nachdenkenswert, daß die moderne Architektur von den Olympiazelten Behnischs bis zur Philharmonie Scharouns zwar manche Triumphe gefeiert, aber kein Gebäude hervorgebracht hat, das für mehr als sich selber steht. Das Bundeskanzleramt in Bonn wie die Staatskanzlei in München sind melancholisch stimmende Beispiele für diese Unfähigkeit der Gegenwart zu einer symbolischen Architektur. Höchst mittelmäßige Bauten wie das Kapitol in Washington und der Kreml von Moskau verfügen ganz offensichtlich über diese Qualität.

Was tut es zur Sache, daß sich die Tradition in Berlin in ziemlich nichtssagender Gestalt zur Geltung gebracht hat? Nun muß man eben darauf setzen, daß auch in banalen Gehäusen gute Politik gemacht werden kann. Notgedrungen werden das Land wie die Stadt auf den Inhalt, nicht auf die Form ihrer Staatsgebäude setzen. An großer Stelle ist lange genug keine Politik gemacht worden; warum soll es am Ende des Jahrhunderts nicht umgekehrt sein?

Ein Haus aber verbindet Geschichte und Gegenwart. Allmählich wird der Stadt bewußt, daß jenem Bau unvorhergesehene Bedeutung zugewachsen ist, den Berlin solange über die Achsel ansah. Das ehemalige Kunstgewerbemuseum von Martin Gropius hat nach seiner Rettung eine zentrale Rolle für Berlin gewonnen. Wie dieser Bau aus den Jahren 1877 bis 1881 das Verbindungsglied zwischen der klassischen Schule und dem Aufbruch der Jahrhundertwende darstellt, so kommt ihm in der Berliner Kulturlandschaft heute eine Bedeutung zu, von der sich Bauherr und Architekt niemals etwas träumen ließen.

Lange wurde das Gebäude, dessen Wiederherstellung die Stadt fast schon bedauerte, da sich sechzehn Jahre lang unter Berlins Kulturinstituten kein Nutzer fand, für vorübergehende Zwecke verwendet – Ausstellungen wie die »Zeitgeist«-Schau, die hin- und hergestoßene Berlinische Galerie und alle möglichen Archive, mit denen die Stadt sonst nichts anzufangen wußte. Jetzt steht dem Gropius-Bau die zweite Wiedergeburt bevor. Er wird das zentrale Ausstellungshaus der Hauptstadt werden, und es könnte ja sein, daß Berlin damit tatsächlich jenes Grand Palais zuwächst, von dem die Ausstellungsmacher träumen. Das hätte niemand gedacht, weder als man es im neuen Kaiserreich errichtete, noch als man es nach dem Zweiten Weltkrieg zum Abbruch freigab. Wie müssen das die Zelebritäten des Tages empfinden, die sich so lange auf der Höhe des Zeitgeschmacks wähnten, deren Namen aber schon nach wenigen Jahrzehnten in Vergessenheit versunken sind?

Das Exempel führt wieder einmal vor Augen, daß man die Qualität der Architektur nie überschätzen darf. Es ist die Bedeutung der Sache selbst, die den Rang eines Gebäudes bestimmt. Das Herrenhaus, der Preußische Landtag, der Gropius-Bau schaffen sich ihre eigene Mitte in Berlin, ganz gegen alle Stadtplanung. Nun plötzlich tritt ins Bewußtsein, daß dieser Ort, um Scharouns Unterscheidung zwischen Ort und Örtlichkeit aufzugreifen, von nun an eine Mitte des politischen und des künstlerischen Berlin sein wird.

Das ehemalige Kunstgewerbemuseum in Nachbarschaft der Wilhelmstraße, 1877 bis 1881 von Martin Gropius in Schinkelscher Stiltradition erbaut, nach Kriegsschäden und jahrzehntelanger Vernachlässigung dem Verfall preisgegeben. Aufnahme 1968.

Das ehemalige Kunstgewerbemuseum, der Martin-Gropius-Bau, wird nach der Restaurierung wieder als Ausstellungsgebäude genutzt.

Ehemaliger Preußischer Landtag, 1892 bis 1897 nach Plänen von Friedrich Schulze erbaut, heute Sitz des Berliner Abgeordnetenhauses.

Ehemaliges Preußisches Herrenhaus an der Leipziger Straße,
1901 bis 1904 nach Plänen von Friedrich Schulze erbaut,
nach dem Wiederaufbau als Sitz des Bundesrats vorgesehen.

Ende gut, alles gut?
Der Reichstag erhält seine dritte Gestalt

Die Besucher der neuen Reichstagskuppel werden nach dem englischen Prinzip leben müssen: »My face I don't mind it, because I am behind it.« Wenn sie nämlich die spiralförmige Rampe zu der fünfzig Meter hohen Aussichtsplattform hinaufgestiegen sind, werden sie ein unvergleichliches Panorama Berlins vor sich haben. Der Gendarmenmarkt mit den Zwillingsdomen Friedrichs des Großen und dem Schauspielhaus Schinkels im Osten, das vom Senat in der Höhe gestutzte Hochhausgebirge des neuen Potsdamer Platzes im Süden und die Havelberge im Westen, vor denen sich das Olympiastadion Hitlers im Dunst abzeichnet.

Da werden sie sich nicht viel darum kümmern, daß die neue Kuppel ein wenig seltsam geraten ist, eine stumpfe Halbkugel, die denn auch allgemein nur der »umgedrehte Eierbecher« genannt wird. Aber der Architekt des Reichstagsneubaus, der englische Hightech-Protagonist Sir Norman Foster, der in Frankfurt am Main den neuen Commerzbank-Turm errichtete, hat sich überhaupt nur mühselig zu einem kuppelähnlichen Gebilde bereitgefunden.

Sein ursprünglicher Entwurf sah einen von Stützen getragenen Baldachin über dem ganzen Reichstag samt seinen Nebenbauten vor, der zwar von der Jury einhellig als Wettbewerbssieger prämiiert worden war, aber schon wenige Tage später erschreckt verworfen wurde. Beim zweiten Nachdenken hatten nämlich erstens die immensen Kosten schockiert und zweitens die sonderbare Dachkonstruktion irritiert, an der nur zu rühmen war, daß es dergleichen in der ganzen Welt nicht gibt. Dann hatte Norman Foster eine ganze Reihe von Stummeldächern entworfen, die angeblich von ökologischen, vor allem lichttechnischen »Kegelelementen mit Spiegelsystemen« erzwungen wurden. Sie sollten sowohl das Tageslicht in den zehn Meter darunterliegenden Plenarsaal bringen als auch die »Abluft« des von den hitzigen Debatten der Bundestagsabgeordneten verbrauchten Dunstes abführen. »Unter Ausnutzung des thermischen Auftriebs kann die verbrauchte Luft entweichen.«

Aber zu den Schimären der modernen Architekturdoktrin gehört ja der Lehrsatz »Form folgt Funktion«. Immer lassen sich nachträglich angebliche Funktionen finden, die dem Formwillen des Architekten folgen müssen, wie die neueste Mode der nichts tragenden Säulen der Postmoderne demonstriert. Ein Kuppelersatz wurde jedenfalls vom Bundestag unter Anführung von Kohls ehemaligem Bauminister Oskar Schneider verlangt, und so fand sich der Architekt dann endlich doch bereit, jene merkwürdige Brathaube zu entwickeln, die in Zukunft schon auf den ersten Blick signalisieren wird, wo Deutschlands Abgeordnete die Geschicke des Landes beraten. Da der Kuppelersatz nächtlicherweise auch von innen erleuchtet werden soll, wird Paul Wallots Reichstagsgebäude wieder wie vor genau einem Jahrhundert bei seiner Einweihung 1894 von weitem zu erkennen geben, wo die politische Mitte Deutschlands zu Hause ist.

Dennoch zählt der Reichstag mit dieser gerade hundertjährigen Geschichte, in der der Bau die längste Zeit entweder ungenutzt eine ausgebrannte Ruine oder ein zwar wiederhergestelltes, aber durch die Teilung des Landes funktionsloses Symbol staatlicher Einheit war, zu den wenigen von der Historie beglaubtigten Bauwerken der ehemaligen Reichshauptstadt. Nur von 1894 bis 1933 wurde das Haus als Parlament genutzt, dann stand es als Ruine erst in der Reichshauptstadt Hitlers, dann in der eingemauerten Halbstadt West-Berlin herum.

Die Berliner Schlösser, sowohl Andreas Schlüters barockes Stadtschloß von 1699 als auch Eosander von Göthes Monbijou von 1703, wurden von Ulbricht schon fünf Jahre nach dem Krieg abgerissen, da sie »Zwingburgen der Junker« gewesen seien. Die Gebäude am Königsplatz im Westen aber, der nach der Revolution von 1918 Platz der Republik geworden war, ließ der West-Berliner Senat in den späten fünfziger und frühen sechziger Jahren getreu Scharouns Phantasmagorie einer »am Urstromtal der Spree orientierten Stadtlandschaft« sprengen. Sowohl Helmuth von Moltkes Generalstabsgebäude als auch die Kroll-Oper, in der während der Weimarer Zeit die neue Musik unter Victor Klemperer ihre Triumphe und Skandale erlebt und wo dann das ganze Dritte Reich hindurch der Reichstag als Akklamationsmaschine getagt hatte, nachdem der Bau Wallots durch einen nie geklärten Brand schon vier Wochen nach der Machteroberung Hitlers ausbrannte, waren in der Nachkriegszeit abgeräumt worden – als »Arbeitsbeschaffungsmaßnahme«, wie der Bausenator mitteilte.

Es hat anderthalb Jahrzehnte erbitterter Debatten gebraucht, bis der Bonner Bundestag beschloß, die rauchgeschwärzte Ruine wieder herzustellen. Erst 1960/61 machte sich der Wettbewerbssieger Paul Baumgarten daran, den Bau wieder nutzbar zu machen. Allerdings war nie sicher, wofür denn ein Parlamentsgebäude in Berlin gebraucht werden würde, denn die Bundesrepublik hatte sich längst ihr eigenes Parlament am Rhein geschaffen. So war der Wiederaufbau mehr ein Akt des Trotzes, des Nichtanerkennens der Teilung Deutschlands, die eben in demselben Jahr 1961 durch den Bau der Berliner Mauer vollendet worden war.

Das Reichstagsgebäude, das unter dem Druck des damaligen Präsidenten der Berliner Akademie der Künste Hans Scharoun im Geist des Werkbunds wiederhergestellt worden war, wurde dann dreißig Jahre lang verlegen für allerlei Notbehelfe genutzt. Einmal allerdings tagte zu heftigem Protest der Sowjets hier die Bundesversammlung und wählte Heinrich Lübke für eine zweite Amtszeit zum Bundespräsidenten. Aber die handgreiflichen Drohmaßnahmen Moskaus, das tagelang Düsenjäger im Tiefflug über die westliche Stadthälfte donnern ließ, erzwangen in Zukunft ein Wohlverhalten der drei westlichen Siegermächte, die denn auch für die nächsten Jahrzehnte auf diese wenigstens symbolische Handlung des Bundestags in Berlin verzichteten. Das riesige Gebäude, obwohl man es gerade im Charme der Nachkriegszeit mit einer Vielzahl schuhkartonartiger Räume wiederaufgebaut hatte, diente dann ein Vierteljahrhundert lang lediglich als Unterkunft für Ausstellungen, Tagungen und alle möglichen Kongresse. Hin und wieder tagten hier auch irgendwelche Bundestagsausschüsse, die sorgfältig durch unter Strom stehendes Gitterwerk gegen Abhöreinrichtungen des sowjetdeutschen Satellitenstaates abgesichert werden mußten.

Der wiederaufgebaute Reichstag, der mehr als eine Milliarde Mark gekostet hatte, war eine rechte Peinlichkeit. Das galt für seine Verwendung, aber auch für seine Gestalt. Das Preisgericht hatte als »Modernisierungsmaßnahme« die Entfernung der zwar beschädigten, aber erhaltenen originalen Stahlglaskuppel Wallots verlangt, deren für das Ende des 19. Jahrhunderts revolutionärer quadratischer Grundriß die Reichstagssilhouette schon von weitem unverwechselbar machte. Paul Baumgarten sprengte ihre Fundamente aus dem Boden, was Norman Foster bei dem jetzigen, zweiten Wiederaufbau außerordentlich bedauerte.

Aber die Vertreter des Zeitgeistes – die Repräsentanten des Bundes Deutscher Architekten, der Architekturfakultäten der Hochschulen und der Berliner Akademie der Künste – hatten auch die Entfernung des skulpturalen Fassadenschmucks der Kaiserzeit verlangt. An ihm hatten fast alle Bildhauer mitgearbeitet, die vor einem Jahrhundert als die bedeutendsten Erben der Berliner Bildhauerschule galten, die von Gottfried von Schadow, dem Schöpfer der Quadriga auf dem Brandenburger Tor, und Christian Daniel Rauch, der die Standbilder der Generäle der Freiheitskriege auf den »Linden« geschaffen hatte, begründet worden war. Schmucklos, kahl und geschichtslos stand endlich der wiederhergestellte Bau in der Leere des abgeräumten Platzes, und so steht er noch heute in einer städtebaulichen Isolierung, die man nicht unbedingt splendid nennen möchte.

Das war die Lage, die Norman Foster vorfand, und man wird sagen müssen, daß er das Beste aus ihr gemacht hat. Überall, wo es nur möglich war, geht er auf die Originalsubstanz Wallots zurück und läßt das unglückliche Zwischenspiel des ersten Wiederaufbaus vergessen, dem damals alle Koryphäen des Tages applaudierten. Für wiederum sechshundert Millionen hat er alle Einbauten und Zwischendecken Paul Baumgartens herausgerissen. Fast tut einem der noble Mann der unglücklichen Zwischengeneration leid, deren Anfänge in die letzten Jahre von Weimar fielen, die in ihren besten Jahren vom Dritten Reich zu Verlegenheitsarbeiten verdammt worden und deren späte Zeit dann von den einander ablösenden Moden der Nachkriegsarchitektur deformiert war. Kurz vor seinem Tod distanzierte sich Baumgarten denn auch von seinem Reichstagsumbau, mit dem er den Wünschen des Preisgerichts zu sehr nachgekommen sei. Ein Schicksal von vielen, gebrochen von der Zeit.

Norman Foster dagegen hat nicht nur sehr genaue eigene Vorstellungen, er besitzt auch solches internationales Prestige, daß er sich und seine Konzeption durchzusetzen wußte. Er erfüllte zwar das Verlangen des politischen Bauherrn nach Licht und Helligkeit in dem arenaartigen Plenarsaal, aber er gab doch auch einem Haus der staatlichen Repräsentation das, was der Staat an Würde verlangt. Der neue Reichstag – der diesen Namen behalten wird und wenn er auch tausendmal Bundestag heißt – hält sich weit von Günter Behnischs gläsernem Bundestag in Bonn, den Johannes Gross seines Aquariumcharakters wegen süffisant mit dem Pavillon einer Bundesgartenschau verglichen hat.

Baumgarten mußte in den sechziger Jahren ein Haus aufbauen, von dem noch nicht recht klar war, wer es nutzen würde und wofür Säle, Emporen und Sitzungszimmer eines fernen Wiedervereinigungstages benötigt werden würden. Insofern hatte es Foster beim jetzigen Umbau viel leichter. Der Bauherr wird auch der zukünftige Nutzer sein. Es ist eine Misere, wenn es keinen Bauherrn gibt – manches Mißgeschick der neuen Friedrichstraße zum Beispiel liegt daran, daß der jeweilige Investor das fertige Haus möglichst schnell an einen Käufer oder Mieter loswerden wollte.

Es gibt nur selten noch einen Bauherrn, der ein Haus eines Tages zu besitzen wünscht, wie es bei den Wertheims, den Ullsteins oder den Rathenaus vor einem Jahrhundert war, die damals die markanten Bauten Berlins errichteten. Aber zu viele Bauherren, die widersprechende Vorstellungen haben und gegensätzliche Wünsche äußern, sind auch ein Unglück, und Norman Foster muß manchmal verzweifelt gewesen sein, wenn die eine Kommission gar keine Kuppel wollte, die ja ein autoritäres Symbol einer überholten Vorstellung von Obrigkeit ist, und der nächste Beirat wieder eine Kuppel verlangte, um die Würde eines Parlaments auszudrücken.

Dem neuen Reichstag wird man manche Kompromisse ansehen, aber die sind nicht dem Architekten zur Last zu legen. Die Mitte des Gebäudes bildet ein rundum verglaster Plenarsaal, der eine Grundfläche von 1 200 Quadratmetern hat. Im Bonner Bundestagsneubau Behnischs war das ein regelrechter Kreisbogen, da vor allem die Sozialdemokraten darauf bestanden, es zu keinem Gegenüber von Regierung und Opposition kommen zu lassen. Aber in den wenigen Jahren der Nutzung des Bonner Provisoriums (das auch eine halbe Milliarde gekostet hat) ergab sich, was eigentlich von vornherein hätte klar sein müssen. Die Entfernung nicht nur der Regierungsbank vom Plenum war auf diese Weise überaus groß, auch die Abgeordneten selber sitzen sehr weit voneinander, so daß die Miene eines Hinterbänklers der einen Partei vom Hinterbänkler der anderen Partei nur mit dem Feldstecher zu erkennen ist, worüber man schon bald spottete.

Nun hat man eine Anordnung getroffen, die aus einer »Geometrie abgeflachter Kreisbögen mit unterschiedlichen Zentren besteht, wodurch sich das Bild einer Ellipse einstellt.« Man kann es einfacher sagen: Der Saal hat die Form einer Ellipse. Manches ist wunderlich an den Begründungen und Rechtfertigungen der Architektur des Reichstags. »Es ist bewußt«, sagt eine Broschüre der Bundesbaugesellschaft Berlin, »keine historische Rekonstruktion der Kuppel von Paul Wallot gewählt worden, weil man ein Zeichen des Neuanfangs parlamentarischer Arbeit setzen wollte.« Was nicht alles so gesagt und geschrieben wird …

Um die Kuppel, um die Form des Plenarsaals, um den Zugang durch die verschiedenen Portale hat es in Wahrheit viele Auseinandersetzungen gegeben, die teils politischer, teils architektonischer Natur waren; man braucht das Argument der Symbolik nicht zu bemühen. Soll das viele Glas die Durchsichtigkeit der demokratischen Prozeduren wirklich sinnbildlich darstellen? Als wenn nicht die Mutter aller Parlamente, das englische Unterhaus, ganz ohne Glas auskommt und die Members of Parliament sich Auge in Auge gegenübersitzen.

Doch Foster ist nicht verantwortlich für die Interpretationen, die seiner Architektur nachträglich gegeben wurden; vermutlich kennt er sie gar nicht. Entscheidend ist allein die Aufteilung der einzelnen Gebäudebereiche, und hier liegt die wirkliche Differenz zu Wallots und Baumgartens Anordnung. Der Plenarbereich liegt im ersten Obergeschoß, das Erdgeschoß wird im wesentlichen von einer großen Verteilerhalle eingenommen. Ein neues Zwischengeschoß gibt Raum für die Tribünen und die Informationsräume für die Besucher. Ein zweites Obergeschoß ist dem Präsidium, dem Ältestenrat und der Verwaltung des Bundestags vorbehalten, die Fraktionssitzungssäle mit einer zentralen Presselobby sind im dritten Obergeschoß untergebracht. All das ist vernünftig und zweckmäßig, und man soll sich durch das modische Vokabular der Erklärungen nicht verwirren lassen, das ein wenig in der Terminologie der Investorensprache geraten ist, ob nun das Publikum »das Panorama Berlins genießen« oder in »der Cafeteria auf der Dachterrasse verweilen« wird.

Die Nebenräume gehen die Besucher im Grunde nichts an, denn sie werden sie kaum zu Gesicht bekommen. Öffentlichkeit wird in der modernen Fernsehwelt durch Kameras hergestellt, vom Bonner Bundestag hat man auch kaum je die Fraktionszimmer oder Geschäftsleitungsräume zur Kenntnis genommen. In den wenigen Jahren, in denen man das neue Haus am Rhein nutzte, präsentierte der Bildschirm fast allabendlich allein den Plenarsaal, und so wird es auch an der Spree sein, an deren Ufer der Reichstag liegt.

Für die Architektur hat der Bau nie viel bedeutet, in dem sich so viel Geschichte begeben hat. Gebaut noch in der Ära Bismarcks, fanden hier die Redeschlachten während der Zeit aller Reichskanzler von Caprivi bis Bethmann Hollweg statt, mit dem Arbeiterführer Bebel als Gegenspieler. Die »Friedensresolution« des Reichstags vom Jahr 1917 signalisierte den Wendepunkt des Weltkrieges, und im letzten Kriegsjahr waren die Abgeordneten nahe daran, sich eine parlamentarisch-konstitutionelle Legitimation zu erstreiten. Aber alles war zu spät, nichts konnte mehr die Revolution aufhalten, die zur Ausrufung der Republik durch Scheidemann von einem Fenster des Reichstags führte – in erbittertem Wettlauf mit einer »sozialistischen Republik« durch Liebknecht, die nur Stunden später von einem Balkon des Schlosses aus proklamiert wurde.

In der Weimarer Republik erlebte der Wallotsche Bau, noch immer im Prunk der Kaiserzeit, die entscheidenden und mitunter tragischen Stunden der Demokratie: die Trauerfeier für den ermordeten Rathenau; die großen Versöhnungsreden Stresemanns; die Lähmung der parlamentarischen Institutionen durch die Radikalisierung der Rechten und der Linken, der Kommunisten unter Thälmann und der Nationalsozialisten. Deren Führer Adolf Hitler hat allerdings nie im Reichstag der Weimarer Zeit gesprochen. Die Gegner eines Umzugs von Bonn nach Berlin, die melodramatisch vor der Peinlichkeit warnten, daß ein deutscher Bundeskanzler in einem Haus sprechen müsse, das die Redeexzesse Hitlers erlebt hatte, demonstrierten damit, wie geschichtslos das Bewußtsein des Bundestages mitunter ist. Im Frühjahr 1933 standen ja schon die Rauchwolken des Brandes van der Lubbes über dem Kolossalbau des Kaiserreichs.

Dann geschah zwölf Jahre nichts. Das Regime stellte die zerstörte Architektur auf dem Platz nicht wieder her, der Hitlers Kuppelhalle und den »Führerpalast« tragen sollte. Aber für die Rote Armee war nicht das Schloß Wilhelms II. und nicht die Reichskanzlei Hitlers das Symbol des Sieges über den deutschen Gegenspieler, sondern das Hissen der roten Fahne über dem Portal eines seit zwölf Jahren leerstehenden Gebäudes. Nach dem Umsturz im Kreml hat sich der achtzigjährige Rotarmist gemeldet, der damals unzählige Male für die Wochenschauen das Hissen des Siegesbanners probte.

Das Reichstagsgebäude Paul Wallots ist nie ein Werk der großen Architektur gewesen. Die gleichzeitigen Bauten von Alfred Messel, Peter Behrens und Hermann Muthesius haben einen viel kühneren Schritt in die Moderne getan. Der Reichstag hat auch nicht die Würde des Alters für sich. Wenn der Bau mit dem Umzug des Parlaments vom Rhein an die Spree zum dritten Mal eingeweiht werden wird, blickt er auf gerade einmal ein Jahrhundert zurück. Aber kein anderes Bauwerk steht in solchem Maße für die Höhen und Tiefen der deutschen Geschichte. Deshalb wird es tatsächlich ein besonderer Augenblick sein, wenn die Volksvertretung der Deutschen von diesem Haus Besitz ergreift.

Das Reichstagsgebäude in der ursprünglichen, 1884 bis 1894 von Paul Wallot errichteten Gestalt. Aufnahme 1905.

Die Rückfront des unmittelbar an der Mauer gelegenen Reichstagsgebäudes in der in den sechziger Jahren von Paul Baumgarten geschaffenen Gestalt. Das Stahlgerüst von Wallots riesiger Kuppel war 1954 demontiert worden. Aufnahme 1990.

Giebelfront des Reichstagsgebäudes während des Umbaus.
Das Äußere mit der 1916 angebrachten Inschrift
»Dem Deutschen Volke« bleibt weitgehend erhalten, im Innern
folgt der »Entkernung« der einzelnen Flügel eine
radikale räumliche Neugestaltung.

Künftiges Quartier des Deutschen Bundestags: das nach Entwürfen von Sir Norman Foster im Umbau befindliche, mit neuer Kuppel versehene Reichstagsgebäude. Aufnahme 1998.

Auf den Trümmern einer Stadt und einer Utopie

Der Besucher Potsdams ist beim Anblick der ruinierten Stadt leicht ungerecht. Er trägt in seiner Erinnerung oder in seiner Vorstellung das Bild jener von Friedrich geprägten Kleinstadt, wie sie bis in das Jahr 1945 ihr Gesicht bewahrte. Aber dann wurde Potsdam gleich zweimal zerstört, das erste Mal durch jene 490 englischen Bomber, die wenige Wochen vor Kriegsende in einer militärisch ganz unbegreiflichen Zerstörungswut die Stadt bis auf die Grundmauern niederbrannten, und dann in einem zweiten Vernichtungsakt durch die Utopie des Sozialismus, der die ja nur ausgeglühten Schlösser, Kirchen und Bürgerhäuser sprengte und abräumte, um aus dem Nichts eine Zukunftswelt nach seinem Bild zu errichten.

Auch wer das alte Potsdam, das noch in jenem Schlußakt des Krieges bewahrt war, als die Schlacht auf den kaum eine Autostunde entfernten Seelower Höhen tobte, nicht mehr direkt erlebt hatte, trug ihr Bild selbst in der Trümmerwüste vor Augen, die in den Nachkriegsjahren die friderizianische Welt zu erkennen gab. Noch anderthalb Jahrzehnte nach dem Krieg ging man an der ausgebrannten Fassade des Schlosses von Knobelsdorff entlang, man sah mit melancholischem Wiedererkennen die rauchgeschwärzten Stümpfe der Garnison- und der Heiliggeistkirche und betrachtete deprimiert und doch erleichtert, daß alles noch da war, das ausgeglühte Geviert des Alten Marktes, der, obgleich ohne wirklich große Architekturen, ein Wunder an städtebaulicher Vollkommenheit war. Dann wurde all das planiert, um Bauten Platz zu machen, die aus einem Rokoko-Ensemble eine sozialistische Metropole machen wollten.

Das ging zurück auf jenen irrealen Zukunftsenthusiasmus der Nachkriegszeit, der nicht nur das Herrschaftsgebiet Ulbrichts und Honeckers prägte, sondern auch die Welt Ernst Reuters und Willy

Brandts. Wurden dort, an der Havel, die kleinen Bürger- und Adelshäuser wie das Palais Barberini abgerissen, so räumte man hier, an der Spree, den Platz der Republik mit der leicht wiederherstellbaren Kroll-Oper von Persius und dem Generalstabsgebäude von Moltkes. Natürlich war der ehemalige Königsplatz von Anfang an ein mißglückter Platzraum gewesen, den nicht zufällig schon das späte Kaiserreich und dann die Weimarer Republik in immer erneuten Wettbewerben zu fassen gesucht hatten. Nur, daß das eigene Vermögen nicht langte, die Leere zu füllen. Was an die Stelle von Schwechtens Anhalter Bahnhof, von Baumgartens Schillertheater oder in Gestalt der Kongreßhalle von Stubbins an den Ort der Kroll-Oper gestellt wurde, gibt einem im nachhinein Sympathie für das Bauen der Jahrhundertwende, auf das man in seiner Jugend so hochmütig geblickt hatte.

Doch man soll es sich nicht zu leicht machen und lediglich eine sozialistische oder demokratische Verachtung der Vergangenheit darin sehen, die die Überbleibsel einer Geschichte sprengte, die so erkennbar in die Irre gegangen war. Es war auch Zukunftsglaube darin, ob man nun dort die *Brave new world* einer klassenlosen Gesellschaft erträumte, oder sich hier von der bürgerlichen Stadt befreien wollte, um mit Scharoun an die Stelle von Zilles verachtetem Häusermeer eine heitere »Stadtlandschaft« zu setzen. Beide Male ging es ja um dieselbe Absage an das Gewesene, nur daß sie jedesmal in verschiedener Gestalt auftrat.

Aber der Elan des Aufbruchs verflog diesseits der Barriere schon in den sechziger Jahren, und nun suchte man zu retten oder wiederherzustellen, was den gegnerischen und eigenen Zerstörungswahn überdauert hatte. Drüben aber hielt man an der längst schal gewordenen Utopie einer proletarischen Welt fest; man träumte noch zum Zeitpunkt des Zusammenbruchs des Oststaates von weiteren egalitären Großplattensiedlungen in Rostock oder Eisenach. Den Planungen für Potsdam zufolge sollte es selbst das Holländische Viertel nicht mehr geben, in den späten achtziger Jahren gab man es für den Abriß frei.

In diesem Sinne muß man sich um Gerechtigkeit bemühen, auch angesichts so desolater Neubaugebiete, wie sie in Potsdam um das maurische Wasserwerk von Persius oder bei dem Jagdschloß Stern für Friedrich Wilhelm I. entstanden, der ungelenk selber seinem Architekten aufgezeichnet zu haben scheint, wie er sich seine niederländischen Vorbilder in die Mark zu holen gedachte. Fast wirkt es als Satire auf den Elan des auch im Medium der Architektur revolutionären Aufbruchs der zwanziger Jahre in Moskau und Berlin, was die mißratenen Enkel der Revolution ein halbes Jahrhundert später anrichteten.

Die Verkehrsachsen, die man in Potsdam durch die barocke und klassizistische Kleinstadt schlug, haben ja ihre Entsprechung in all den »Tangenten«, die in West-Berlin zum Beispiel an der Urania Hochstraßen auf Stützen aufnehmen oder in der Fasanenstraße in einer Tunnelstraße den Kurfürstendamm unterqueren sollten; die Mentalität war jedesmal die gleiche. Es ist durchaus nicht ausgemacht, ob Werner Düttmann, der langjährige Senatsbaudirektor und Präsident der Akademie der Künste, ein soviel bedeutenderer Architekt und Städteplaner als Hermann Henselmann war, dem Berlin die Stalinallee, die jetzige Karl-Marx-Allee, verdankt. Ist das von dem Gespann Scharoun-Düttmann konzipierte, von Hochhäusern umstandene kleinstädtische Rondell des Mehringplatzes wirklich soviel moderner als der Strausberger Platz, der die Mitte der Karl-Marx-Allee bildet und der Stolz noch des achtzigjährigen Henselmann war? Philip Johnson blickt nicht ohne Sympathie auf diesen sozialistischen Boulevard, den er in postmodernem Trotz über alle städtebaulichen Leistungen West-Berlins stellt.

Mit der Wende, die in ganz anderem Sinn als das Ende des Dritten Reiches keine äußere Niederlage, sondern ein innerer Zusammenbruch war, kam ein tiefer Einschnitt auch im Denken, im Schreiben und im Bauen – oder er hätte das sein sollen. In Wirklichkeit machte man hier wie dort weiter, wo man vor dem großen Beben gehalten hatte. Das bedeutete für Berlin, daß man in den alten Kategorien dachte und plante, von Olympischen Spielen oder von Großflughäfen und städtischen Verdichtungen, die man in der Form von Wolkenkratzern am äußeren Berliner Autobahnring versammeln wollte. Die Planungen gingen ja von einem Bevölkerungswachstum der Stadt auf mittelfristig etwa vier bis fünf, langfristig auf sechs bis acht Millionen aus, was nicht so unrealistisch zu sein schien, da London und Paris längst die Zehn-Millionen-Grenze überschritten haben.

Die zuströmenden Massen gedachte man am Alexanderplatz in einem neuen Manhattan unterzubringen, wofür Hans Kollhoff bemerkenswerte Entwürfe geliefert hat. In der Friedrichstraße türmte man acht-, zehn- und zwölfgeschossige Bürokolosse auf, und am Potsdamer Platz sah man ein Hochhausgebirge vor, das schon zur Zeit seiner Entstehung ein vergilbtes Zeugnis jener Euphorie ist, die bereits ein Jahrzehnt nach dem großen Wandel schal geworden ist. Aber wenn die zweihundert Großbanken am Main bleiben werden? Und falls die Konzerne, die vor einem Jahrhundert mit dem Aufstieg Berlins verbunden waren, nicht aus Erlangen und München, aus Stuttgart und Frankfurt, aus Düsseldorf und Hamburg an die Spree zurückkehren werden? Und auch die Massenzuwanderung bleibt aus, oder sie kommt nur mit Asylbewerbern zustande? Inzwischen – desillusioniert – geht man von einem weiteren Schrumpfen Berlins auf ganze drei Millionen Einwohner aus.

Es könnte sein, daß es sich rächt, sein Bild des Morgen am Gestern orientiert zu haben. Die Modernität des Berlin der Zukunft wird sich auf ganz anderen Feldern erweisen. Dann wird sich auswirken, daß in die Gremien, in denen man über die zukünftige Gestalt Berlins nachdachte, vorzugsweise Architekten und Städteplaner gerufen wurden. Wieder einmal hatte man die Dinge verkehrt; die Baumeister sollten im Grunde nicht entwerfen, sondern denken, und da die Architekten auch keinen zureichenden Begriff von der Zukunft hatten, wurden die Pläne von 1920, 1940 oder 1960 ganz einfach weitergeschrieben. Die Generation, die jene Zivilisation prägen wird, für die der Computer und das Internet das Werkzeug sind, kommt im neuen Bauen überhaupt nicht zum Zuge. Es sind die Älteren und Alten – Ungers, Pei, Johnson –, die vom Checkpoint Charlie bis zu den »Linden« paradieren.

Natürlich, man hat das Beste nach Berlin geholt, was die gegenwärtige Architekturwelt zu bieten hat, und insofern ist das eine Abkehr von der selbstgenügsamen Provinzialität, die Berlin nach dem Krieg geprägt hat. Aber es baut die Generation von Architekten, die zwischen 1910, 1920 und 1930 geboren worden ist; sie denkt in den Kategorien der alten Industrie- und Bankenmetropole, die schon zu der Zeit, da die Gerüste fallen, merkwürdig gestrig anmuten. Fast erleichtert sieht man außerhalb der Renommierviertel wenigstens hier und da interessante Bauten von jüngeren Außenseitern, die nicht zu dem Kartell gehören, das unter sich die Rollen der Preisrichter und Preisträger verteilt und sich gegenseitig den Ruhm und die Aufträge zuschiebt.

In Potsdam ist alles kleineren Zuschnitts, auch das Versagen. In Berlin mag sich sehr bald schon erweisen, daß man mit falschen Vorgaben an den Wiederaufbau ging. Hier, in dem riesigen Häusermeer, tut das nichts zur Sache; dann wird eben ein anderes Viertel die zukünftige Stadtmitte bilden, und die legendären »Quartiere« in der Friedrichstraße sind in zwanzig oder dreißig Jahren genau solche Dinosaurier vergangener Moden wie die Hochhäuser der Leipziger Straße, mit denen man »Weltniveau« demonstrieren wollte. Eine Weltstadt verträgt viel, auch den Fehlschlag. Beschädigt es denn Paris oder London, daß in La Défense oder in den Docklands die städtebaulichen Anstrengungen in die Irre gingen? Paris bleibt doch Paris, und London wird immer jenes London zwischen Knightsbridge und St. Paul's Cathedral bleiben, wie viele Visionen auch gescheitert sind. So wird es auch in Berlin sein, selbst wenn die Ahnung sich bewahrheitet, daß diese dritte Erfindung der Stadt aus dem Nichts mißlingt.

Aber die einst liebenswürdige Kleinstadt Potsdam, die noch am Vorabend des Ersten Weltkriegs ganze 56000 Seelen zählte und in den folgenden Jahrzehnten auf gerade einmal 150000 Einwohner einschließlich des Militärs anwuchs, ist ein so empfindlicher Stadtkörper, daß jeder Fehlgriff doppelt zählt. Jenes Potsdam, das das Politbüro 1990 hinterließ, war nur schwer noch wiederzuerkennen. Anstelle von Knobelsdorffs bezauberndem Stadtschloß, dessen Volumen von jedem wilhelminischen Schulbau übertroffen wird, ein trostloser Interhotel-Turm in sozialistischer Notdurftarchitektur. Wo einst die kleinen Palais von Knobelsdorff, Gontard und Unger die engen Gassen säumten, erstrecken sich nun »Magistralen«, die den nicht existierenden Massenverkehr kanalisieren wollten. Die berühmte Havelbrücke, an deren Fuß die Weiße Flotte ihren Anlegeplatz hatte, wurde abgebrochen und um ein paar hundert Meter verlegt, so daß sie sich jetzt weder in die Stadt einfügt noch in die milde Flußlandschaft.

Sicher, hier und da ist noch eine Häuserzeile des 18. Jahrhunderts erhalten, aber dann stellte man schnell nach dem bescheidenen Vermögen des Oststaates ein Hochhaus in die barocke Straßenfront, das eine so sonderbare Einrichtung wie ein »Gastmahl des Meeres« aufnahm. An Schinkels Nikolaikirche lehnte man Büro- und Geschäftskomplexe, die nicht nur den klassizistischen Sakralbau ruinieren, sondern auch den Stadtraum zerstören, der einzig an dieser Stelle zu erkennen gibt, daß Potsdam trotz aller rokokohaften Verträumtheit auch an der Urbanistik des 19. Jahrhunderts teilhatte. Der Stadtkanal aber, der mitten durch Potsdam ging und ihm in seinem Grachten-Charakter einen Anstrich von Amsterdam gab, wurde ein Vierteljahrhundert nach dem Krieg zugeschüttet – vielleicht, weil man die Fließgeschwindigkeit nicht zu regulieren verstand, vielleicht, weil man Parkraum für die »Trabis« zu schaffen suchte.

Als Potsdam aus der Welt eines heruntergekommenen Sozialismus auftauchte, war es keine Stadt des Rokoko mehr und keine Welt des 20. Jahrhunderts. Wahrscheinlich leben die Potsdamer – achtzig Prozent seiner Bevölkerung waren allerdings ausgetauscht worden – trotz allem gern in der Stadt, weil ja der Kranz der Seen noch da ist, der wie einst die Stadtränder säumt. Auswärtige Besucher aber halten sich zurück. Tatsächlich sind es fast allein die Schlösser zwischen Sanssouci, dem Marmorpalais, Charlottenhof, den Römischen Bädern und dem Neuen Palais, die Touristen anziehen.

Immer wieder kommt man darauf zurück, daß die sozialistische Ära auch in der Architektur gescheitert ist. Natürlich ist auch das Bauen im Westen lange Zeit in die Irre gegangen, wie viele Neubaugebiete nur allzu deutlich zeigen. Aber selbst in diesem Desaster gab es doch einen Kunstwillen, wollte man eine neue Form des Zusammenlebens mit den Mitteln der Architektur ausdrücken. Den Neubaustädten von der einstigen Stalinstadt über die Wilhelm-Pieck-Stadt Guben bis hin zur Karl-Marx-Stadt Chemnitz aber liegt nicht einmal ein mißlungenes Wollen zugrunde, außer der puren Schaffung von Wohnraum.

Waren das wirklich die Erben von jenem Ernst May, der in den dreißiger Jahren in der Sowjetunion Siedlungen und Städte konzipierte? Wo war der Elan von Le Corbusier und Walter Gropius geblieben, die der Einladung Stalins nach Moskau folgten und Anfang der dreißiger Jahre den nie gebauten »Palast der Sowjets« entwarfen? Zwei Jahrzehnte später wurde die Delegation des ostdeutschen Architektenverbandes nach Moskau zitiert, um sich ihre Direktiven von den Erfindern des Zuckerbäckerstils zu holen.

Potsdam blieb diese spätstalinistische Architektur erspart, aber dafür kam Honeckers Großplattenbauweise in ihrer trostlosesten Form zur Geltung. Man geht an den Blöcken nicht empört vorbei, nur fassungslos, daß aus der ja auch geistigen Revolte des frühen Kommunismus eine solche Banalität hervorgehen konnte. Die Kasernen, die das Dritte Reich am Stadtrand Potsdams hinterließ, sind ein Wunder an Sensibilität dagegen, und man kann sich gut vorstellen, daß sie sich zu Wohnsiedlungen umwidmen lassen. Bei der Hinterlassenschaft des sozialistischen Bauens bleibt nur die Hoffnung auf die Armseligkeit ihrer Konstruktion. Tatsächlich haben erste Berechnungen ergeben, daß ihre Dauer auf nur zwanzig bis dreißig Jahre veranschlagt werden kann, dann gehen sie an ihrer eigenen Belanglosigkeit zugrunde.

Aber es ist nicht die Vergangenheit, sondern die Gegenwart, die den Besucher an Potsdams Zukunft zweifeln läßt. Was eine ahnungslose Stadt seit der Wende angerichtet hat, ist ein solcher Affront gegen Geist und Erbe der Stadt, daß nicht nur die Denkmalpflege, sondern gerade die Avantgarde der Architektur verstört ist.

Ein Teil der Potsdamer Kultur- und Naturlandschaft hatte das Desaster des Sozialismus ja unbeschadet überstanden – die Seen- und Insellandschaft der Havelwelt. Als man nach vierzigjähriger Trennung von West-Berlin her zum ersten Mal über die Glienicker Brücke fuhr, grüßte einen von drüben wie einst das Glienicker Horn. Die Landzunge, die Lenné im Geiste des Klassizismus geordnet und dann Fürst Pückler in die Romantik geführt hatte, war aus allem unversehrt hervorgegangen, und wie in seiner Jugendzeit sah man den Schilfgürtel als ersten Gruß Potsdams. Von drüben her ging die Sichtachse Lennés nach Babelsberg auf der einen und nach Kleinglienicke auf der anderen Seite. Wenigstens hier war die Welt noch unbeschädigt durch die Zeitläufe gekommen. Dann aber wurde dieses Uferstück, das der Wilhelminismus, das Dritte Reich und der Sozialismus nicht angetastet hatten, von einem modernen Manchestertum verwertet und mit »Stadtvillen« zugebaut. Der Kapitalismus schaffte, was dem Sozialismus entgangen war.

Nun steht der zweite Anschlag auf Potsdam vor der Tür. Die Stadt setzt ihre Energie nicht in die Reparatur des Vernichteten, deren bester Teil zwischen 1750 und 1850, also, um es in Kategorien des Bauens auszudrücken, zwischen Knobelsdorff und Stüler entstand. Natürlich kann solche Wiedergewinnung des alten Potsdam nur gelingen, wenn das alte Straßenraster wiederhergestellt wird, und da in diesem Fall die Gebäude, also die dynastischen und sakralen Bauten, den Straßen meist vorausgingen, wird man nicht herumkommen, Knobelsdorffs Schloß und Gerlachs Garnisonkirche wiederherzustellen, nicht so sehr um der Architektur willen, sondern weil beide der Stadt Fassung und Halt gaben. Tilmann Buddensieg, der leidenschaftliche Apologet der neuen Architektur, der von jedem Verdacht historisierender Nostalgie frei ist, hat das wiederholt auseinandergesetzt.

Der erste frei gewählte Oberbürgermeister der Stadt jedoch hatte den Traum eines modernen Dienstleistungszentrums, das natürlich einen typischen Investorennamen trägt: »Potsdam-Center«. Jahrelang begründete man dessen Notwendigkeit mit den neuen Aufgaben, die auf die Stadt mit der Vereinigung der Länder Berlin und Brandenburg zukommen und über Potsdam die Modernität des 21. Jahrhunderts hereinbrechen lassen würden. Ein Parlamentsgebäude sollte gebaut werden, ein Regierungssitz und ein Dutzend Ministerien. Nicht aus dem bestehenden Potsdam bezog das monumentale Bauvorhaben seine Rechtfertigung, sondern aus der Stadt des nächsten Jahrhunderts, das der Stadt wie dem Land zu neuer Dynamik verhelfen würde.

Aber jetzt, wo Potsdam die provinzielle Hauptstadt eines weithin menschenleeren Landes bleiben wird? Dennoch ein »Center« für anderthalb Milliarden? Eine liebenswürdige Kleinstadt will Metropole spielen. Die Länderfusion ist an den Brandenburgern gescheitert, die in der Volksabstimmung gegen Berlin votierten. Nun soll die Mitte der städtebaulichen Anstrengung der Bahnhof sein, für den eine Baumasse vorgesehen ist, gerade ein paar Dutzend Meter geringer als die des Leipziger Hauptbahnhofs der Jahrhundertwende, des größten Kopfbahnhofs des Kontinents. Potsdam wird nach dem Willen der Brandenburger die Mitte eines Landes von jetzt zweieinhalb Millionen Einwohnern bleiben, und die Statistiker berechnen schon den zukünftigen Wanderungsverlust, der durch den Sog aus dem Westen anhalten wird, wenn auch notdürftig ausgeglichen durch den Zuzug von Berlinern.

Aber die Stadt hält an ihrem Projekt fest, und sie hat ja schon beim Glienicker Horn demonstriert, daß sie sich selbst von der

Drohung der Unesco, Potsdam von der Liste des Weltkulturerbes zu streichen, nicht beirren läßt. Bestenfalls wird man die Gebäude ein wenig niedriger halten und angesichts des mutmaßlichen Verkehrsaufkommens auch den Bahnhof ein wenig beschneiden. Aber ist das der Traum der Bevölkerung? Oder nicht doch mehr das Prestigeprojekt einiger Lokalpolitiker?

Potsdams verlorene Seele

Wenige Städte erhalten durch ein einziges Bauwerk ihre prägende städtebauliche Mitte. Wahrscheinlich gilt das für Köln, dessen Physiognomie erst durch die Kriegszerstörungen, dann durch den Wiederaufbau der sechziger und siebziger Jahre fast unkenntlich wurde. Aber immer gab der Kölner Dom dem Ganzen Mitte und Halt, wie gerade in den Aufnahmen der Trümmerwüste von 1945 mit dem einzig aufragenden Dom deutlich wird. Bei Wien ist es nicht der Stephansdom, sondern die Hofburg, die sich der Seele des Betrachters einprägt. Berlins Stadtschloß, das Meisterwerk Andreas Schlüters, ist natürlich unersetzbar. Seine Sprengung durch Walter Ulbricht fünf Jahre nach dem Krieg hat eine Leere hinterlassen, die gerade durch die hilflosen Versuche deutlich wird, die jetzige Leere durch Bauten »aus dem Geist unserer Zeit« zu füllen. Aber Berlin ist eine Millionenstadt, und so überdauerte sein Stadtorganismus die Verheerung des Krieges und der Nachkriegszeit.

Eine Stadt aber gibt es, die von einem einzigen Bau geprägt wurde, der so stark war, daß er sich im Laufe der Jahrhunderte alles andere anverwandelte: Potsdam und sein Stadtschloß. Der Große Kurfürst sprach bereits von einem »Churfürstlichen Schloß und Lustgarten«, das er aufführen lassen werde; er werde das überkommene »Alde Haus« zu einem Platz ohnegleichen ausbauen, zu einem »schönen Ort, der weder in Italien noch Frankreich seines Gleichen« habe. Aber erst durch seinen Sohn, Preußens ersten König Friedrich I., und dann durch dessen Enkel, Friedrich den Großen, wurde das Potsdamer Stadtschloß wie die ganze Stadt tatsächlich zu einem Kleinod, das selbst in dem an Meisterwerken der Architektur überreichen 18. Jahrhundert seinesgleichen suchte.

Als 1959/60 unter dem Vorwand einer neuen Verkehrsführung auch Potsdams nur ausgebranntes Schloß beseitigt wurde, ging eine dreihundertjährige Geschichte zu Ende. Selbst in der Trümmerlandschaft der Nachkriegszeit offenbarte sich immer noch Potsdams Rang als eine der schönsten Städte Europas, die ausgebrannten Skelette von Stadtschloß, Nikolaikirche, Garnisonkirche und Heiliggeistkirche ließen das Muster des 18. Jahrhunderts erkennen. Von schmerzlichen Gefühlen erfüllt, ging man in den fünfziger Jahren über die Plätze und Straßen der dreihundertjährigen Stadt; aber man ging noch durch alte Straßen und über den Alten oder den Neuen Markt.

Im neuen Potsdam, das dann nach den Vorstellungen der deutschen Kommunisten während der nächsten drei Jahrzehnte errichtet wurde, ist kaum mehr etwas vom Geist dieser Stadt und von dem Charme seiner Wasserlandschaft zu erkennen, die sich mit dem Stadtkanal mitten durch die Stadt zog. Fassungslos fährt man heute über »Magistralen« nach moskowitischem Vorbild, die das neue Potsdam reif für den Arbeiter- und Bauernstaat machen sollten. Überdimensionierte Verkehrsschneisen durchschneiden das einst unvergleichliche Ensemble, und Großplatten-Hochhäuser umstehen, Einsprengseln gleich, die erhaltenen Reste aus barocker Zeit. Es wirkt wie eine Parodie, daß der untergegangene Staat diesen trostlosen Hervorbringungen seines Bauvermögens seinen »Großen Architekturpreis« verlieh.

Mühselig sucht man sich aus der Erinnerung und aus dem Wissen heraufzurufen, wo denn der Alte Markt gewesen sein mag, der mit dem Fortunaportal, dem alten Rathaus, dem Palais Barberini und zwei nach italienischen Vorbildern erbauten Bürgerhäusern einst einer der schönsten Plätze des 18. Jahrhunderts war. In seiner Mitte stand der Obelisk Georg Wenzeslaus von Knobelsdorffs, der ihn nach den Ideen des Königs gezeichnet hatte. Seine prägende Kraft erhielt dieser dreieckige Platz von Schinkels Nikolaikirche. Auf geheimnisvolle Weise fügten sich hier die Kopfbauten des Rokoko-Schlosses und der strenge Klassizismus des nächsten Jahrhunderts zu einer Einheit zusammen, wieder einmal vor Augen führend, daß das Vorzügliche immer zusammenklingt, aus welchem Jahrhundert es auch stammt.

Heute wird das Meisterwerk Schinkels zusammengedrängt von Allerweltsbauten, und der Alte Markt ist als Platzraum nicht mehr wahrzunehmen. Potsdam als städtebauliches Gesamtkunstwerk ohnegleichen nahm den Besucher so sehr gefangen, daß man auf einzelne Architekturen gar nicht näher einging. Mußten sie hinter den gleichzeitigen Wiener, Dresdner oder süddeutschen Bauten vielleicht wirklich zurückstehen? Aber als Ganzes genommen, stellte Potsdam alle diese Städte in den Schatten, wahrscheinlich gerade seines Puppenstubencharakters wegen.

Geht man durch das wüste Gemäuer des heutigen Potsdam, so wollen einem die Tränen ankommen, wie hier ideologische Verblendung einer Stadt die Seele genommen hat. Aber der Barbarei des Kommunismus folgte ja die Kulturlosigkeit von heute. Mit einem gewaltigen »Potsdam-Center« schickt die Stadt sich an, die erhaltenen Reste der Vergangenheit aufs neue zu degradieren. Natürlich geschieht das unter der Parole von der »Zeitgemäßheit«, die das Gesetz der Gegenwartsarchitektur sein müsse. Nach der Vulgarität des Sozialismus beherrscht die Banalität eines gleich geschäftstüchtigen wie rücksichtslosen Kapitalismus die Szene – wie immer unter dem Applaus der sogenannten Fachleute, der Jurys und Preisrichter.

In der allgemeinen Wertung galt das kleine Schlößchen in den Weinbergen, Sanssouci, immer mehr als das Stadtschloß. Und wenn Besucher nach Potsdam kamen, so wollten sie weder Knobelsdorffs Stadtschloß sehen, noch das späte Neue Palais, das der König zwar immer geplant, aber erst nach dem mit Mühe durchgestandenen Siebenjährigen Krieg gebaut hatte; sie suchten Sanssouci. Aber diese Wertung war vielleicht, sogar wahrscheinlich von ungerechter Voreingenommenheit. In der Rangfolge aller Architektur des 18. Jahrhunderts stand wohl das Stadtschloß höher, an dem sich viele bedeutende Künstler der Epoche versammelten. In seiner durch korinthische Pilaster gegliederten Baumasse mit den vielfachen Vorsprüngen und Risaliten hatte Knobelsdorff dem Baukörper eine Leichtigkeit gegeben, so daß er nirgendwo erdrückend wirkte und die ganze Grazie des Rokoko in den Stein übertrug.

Zwei Kolonnaden bezogen die Landschaft in die Architektur ein und schlossen den Baukörper zugleich an die Havel an. Vor allem die sogenannte Ringerkolonnade bildete einen Höhepunkt der Bauplastik des Rokoko, hatten sich hier doch die besten Bildhauer der Zeit zusammengefunden, um nach dem Wunsch des königlichen Bauherrn Ringer, Schleuderer und Fechter zu formen, die zeigten, welchen skulpturalen Genius die Mitte des 18. Jahrhunderts fähig war und woraus der junge Schadow seine Inspiration bezog. Die »Havelkolonnade« wiederum gab eine Verbindung zur Wasserseite des Stadtschlosses und demonstrierte auf ihre Weise, wie sehr das Wasser das eigentliche Element aller Potsdamer Architektur war.

Alles dies war einigermaßen durch den Bombenhagel gekommen, wenn auch die kostbaren Täfelungen und Plafonds ausgebrannt waren. Aber das Charlottenburger Schloß, vom Krieg genauso vernichtet, führt vor, wie man all das hätte wiedergewinnen können, wenn nicht auch in diesem Fall ideologische Verblendung eine »sozialistische Stadtmitte« hätte schaffen wollen.

Es sieht so aus, als neige sich die allgemeine Stimmung jetzt zu einer Wiedererrichtung des Stadtschlosses. Sozialdemokraten und Christdemokraten scheinen darin übereinzustimmen, für den Brandenburgischen Landtag keinen Neubau in der Speicherstadt zu errichten, sondern ein wiederhergestelltes Stadtschloß für das Parlament zu nutzen. Auf jeden Fall sind die Dinge nicht verloren. Nur eine dumpfe Bevölkerung, die ja auch der Wiedererrichtung von Garnisonkirche und Heiliggeistkirche mit dem Argument widerspricht, das Geläut der Glocken störe nur die Bürger, will auch das Schloß nicht, wie Meinungsumfragen ergeben. Es sei das Symbol des Feudalismus, und Potsdam habe andere Notwendigkeiten. Vier Jahrzehnte der Indoktrination durch einen Banalkommunismus haben offenbar ihre Wirkung getan.

Das Potsdamer Stadtschloß (links), mehrfach umgebaut und erweitert, erhielt seine letzte äußere Gestalt unter Friedrich dem Großen durch Georg Wenzeslaus von Knobelsdorff 1744 bis 1748. Im Hintergrund die nach Plänen von Karl Friedrich Schinkel und Ludwig Persius 1830 bis 1850 erbaute Nikolaikirche.

PALAST HOTEL

Das in den letzten Kriegstagen zerstörte Stadtschloß in Potsdam.
Die Ruine wurde 1959/60 abgetragen. Aufnahme 1945.

Die Hof- und Garnisonkirche in Potsdam. Nach Entwürfen von Philipp Gerlach 1730 bis 1735 erbaut, erlitt sie 1945 schwere Schäden und wurde 1968 abgetragen.

Das sogenannte Potsdam-Center am Hauptbahnhof
im Bau, im Hintergrund links die Nikolaikirche.
Das größte Investitionsvorhaben der Stadt, von einem
Londoner Großplanungsbüro entworfen, gefährdet
den Status als Weltkulturerbe, der Potsdam 1991 von der
Unesco zuerkannt wurde. Aufnahme 1998.

Die Westverschiebung Berlins

Jeder kennt den berühmten Satz Karl Schefflers, daß Berlin verdammt sei, immerfort zu werden und nie zu sein. Aber man applaudiert der jeweiligen Revolutionierung des Stadtgesichts oft vorschnell und fragt nicht nach der Natur der Veränderungen, die jeweils stattfinden.

Die Feststellung, daß aus dem barocken Berlin Friedrichs des Großen in den Jahrzehnten nach 1800 die klassizistische Stadt der Napoleonischen Ära wird, ist ja bestenfalls eine architekturhistorische Feststellung. Natürlich ist der Wandel von Schlüter über Knobelsdorff zu Schinkel höchst bedeutsam, und er kann, nebenbei gesagt, Anlaß zu Empfindungen des Neides sein. Alle drei Baumeister waren ja erstens Genies auch im europäischen Sinn, gleichen Ranges wie die großen Baumeister Österreichs, Frankreichs oder Italiens. Zweitens waren sie alle drei Berliner Architekten. Niemand kam damals auf die Idee, die Bunten Kühe aus der ganzen Welt nach Berlin zu laden, damit sie hier vorführten, womit sie draußen paradiert haben.

Aber in diesem Zusammenhang ist natürlich etwas anderes viel wichtiger. Das Berlin der Kurfürsten und der ersten Könige Preußens war der östlichen Stadthälfte und den östlichen Teilen der Monarchie zugewendet. Alle, die Friedrichs Schlachten schlagen, seine Kriege finanzieren oder das Denken und das Schreiben der friderizianischen Epoche bestimmen, leben in den östlichen Landes- und Stadtteilen. Das gilt für Kant wie wenig später für Fichte. Seydlitz und Ziethen, Friedrichs Geldbeschaffer Isaac Daniel Itzig (übrigens Stammvater der Berliner Baumeisterdynastie Hitzig), die Bankiers Ephraim und Mendelssohn – sie alle haben ihre Häuser in der Nähe des Schlosses oder sogar, wie der Feldmarschall des Großen Kurfürsten, der alte Derfflinger, noch weiter östlich, im Oderbruch, wo man bei Gusow das alte Gemäuer noch heute sehen kann.

Die Baugeschichtler reden und schreiben im Zusammenhang der Baugeschichte Berlins fast immer von der Abfolge von Stilen. Wichtig für Berlin als Stadt ist aber nicht der formale Weg vom Rokoko zum Klassizismus und dann zur Moderne, sondern die geographische Wanderung der politischen Stadtmitte in die westlichen Stadtregionen. Erst war das der Schritt vom Schloßbereich zum Gendarmenmarkt, dann an den Rand des Tiergartens, wo in der Wilhelmstraße und am Wilhelmsplatz zunächst das aristokratische, dann das politische Zentrum Berlins entstand. Aus der Kurfürsten- und Königs- wird in wenigen Jahrzehnten die Kaiserstadt, die in der Republik noch einmal den geographischen Sprung nach Westen macht – nach Berlin W (wie der Kurfürstendammbereich einst genannt wurde) und schließlich nach Westend, nach Berlin WW.

Das alte Berliner Bürgertum war natürlich im klassischen Berlin beheimatet, wo heute noch eine Schadowstraße unweit des Brandenburger Tors an einen Ahnherrn von mir erinnert – und der andere Ahn, Carl Friedrich Zelter, hatte die von ihm gegründete und geleitete Singakademie in der Gegend des Zeughauses und der Neuen Wache unter den »Linden«. Jetzt heißt der schöne kleine Bau des Schinkelschülers Carl Theodor Ottmer Maxim-Gorki-Theater.

Meine Großmutter erzählte noch mit bald neunzig, wie sie über einen des hier sumpfigen, dort sandigen Untergrunds wegen mit Knüppeln verstärkten Fahrweg an wogenden Feldern vorbei mit der Kutsche nach Westen fuhr, wenn sie das Haus von Verwandten in einer ziemlich gottverlassenen Gegend besuchen wollte, die heute Fehrbelliner Platz heißt. Dieser Knüppeldamm war der Ursprung des Kurfürstendamms. Er entstand nämlich erst in den beiden Jahrzehnten um die Jahrhundertwende, als die anderen großen Boulevards Europas, der Corso in Rom wie die Champs-Élysées von Paris, schon auf Jahrhunderte zurückblickten. Auch das gehört zur Kurzatmigkeit Berlins und macht manches an seiner heutigen Stadtgestalt verständlich.

Das rückt Gesichtspunkte in die Aufmerksamkeit, die über dem eher belanglosen Streit über Architekturrichtungen kaum wahrgenommen werden. Jedermann spricht davon, daß Peter Behrens, Alfred Messel und Hermann Muthesius die Architekturgötter der Jahrhundertwende waren, wie Mies van der Rohe, die Brüder Taut und Poelzig die der nächsten Generation. Aber hat die Stadt wirklich von den Kabelwerken von Behrens in der Brunnenstraße viel Notiz genommen? Und wer kümmerte sich um die Geheimratsvillen von Muthesius an der Rehwiese?

Es gibt Entwicklungen, die eine größere Rolle in den Büchern der Architekturkritiker und Bauhistoriker spielen als in der Wirklichkeit der Stadt. Ich nehme an, daß es sich so auch mit den heutigen Architektur-Koryphäen verhält, all den Ungers', Sawades und Nalbachs, die zur Zeit die neue Stadtmitte bauen und die Aufmerksamkeit der Gazetten monopolisieren. Die Stadt ist aber immer wichtiger als die Architektur. Mit dem momentanen Großtun der Baumeister ist es nicht soweit her, wie sie glauben.

Das neue Berlin, das vor und nach dem Ersten Weltkrieg entstand, ist viel stärker davon beeinflußt worden, daß die Führungskräfte von Politik, Wirtschaft, Industrie, Gesellschaft, Kunst und Literatur ihr Domizil in Gegenden aufschlugen, die zwanzig Jahre zuvor nicht Stadt, sondern noch Wälder, Äcker, Felder und Seenlandschaften gewesen waren.

Der Industrielle Siemens baute sich sein Domizil auf einer Halbinsel im Tegeler See und sein Landhaus in Neu-Fahrland bei Potsdam, Borsig das seine im Norden Berlins. Die Warenhaus-Könige von Wertheim und Jandorf bis zu Tietz zogen in den Grunewald oder an den Kleinen Wannsee, ebenso die hohen Beamten und die Militärs. Rathenau war in der Koenigsallee im Grunewald zu Hause, dort auch wurde er ermordet. Samuel Fischer baute sich seine Villa in der Erdenerstraße im Grunewald, wie übrigens auch die anderen Repräsentanten des späten Kaiserreichs und der Republik im näheren oder weiteren Westen.

Für die Stadt war diese Westwanderung viel wichtiger als der

Durchbruch des Bauhauses in den zwanziger Jahren. Generalität und Admiralität residierten nun im neuen Westen, woran der Bendler-Block am Landwehrkanal erinnert, wo der 20. Juli stattfand. Die Kaiser-Wilhelm-Gesellschaft saß in Dahlem, desgleichen die Archive der Museen. Immer hatte die Literatur und Kunst in der Stadtmitte ihren Sitz gehabt, E. T. A. Hoffmann am Gendarmenmarkt und Max Liebermann am Pariser Platz. Nun aber plötzlich wurden alle neuen Verlage in den westlichen Stadtteilen gegründet, Ernst Rowohlt wie Kurt Wolff und die Künstler der Secession lebten und arbeiteten natürlich um den Nollendorf- oder am Lützowplatz, wenn sie nicht gleich in die Potsdamer Straße umzogen, Theodor Fontane wie Ernst Rowohlt. Die Galerien waren am Kemperplatz zu Hause, Flechtheim und Cassirer hatten ihr Domizil in der Nähe des Kurfürstendamms. Man braucht nur Ernst Ludwig Kirchners Großstadtbilder zu sehen, um zu begreifen, daß es auch seelisch ein neues Berlin ist, das zwischen 1890 und 1910 entsteht. Das bedeutet, daß sich das Gravitationszentrum des republikanischen Berlin gegenüber dem monarchischen nach Westen verschoben hat.

Auch das unterscheidet Berlin von den anderen Hauptstädten Europas. Heute wie vor ein- oder zweihundert Jahren leben die Familien, auf die es ankommt, in den alten Faubourgs beiderseits der Seine; in Rom sind es sogar dieselben Häuser zwischen der Piazza Navona und der Piazza Venezia, in denen eben noch Indro Montanelli und Alberto Moravia und gestern John Keats, Bertel Thorvaldsen oder Thomas Mann wohnten. In London ist es nicht anders. Nur in Berlin existiert diese Welt nicht mehr. Wer das historische Berlin des Schloßbereichs betritt, trifft auf Bürohäuser oder Konzernniederlassungen.

Solche Verschiebungen prägten sich im Gesicht Berlins, das erst damals allmählich zu einer wirklichen Weltstadt wurde, viel schärfer aus als der Wandel der einander ablösenden Avantgarden der Architektur. Wer heute wachen Auges durch die Stadt wandert, wird Berlins Geschichte und seine Schicksale stärker darin ausgeprägt finden als in den architektonischen Moden der schnell wechselnden Tagesgötter.

Soweit sich das schon sagen läßt, wird das neue Berlin des wiedervereinigten Landes nicht das Berlin der preußischen Ära sein, das nahe dem Schloß seine Mitte hatte. Auch nicht das Berlin des Kaiserreichs, das östlich des Brandenburger Tors in der Wilhelmstraße seine Zentren hatte. Helmuth von Moltkes Großer Generalstab am Königsplatz, dem heutigen Platz der Republik, den man 1960 in dem Planierungswahn der Nachkriegszeit ebenso wie die Kroll-Oper am gleichen Platz unbegreiflicherweise abriß, war einer der ersten Schritte der staatlichen Repräsentanz aus den monarchischen Quartieren in die Stadtviertel der bürgerlichen Welt. Es war ein Bruch mit der alten Königsstadt, als der Reichstag sein Haus jenseits der alten Akzisemauer in unbebautem Gelände errichtete.

Alle wichtigen Plätze der neuen Bundeshauptstadt werden in Zukunft westlich der traditionellen Scheidelinie liegen, nicht nur der Bundestag im alten, immer wieder umgebauten Gebäude Wallots, sondern auch das Bundeskanzleramt im westlichen Spreebogen. Auch der Sitz des Bundesrats sollte nach dem preisgekrönten Siegerentwurf von Axel Schultes im westlichen Spreebogen liegen; daß die Länderkammer jetzt im alten Preußischen Herrenhaus residieren wird, hat eher mit den Einsparungsnotwendigkeiten des Staates als mit politischem Ordnungsdenken zu tun. Der höchste Repräsentant des Staates, der Bundespräsident, residiert am weitesten im Westen, mitten im Tiergarten – auch wenn er das im Schloß Bellevue tut, das sozusagen die Verbindung zwischen der republikanischen Gegenwart und der monarchischen Vergangenheit darstellt.

Vielleicht kommt aus dieser immer weiter in den Westen rückenden Stadtgestalt Berlins die Westwendung Deutschlands zum Ausdruck. Wie die östlichen Provinzen Preußens von Schlesien bis nach Ostpreußen im Qualm der Geschichte versunken sind, so hat die Historie auf ihre Weise dafür gesorgt, daß Berlin im Kleinen nachholt, was Deutschland im Großen ihm vorexerziert hat.

Viele kamen ja aus dem Osten. Kant wirkte zeitlebens in Königsberg in Ostpreußen, Schopenhauer stammte aus Danzig in Westpreußen, Bismarck lebte in seinen bescheidenen Gutshäusern in Pommern, das poetische Genie Schlesiens bis zu dem späten Nachfahren Gerhart Hauptmann war in der Welt des Riesengebirges zu Hause. Der geistige und seelische Verlust Deutschlands durch die Folgen von Hitlers Großreichswahn ist einschneidender gewesen als der der oberschlesischen Erzgruben und der Lagerstätten von Kohle.

Die Sozialwissenschaft hat herausgefunden, daß im letzten Jahrhundert mit den neuen Verkehrsmitteln ganz generell eine noch nie dagewesene Mobilität von den Menschen Besitz ergreift. Um 1820 starben achtzig Prozent aller Deutschen an dem Ort und zumeist auch in dem Haus ihrer Geburt; um 1880 sind es nur noch zwanzig Prozent. Inzwischen hat überall der große Zug in die Industrie- und in die Ballungsgebiete begonnen. Für Preußen aber ist diese Wanderungsbewegung noch in ganz anderem Sinn wichtig gewesen. Der Zuzug der Residenzstadt kam nämlich seit Jahrhunderten aus den östlichen Provinzen des Landes, aus Schlesien, aus Pommern, aus Ost- und Westpreußen, dann, nach den polnischen Teilungen, auch aus den vorwiegend von Polen besiedelten Regionen, vor allem aus der Provinz Posen. Von den alten Familien Berlins hatte kaum jemand Verwandte am Niederrhein oder in Oberbayern; das waren immer verschiedene Welten, und insofern sah Adenauer richtig, als er bei der Fahrt über die Elbebrücken in seinem Schlafwagen die Gardine zuzog, weil nun ein ihm fremdes Land begann.

Die ost-westliche Wanderungsbewegung ist mit der großen Vertreibung von 1945 zu einem Ende gekommen. Es kamen zwar erst zwölf, dann fünfzehn Millionen Deutsche aus dem Osten, Vertriebene, Flüchtlinge, Rückwanderer. Aber nach der Amputation der deutschen Ostgebiete leben dort jetzt Polen, Russen, Ukrainer und Tschechen. Der Osten als deutsches Menschenreservoir hat seine Rolle ausgespielt.

Wer die preußische Geistesgeschichte durchmustert, wird sehen, wie der Reichtum Deutschlands jahrhundertelang immer aus diesem Osten gespeist wurde. Theologen, Philosophen, Dichter, Musiker und Maler kamen immer wieder von dort, von Angelus Silesius bis zu Lovis Corinth. Selbst die privaten Familiengeschichten geben darüber Auskunft, wie wenig der Geist Berlins und Preußens seine Kraft aus dem Westen, aus Bayern, Württemberg, dem Rheinland oder Holstein bezog. In diesem Sinn haben die Ereignisse von 1945 tief auch in den seelischen Haushalt der Berliner eingegriffen. Nun kann Berlin bestenfalls noch hoffen, daß Zuwanderer aus dem Süden, Westen oder Norden Deutschlands die Stadt seelisch bereichern.

So lange hat Deutschland von einem »Zwischeneuropa«, einer Mittlerrolle zwischen dem Osten und dem Westen geträumt, gleichweit entfernt von St. Petersburg wie von Paris. Jetzt, zum ersten Mal, ist das politische Deutschland ein Teil der westlichen Welt. Als die osteuropäischen Länder für Europa wiedergewonnen wurden, träumten Romantiker von der Wiedergewinnung dieses Ostens. Aber Polen, Tschechien und Ungarn wollen ja gar kein Osten mehr sein, keine Alternative zur französisch bestimmten Welt. Sie möchten selber ein Teil des Westens sein, und die McDonald's- und die Hamburger-Shops im Schatten der Kremltürme sind ein Symbol, wie tiefgreifend der Sieg des Westens ist.

Panslawistische Nostalgie hat die Sowjetunion den einstigen Brudernationen gründlich ausgetrieben. Das Gesicht Berlins hat sich historischer Gewaltsamkeiten bedient, des Bombenkriegs, der Straßenkämpfe, des Abrißwahns der Nachkriegszeit und der Mauer, um auch städtebaulich die Westwendung der Stadt auszudrücken.

Das Bundeskanzleramt im westlichen Spreebogen, kilometerweit vom einstigen Ort des Schlosses entfernt, der Bundespräsident im Tiergarten und das Bundespräsidialamt in einem Neubau ganz außerhalb des Weichbildes der historischen Stadt – das wäre symbolisch für das Ende der preußisch dominierten Epoche deutscher Geschichte. Wie das Land, so ist auch die Stadt nach Westen orientiert.

Was die historisch wirklich wichtige Veränderung betrifft – die

Geographie der neuen Bundeshauptstadt –, das ist keine Frage von Architekturrichtungen. Die geographische Orientierung eines Gemeinwesens ist stets viel wichtiger. So kommt in der neuen Stadtgestalt das Selbstverständnis der Bundeshauptstadt zum Ausdruck.

Wahrscheinlich trug diese Entwicklung zur Desillusionierung der »neuen« Bundesländer im Osten bei, die deprimiert sehen mußten, daß sie auch nach der Wiedervereinigung Randprovinzen bleiben. Fern ist die Zeit, in der Ethnographen und Ethnologen die Gebiete von der Elbe bis zur Oder »Mitteldeutschland« genannt haben und das klassische »Ostdeutschland« erst zwischen der Oder und der Weichsel, dem Pregel und der Memel beginnen ließen. Auch das sind Gesichtspunkte, die sich in der neuen Stadtgestalt Berlins zur Geltung bringen werden.

Moskau hat das Gesicht Deutschlands gewaltsam nach Westen gedreht

Die Herausforderung, der sich Berlin nach der Wiederherstellung Deutschlands gegenübersieht, ist grundsätzlich anders als alle Veränderungen seiner Lage, mit denen sich die Stadt bisher in der Geschichte konfrontiert sah. Der Dreißigjährige Krieg hatte zwar Brandenburg verwüstet wie kein anderes deutsches Territorium; es blieb doch Brandenburg. Seine Städte waren niedergebrannt, die Einwohnerschaft dezimiert, in einigen Teilen des Landes hatte nur ein Drittel der Bevölkerung den Krieg – der die Frist einer ganzen Generation gedauert hatte – überlebt; aber der Boden war geblieben, und als man Frieden machte, war alles fast wie zuvor.

Aus Bauernland war Gutsland geworden, denn die Felder waren über weite Strecken menschenleer, und in die freien Räume drängte der Adel. Überliefert ist die Weisung des Landesherrn an den Schulzen von Schmargendorf, der Nachbargemeinde Wilmersdorf einen Bauern zu überstellen; nur Greise, Kinder und Frauen hatten dort die letzte Brandschatzung überlebt, und so sah es in vielen Dörfern aus.

Fährt man heute durch die alte Mark, so fällt auf den ersten Blick in die Augen, daß nicht nur vierzig Jahre des Sozialismus dieses Land von Niedersachsen oder Hessen unterscheiden. Seit Jahrhunderten schon fehlen die weitläufigen Gehöfte, die Dithmarschen, Westfalen oder Bayern ausmachen. Katen sind es mehr als Höfe, die das Land zwischen Neuruppin und Havelberg bestimmen, weshalb denn dem Adel in der Mark eine Rolle zukam, die er im anderen Deutschland selten gehabt hat. Auch das klang in dem Wort »Ostelbien« mit, das achtungsvoll und geringschätzig zugleich gemeint war. Die Bauernkultur Brandenburgs wurde nach dem Dreißigjährigen Krieg niemals wiederhergestellt, und insofern haben die Ereignisse, die mit Namen wie Tilly, Gustav Adolf und Wallenstein verbunden sind, Preußen und Brandenburg über die Jahrhunderte geprägt.

Sonst aber vollzog sich der wirtschaftliche Aufstieg an der Wende zum neuen Jahrhundert schnell. Ziemlich genau fünfzig Jahre dauert es nach den Verwüstungen der vorausgegangenen Epoche, bis das Kurfürstentum wieder auf die Beine kommt; anders als zuvor wird Brandenburg, aber nicht geringer. Im Grunde entsteht erst danach aus der Mark das alte Brandenburg, dann das junge Preußen, und mit dem Großen Kurfürsten und dem großen König betritt das Land die europäische Bühne.

Nicht nur, daß jetzt, an der Wende des 17. zum 18. Jahrhundert, im Abstand weniger Jahrzehnte Leuthen auf Fehrbellin folgt; dann kommt auch schon Belle Alliance, die europäische Entscheidungsschlacht. Berlin hatte Jahrhunderte hindurch am Rand der Geschichte gestanden, so daß man sich wundert, daß der Kaiser aus Prag, Karl IV., tatsächlich in Havelberg der Mark eine Visite machte und daß Peter der Große in dem kleinen Caputh sich mit dem Kurfürsten traf – man kann noch heute das Haus besichtigen, wo die beiden Herrscher, der des riesigen Rußland und der des geringen Brandenburg, ihre Interessen absteckten. Nach Friedrich dem Großen nehmen die Dinge dann wirklich eine Wendung ins Große, erst in der Epoche Napoleons und später zur Zeit Bismarcks, aber hinterher weiß man nicht, ob das ein Glück war. Berlin ist selber eine Stadt der Geschichte geworden, während sich doch vorher Geschichte an ihm bestenfalls vollzog.

Berlin war für die Hohenzollern immer das Zentrum der deutschen Dinge gewesen, weshalb man im 17. Jahrhundert von der »Mitte der Monarchie« sprach, wenn man auf den Oderdeichen stand. Weiter ging es von da eher nach Memel als nach Aachen, und Tilsit lag dem Herzen näher als Kleve. Jetzt aber, zum ersten Mal in seiner Geschichte, ist Berlin Grenzstadt, so nahe an der slawischen Welt wie Bonn an der romanischen.

Aber empfindet der Westen den Verlust, weiß er, was da verlorenging? Längst hat man es sich in den Weinländern des Westens und Südens heimisch gemacht. Der Streit um die Hauptstadt, den man außerhalb Deutschlands gar nicht verstand, in Paris so wenig wie in Moskau, hat vor Augen geführt, wie sehr die Deutschen sich als Teil des Westens empfinden. Wäre es nach den beiden großen Parteien gegangen, dann wäre die Kleinstadt am Rhein für alle Zeiten Deutschlands Mittelpunkt geblieben.

Doch war es nicht immer so? Was jenseits der Elbe im Osten lag, war einem an Rhein und Donau ja immer fremd gewesen; Weichsel und Nogat lagen einem im Grunde so fern wie der Bug. Gleichwohl soll man gerecht sein und die Dinge auch in umgekehrter Perspektive sehen: Hatte denn einer in der Prignitz Verwandte an der Lahn, und ist vor der Epoche des Tourismus einer vom Müggelsee zum Bodensee gefahren?

Westdeutschland und Ostdeutschland waren stets verschiedene Welten, lange bevor es den Sozialismus gab. Es hatte schon seinen Sinn, wenn man danach von den drei Zonen sprach, in die Deutschland eingeteilt sei – dem Weinland im Westen, dem Bierland in der Mitte und dem Schnapsland im Osten; jenseits der deutschen Grenzen kam dann in Polen wie in Rußland der Wodka. Auch mit seinem eigenen Boden war das Land, das so viele Gegensätze in sich vereinigte – Kurisches Haff und Loreley-Felsen, Riesengebirge und Emsland –, in seinen Provinzen jenseits von Oder und Weichsel ein Teil der osteuropäischen Welt, und es fühlte sich so. Hier sangen die Schnitter andere Lieder als die Bauern am Rhein, wenn diese überhaupt sangen, denn man singt nicht, wenn man allein für sich seinem Tagwerk nachgeht. Die polnischen Landarbeiter, die zur Ernte kamen, waren von den ostpreußischen Instleuten fast nicht zu unterscheiden, nur daß sie gewissenhafter den Arbeitsrhythmus einhielten, schon weil die heimische Not sie dazu zwang.

Die Teilhabe Deutschlands am Osten ist verlorengegangen und wird nie wiedergewonnen werden. Auch das zählt zu den Verlusten, die mit der Abtrennung der Provinzen im Osten verbunden waren. Das Land hat damit mehr verloren als die Wälder, Felder und Seen des Riesengebirges oder Masurens. Denn aus dem Osten kamen nicht nur das ostpreußische Korn und die schlesische Kohle;

Deutschland hatte durch seinen eigenen Osten an der östlichen Welt auch in seelischer Hinsicht teil, an Religiösität, Mentalität und Lebensgefühl.

Einst hatte man die Mystik aus den Klöstern des alten Karolingerlandes von der Schlesiens geschieden, die im »Cherubinischen Wandersmann« des Breslauer Mystikers Johann Scheffler, genannt Angelus Silesius, Gestalt annahm. Nun, an der Wende zum 20. Jahrhundert, unterschied Hofmannsthal die östliche von der westlichen Romantik, die heitere Lyrik Brentanos von der Todessehnsucht Hardenbergs, der sich Novalis nannte. Nie hätte man an den Rebenhängen der Mosel »Hymnen an die Nacht« gedichtet; das war die andere Welt der märkischen Dichter. Es gibt eine Poesie, die nur zwischen Rüben und Kartoffeln gedeiht.

Die Krautjunker waren die eine Seite Ostelbiens, die Offiziere der Garderegimenter und der Linie, die Preußen in eine Kaserne verwandelten. Aber es gab auch Gutsherren wie Rahel Varnhagens Marwitz, die in den Häusern jüdischer Bankierstöchter verkehrten und mit Prinz Louis Ferdinand dem Königshaus angehörten. Das war der Salon im Bruch, wo sich der märkische Adel einer dunklen Sehnsucht hingab, von der er selber nicht zu sagen wußte, wem dieses Sehnen eigentlich galt.

Aber die deutsche Dichtung jenseits der Oder war nicht nur eine nach Osten versetzte Dichtung des Westens, wie es etwa bei Thomas Mann gar nicht unterscheidbar ist, ob er die »Buddenbrocks« zum wesentlichen Teil in Palestrina und den »Zauberberg« in München schrieb. Die Dichter Brandenburgs, Ostpreußens und Schlesiens waren östliche Dichter, und das eigentlich Staunenswerte ist, daß dies über Nacht so gänzlich in Vergessenheit geraten konnte. Selbst die Sprachmelodie des Landes ist versunken, die ostpreußische wie die schlesische; niemand hört sie mehr, keiner kann sie mehr sprechen.

Wer kann Max Halbe noch spielen und wer Hermann Sudermann sprechen? Die Theater haben ja schon Mühe, wenn sie die Besetzung für Hauptmanns »Weber« oder »Rose Bernd« zusammensuchen. Vieles ist unspielbar geworden, weil eine Sprachfärbung, die ein dreiviertel Jahrtausend überdauerte, nicht das halbe Jahrhundert der Trennung vom angestammten Boden überlebte.

Deutschland ist mit dem letzten Krieg tatsächlich ein paar hundert Kilometer nach Westen versetzt worden. Der schwermütige Reiz des östlichen Landes, in den man sich so schwer hineinfindet und dem man sich dann kaum wieder entziehen kann, ist fern und fremd geworden. War es das, was Churchill meinte, als er Stalin im Winter 1942 eine »Westverschiebung« Deutschlands vorschlug, woran man ursprünglich im Kreml gar nicht gedacht hatte?

Doch verloren ist auch, was hinter dem deutschen Osten lag und neben Bedrohung stets auch Verlockung bedeutet hatte. Immer, schon zu Zeiten Tolstois und Dostojewskis, hatte Rußland die deutsche Seele zu gewinnen gesucht, und nach der Revolution schickte man aus Moskau Emissäre des neuen Glaubens in die deutschen Städte. Damals, 1920, kamen Radek und seine Freunde und suchten den anderen großen Verlierer des Weltkrieges für die gemeinsame Sache zu begeistern. Stammte denn die Idee der Weltrevolution nicht aus deutschen Professorenstuben?

Nach diesem Kriege wollte man Deutschlands Provinzen, nicht seine Seele, und doch muß sich erst zeigen, wer den größeren Verlust daraus hat. Deutschland, weil es nicht mehr den Osten besitzt, oder Rußland, weil im Westen nun kaum noch jemand verlangend nach Osten blickt? Stalin hat das Gesicht Deutschlands gewaltsam nach Westen gedreht, was niemals mehr rückgängig gemacht werden kann.

Europa hat den Vorteil davon, denn nun fühlt sich das rätselhafte Land in seiner Mitte zum ersten Mal rückhaltlos an den Westen gebunden. Seit jeher stand Deutschland zwischen Paris und Petersburg, und es gab Zeiten genug, da es sich mehr zu den Russen als zu den Franzosen gezogen fühlte. Immer wieder hat Rußland Preußen gerettet, obschon durchaus nicht immer im eigenen Sinn, und ohne den rechtzeitig auf den Thron gekommenen Zaren Peter III. wäre Friedrich wohl kaum mit heiler Haut aus dem Siebenjährigen Krieg gekommen. Einige Jahrzehnte darauf traf sich Alexander I. auf einem Floß in der Memel mit Napoleon, und nur auf Bitten des Zaren ließ der Korse das Königreich Preußen bestehen, wenn auch lediglich in seinen östlichen Provinzen. Verdankte nicht auch Bismarck seinen Petersburger Verbindungen die siegreichen Kriege gegen Österreich und Frankreich, als Deutschland einen günstigen Moment nutzte, sich zum Reich zusammenzuschließen? Rußland blieb das stets geheimnisvolle, stets unheimliche Land im Osten, und das Heilsversprechen des »Dritten Rom« bewährte sich auch damals wieder.

Durch die Revolution der Bolschewiki war Rußland später noch einmal die Quelle aller Verheißung. Voller Angst, aber auch voller Sehnsucht blickte die westliche Welt auf die Stadt der tausend Zwiebeltürme. Gestern war sie der Mittelpunkt des Johanneischen Christentums gewesen, nun wurde sie zum Zentrum ganz anderer Verkündigungen, an die man jedoch nicht weniger inbrünstig glaubte. Pilgern gleich zogen die Gläubigen aus Europa und Amerika in das Mekka der Weltrevolution. Vierzehn Jahre nach dem Sturm auf den Winterpalast schrieb Stalin den Wettbewerb für einen »Palast der Sowjets« aus. Noch war die Zeit der großen Säuberungen nicht angebrochen, doch die Hälfte der alten Genossen Lenins war schon hingerichtet, die anderen, Radek, Bucharin und Sinowjew, sollten bald darauf vor dem Peloton stehen oder in Lagern sterben. Trotzdem folgten alle dem Ruf aus dem Kreml, Le Corbusier und Perret, Gropius und Mendelsohn. Mehr als fünfzig Begründer der Moderne kamen in das Reich eines Mannes, der längst nur noch Schrecken verbreitete. Es ist der Glaube, der die Wirklichkeit bestimmt, nicht das Wissen und seine Tatsachen.

All das ist Geschichte; nicht nur die Gefahr, die davon ausging, gehört der Vergangenheit an. Denn was den Osten heute erschüttert, ist weit mehr als eine wirtschaftliche Krise, von der man sich wieder erholen könnte. Der Osten hat sein Drohendes, aber auch seine Verlockung verloren, und es ist schwer denkbar, daß er je wieder jene Macht gewinnt, die er über die Gemüter des Westens besaß und die unheimlicher noch als seine Waffen war. Der Osten wird der Westen sein, oder er wird gar nichts sein. Das Erstaunlichste ist, daß er auch gar nichts anderes sein will. Der Traum von der großen Alternative ist ausgeträumt, in Europa wie in Rußland.

Nun möchte Warschau ein zweites Paris sein, und Budapest hat den Ehrgeiz, möglichst bald ununterscheidbar von Wien zu werden. Aber auch in Kiew und in Minsk, in der Ukraine und in Weißrußland und im unabsehbaren Rußland selber steht es nicht viel anders. Die Städte legen die fremden Namen ab, die ihnen aufgezwungen worden waren, mehr und mehr blättert die sowjetische Tünche ab. Dem Apostel, dem sie ihren Namen verdankt, fühlt sich die Stadt an der Newa jetzt wieder enger verbunden als dem Stifter der verblaßten neuen Religion, und es ist nur eine Frage der Zeit, bis das Jahrhundert der Irrungen und Wirrungen kaum mehr als ein düsterer Schatten sein wird. Aber auch das Zarenreich, von dem Solschenizyn mitunter zu träumen scheint, besitzt keine Anziehungskraft mehr; New York und Paris sind die Städte, die bei Umfragen genannt werden, wenn man von Orten des Verlangens spricht.

Die atlantische Weltzivilisation, die den Westen Europas seit langem in der Tiefe formte, hat nun auch vom Osten Besitz ergriffen. Am Ende dieses Jahrhunderts der Weltbürgerkriege öffnet sich dort eine Landschaft, die von vertrauten Sehnsüchten erfüllt ist. Wie der Jeans-Shop längst im Schatten der Zwiebeltürme Platz gefunden hat, so steht man in Kiew vor McDonald's an. Warum ist das Auge beleidigt, wenn es in Weimar Pizzerien sieht und in Potsdam Burger King? Es könnte sein, daß sich darin mehr von der Zukunft zu erkennen gibt als in den Abkommen zur Raketenbegrenzung und den Stationierungsregeln für Panzerverbände, die von den Großmächten ausgehandelt werden.

All das bestimmt die neue Lage Berlins, Deutschlands und Europas. Die Sorgen des Tages, von denen die zusammenwachsende Stadt jetzt bedrängt wird, sind demgegenüber nicht mehr als Gekräusel auf dem Fluß der Zeiten.

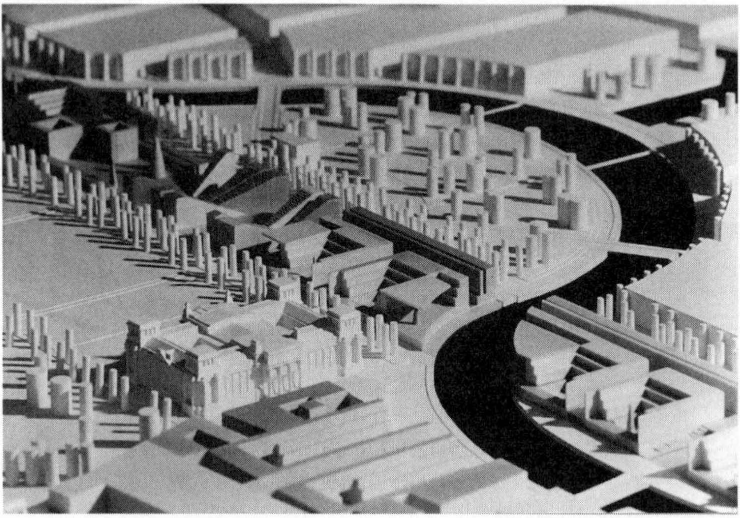

Modell des siegreichen Entwurfs der Berliner Architekten
Axel Schultes und Charlotte Frank für die Regierungsbauten
(Kanzleramt, Fraktions- und Abgeordnetenbüros) im Spreebogen.

Modell des neuen Kanzleramts im Spreebogen. Der inzwischen mehrfach überarbeitete Entwurf stammt von Axel Schultes und Charlotte Frank.

Der ovale Neubau des Bundespräsidialamts nach Entwürfen von Martin Gruber und Helmut Kleine-Kraneburg im Park des Schlosses Bellevue im Tiergarten. Aufnahme 1997.

Weh' Dir, daß Du ein Enkel bist

JAHRHUNDERTWENDEN sind gemeinhin ein unzureichendes Mittel, die Zeiten zu gliedern. Ist der klassizistische Impuls wirklich durch den Einschnitt von 1800, der das Ende des barocken Weltgefühls brachte, markiert? Und wann hebt die Moderne an? Bringt das 20. Jahrhundert tatsächlich etwas radikal Neues, das mit allem Vorausgegangenen ein für allemal bricht? Oder einen herkömmlichen Stilwandel?

Die Gegenargumente liegen auf der Hand. Die neue Einfachheit, die man später Klassizismus nennen wird, begann schon im englischen Palladianismus; vielleicht ist Kosellecks »Sattelzeit« von 1770 tatsächlich die Achsenzeit, um die sich alles dreht. Aber mit der Französischen Revolution beginnt dann endgültig etwas Neues, so viele Vorklassizismen es auch gegeben hat. Ähnlich stand es mit der anderen großen Wende, die ein Jahrhundert später kam. Natürlich baute Sullivan schon in den neunziger Jahren in Chicago seine ersten Wolkenkratzer, und Ansätze zum *Skin-and-skeleton*-Bauen gab es auch schon vor der Jahrhundertwende. Aber das radikal Neue kam erst 1909 mit der Berliner Turbinenhalle der AEG von Peter Behrens.

Mit der Wende vom 19. zum 20. Jahrhundert betreten sie dann alle die Bühne, die die Moderne heraufführen werden – 1900 Frank Lloyd Wright mit seinen Präriehäusern, 1908 Mies van der Rohe mit den Villen in Babelsberg, 1911 Gropius mit dem Faguswerk in Alfeld, 1917 in Paris dann als Nachzügler auch Le Corbusier. Es meldet sich fast gleichzeitig zu Wort, wer die ganze erste Hälfte des Jahrhunderts prägen wird. Gerade in der Rückschau wird deutlich, daß damals tatsächlich etwas ganz Neues beginnt, das mit den immer neuen Rückgriffen auf das Stilreservoir vom Gotizismus der Friedrichswerderschen Kirche Schinkels über das Neobarock von Raschdorffs Berliner Dom bis zu Franz Schwechtens Romanischem

Viertel um die Gedächtniskirche nichts mehr zu tun hat. Die Zeitenwenden von 1800 und 1900 sind wohl doch zureichend zur Gliederung der Baugeschichte.

Nun stehen wir vor einer neuen Jahrhundertwende, und es fragt sich, welche Epoche diesmal zu Ende geht. Läßt sich das halbe Jahrhundert nach dem Zweiten Weltkrieg, an dessen Beginn die eine und an dessen Ausgang die andere Gewaltherrschaft endete, überhaupt als in sich geschlossene Epoche begreifen? Und vor allem: Brachten die Jahrzehnte seit 1945 einen Impuls wie das Bauen von Weimar, das, selbst wenn man die Gründerväter Gropius und Mies van der Rohe beiseite läßt, geradezu einen Ausbruch von Genie erlebte, von den Brüdern Taut über Erich Mendelsohn und Hugo Häring bis zu den Brüdern Luckhardt und dem ewigen Außenseiter Hans Scharoun?

Nichts läßt sich in dieser zweiten Nachkriegszeit nennen, was von einem vergleichbaren Elan zeugt, auch wenn man Hans Schwippert, Egon Eiermann und Sep Ruf nicht geringschätzen will. Das ist sehr merkwürdig, denn die Republik von Weimar dauerte wenig mehr als ein Jahrzehnt, während die von Bonn viermal so lange währte, genau ein halbes Jahrhundert. Das entspricht der Zeit von 1800 bis 1850, die den Aufschwung von Langhans über Gilly, Schinkel, Persius und Stüler brachte, wobei man sich sogar nur auf die Berliner Exempel beschränkt. Mit Leo von Klenze, Eduard Gaertner, Friedrich Weinbrenner, Georg Moller und Carl Theodor Ottmer hat ja der klassizistische Impuls in so kurzer Zeit ganz Deutschland geprägt. An die Geschlossenheit der barocken Ära darf man gar nicht denken.

Nichts dergleichen nach dem letzten Krieg, als, nach einer kurzen Anknüpfung an Weimar gleich nach dem Kriege, die Einflüsse von überallher einander geradezu jagen. Erst kommt Corbusier, dann die *New-town*-Ideologie von Sheffield, zwischendurch macht sich Niemeyers Brasilia geltend, dann die Stazione Termini in Rom. So folgen die Muster der internationalen Avantgarde nacheinander, bis Louis Kahns *New brutalism* seinen Siegeszug antritt und seine Nachahmer in allen deutschen Städten findet.

Das sind alles unverächtliche Architekten; nur von einer unverwechselbar deutschen Architektur kann man heute beim besten Willen nicht sprechen. Es ist kennzeichnend, daß Martin Wagner, Berlins Stadtbaumeister von Weimar, in den vierziger und fünfziger Jahren vergeblich aus der Emigration zurückzukehren versuchte. Seine Schule des Bauhauses, obgleich er seine Hoffnung auf seinen alten Vertrauten Ernst Reuter setzte, war abgemeldet. Die Berliner Bauausstellungen Interbau und IBA versammelten alle, die inzwischen in der Welt obenan standen. So ist es geblieben.

Auch in der nach dem Zusammenbruch des ostdeutschen Regimes jetzt neuentstehenden Hauptstadt Berlin kommt zur Geltung, wer die internationale Szene im letzten Vierteljahrhundert bestimmt hat – von James Stirling über I.M. Pei bis zu Philip Johnson, den heute über Siebzig- oder gar Achtzig- und Neunzigjährigen. Dagegen ist nichts zu sagen, denn es lassen sich die verschiedensten Rechtfertigungen für diesen Nachholbedarf an Internationalität nennen. Auch zeichnet der Sieg der Ubiquität das Zeitgenössische ja überall aus. Aber jeder Vergleich mit dem Impuls von Weimar macht nur die Unergiebigkeit des deutschen Nachkriegsbauens greifbar. Die Melancholie läßt sich nachfühlen, die über der Architektur der Gegenwart liegt. Weh' Dir, daß Du ein Enkel bist.

Vielleicht ist das ungerecht. Zum einen gibt es ja auch im Ausland keine neuen Gründerväter, weder einen Le Corbusier noch einen Frank Lloyd Wright oder einen Mies van der Rohe. Der Elan des Aufbruchs ist mit der Jahrhundertmitte überall verbraucht. Hat das Neue vielleicht immer nur ein paar Jahrzehnte vorgehalten? Auch Schinkel hat ja keinen Nachfolger gleichen Ranges gefunden. Die nach ihm kamen, verwässerten sehr bald schon seinen preußischen Klassizismus, und vor allem: Sie ermangelten seiner bezwingenden Kraft. Wenn zwei dasselbe zeichnen, ist es nicht dasselbe.

So war es auch bei dem nächsten Epochenumbruch. Die Radikalität der Neuerer von 1900 kam gerade aus dem Überdruß an der

Stilmaskerade, die im späten 19. Jahrhundert einen Rückgriff nach dem anderen erprobt hatte. Möglicherweise ist der schnelle Verbrauch von formalen Revolutionen geradezu ein Symptom der Modernität. Romanik, Gotik, Renaissance hielten Jahrhunderte vor, und selbst das Barock dauerte zumindest einhundertfünfzig Jahre, bis es mit Knobelsdorff seinen preußischen Abschied feierte. Der Klassizismus wie das Neue Bauen dagegen überdauern kaum zwei Generationen, und diese Akzeleration, die sich übrigens in jedem Bereich zeigt, ist vielleicht gerade das Lebensgesetz der neuen Zeit.

Es könnte aber auch sein, daß eine Ermattung in jedem Betracht über der westlichen Welt liegt. Anfang des Jahrhunderts sprach man, um ein Beispiel zu geben, vom 20. Jahrhundert als dem »Zeitalter des amerikanischen Romans«, und wenn man an das unaufhörliche Auftreten erzählerischer Genies von Dreiser, Sinclair Lewis und Santayana bis zu der Eruption der zwanziger Jahre mit Dos Passos, Hemingway, Scott Fitzgerald und Faulkner denkt, mochte es tatsächlich so scheinen. Aber diese Zeit ist längst dahin, und nostalgisch blickt man jetzt auf die Zwischenkriegsjahre, die ja nicht nur in Deutschland als die goldenen Jahre galten. Wo war die Hauptstadt des 20. Jahrhunderts? Paris, wie viele Amerikaner meinten, mit Gertrude Stein als geheimem Haupt der amerikanischen Kolonie? Oder doch Berlin, wie Isherwood, Giraudoux und Maillol schworen? Niemand würde heute auf einen solchen Gedanken kommen. Sieht man die Dinge so, dann versteht man schon, daß manchem Beobachter die Gegenwart als eine abgeräumte Bühne erscheint, wie das Gottfried Benn formulierte.

Aber natürlich bleibt die staunenswerte Leistung, ein Land und eine Stadt, die so vollkommen verwüstet waren, daß man ihre Wiedergewinnung auf ein Jahrhundert veranschlagte, in kaum zwei Jahrzehnten neu hergestellt zu haben. Vergegenwärtigt man sich die Trümmerlandschaft Berlins nach dem Krieg, so hat alles Bedauern, wie wenig inspiriert der Aufbau bewerkstelligt wurde, etwas Unangemessenes. Es war eine staunenswerte Leistung, sich unter den Bedingungen der ersten Nachkriegsjahre auch nur an die

Rückgewinnung der Trümmerziegel zu machen, mit denen man die ersten Häuser aus dem Schutt zusammenmauerte. Man mußte in das Nichts Entwürfe hineinzeichnen, von denen es ganz unsicher war, ob die Bedingungen jemals ihre Verwirklichung erlauben würden.

Die Jahre nach dem Krieg brachten viele Wunder, nicht nur das Wirtschaftswunder. Erstaunlicher war vielleicht, daß die weit über zehn Millionen Vertriebenen und Flüchtlinge ohne ernste Erschütterung von dem ruinierten Rumpfdeutschland aufgenommen wurden. Nach 1918 hatten die vergleichsweise geringen Gebietsverluste in Oberschlesien und Westpreußen zu einer dauernden Belastung der Republik geführt, obwohl doch nur ein paar Hunderttausend Ausgewiesener aufgenommen werden mußten. Nach 1945 gab es trotz den nach Millionen zählenden Ostvertriebenen – bis auf bald calmierte Rechtsgruppierungen – keine nennenswerte Belastung der inneren Stabilität.

Ebenso unvorhergesehen war die schnelle Reparatur der zerstörten Städte; schon Ende der fünfziger Jahre spielte die Wohnungsnot in dem überfüllten Restdeutschland keine ausschlaggebende Rolle mehr in den Wahlkämpfen. Liest man die Deutschlandberichte der französischen, englischen und amerikanischen Presse aus dieser Zeit, so wollen einem die drei Wunder als das eigentliche Mirakel der Nachkriegszeit erscheinen.

Aber es bleibt sehr merkwürdig, mit welchen Visionen man sich an den Wiederaufbau des zerstörten Landes machte. Vor allem Berlin wollte die Verwüstungen des Krieges zu einem radikalen Bruch mit allem Vorausgegangenem nutzen. Nicht nur mit der Architektur des Dritten Reiches brach man, sondern merkwürdigerweise auch mit dem Bauen der Weimarer Zeit, dessen Siedlungsbau von der Onkel-Tom-Siedlung über die Weiße Stadt von Siemensstadt bis zur Britzer Hufeisensiedlung nun als betuliches Kleinleuteglück erschien. Dem Bauen der Kaiserzeit galt nur noch spöttische Herablassung, wenn nicht gar Verachtung. Die Gartenstädte, die doch den Drang aus dem Elend der Großstädte in die Natur ausdrückten, wurden eher mitleidig angesehen. Was von dem Bauen der wilhelminischen Epoche den Krieg überdauert hatte, wurde ohnehin im Osten wie im Westen guten Gewissens abgerissen. Dem Hochmut der Enkel fielen in den sechziger Jahren ebenso Messels Kaufhaus Wertheim im Osten wie Schwechtens Anhalter Bahnhof in der westlichen Stadthälfte zum Opfer. Dabei waren das die beiden Bauten gewesen, in denen der Wilhelminismus sich selber überwunden hatte.

Übermächtig drängten neue Ideale nach vorn. Die große Ausstellung im Berliner Stadtschloß, in der Hans Scharoun in der noch ungeteilten Stadt seine Wiederaufbaupläne vorlegte, muten heute gespenstisch an. Lauter »Zentren«, von denen glücklicherweise nur das Kulturzentrum verwirklicht wurde, die durch unter- und oberirdische Schnellstraßen verbunden waren, denen das »Planungskollektiv« so sonderbare Namen wie »Verteiler«, »Anschließer« und »Anbinder« gegeben hatte. Und in dieser Phantasmagorie von Unwirklichem die erhaltenen klassischen Bauten – das Schloß, das Zeughaus, Knobelsdorffs Oper und das Brandenburger Tor – als Solitäre in einer parkartigen »Stadtlandschaft«, die mit dem historischen Berlin nichts mehr zu tun haben wollte. Das war die Berliner Utopie, und man muß nur die Hauptstadtentwürfe der konkurrierenden Architekten durchmustern, um zu sehen, wie sehr das über Scharoun hinaus die Zeitstimmung von 1950 war.

»Wir werden doch nicht in die Gehäuse einer gescheiterten Welt gehen, während wir eine neue Welt aufbauen.« Mit diesem Satz Scharouns wurde die Absage an die Idee der europäischen Stadt zum Programm erhoben. Corbusiers Traum, anstelle des in Schutt gesunkenen Häusermeers ein paar Dutzend von *Cités radieuses* zu errichten, fiel nicht aus dem Klima der Zeit heraus. Großsiedlungen vom Falkenhagener Feld über die Gropiusstadt bis zum Märkischen Viertel folgten einer Satellitenstadtidee, zu deren konsequenter Umsetzung es in Berlin nur deshalb nicht kam, weil Stacheldraht und Mauer den Schritt ins Umland verhinderten. Wo im Westen keine Hindernisse den Weg nach draußen versperrten, ging man ihn – in Bremens Neuer Vahr wie in Frankfurts Nordstadt und

Münchens Neuperlach. Selbst eine einst so liebenswürdige Kleinstadt wie Darmstadt legte sich mit Darmstadt-Kranichstein eine Art von Miniatursatellitenstadt zu. Zugleich räumte man, wo immer es anging, die Innenstädte durch die Beseitigung der ausgebrannten Zeugnisse aus dynastischer oder bürgerlicher Vergangenheit ab – wie man in Braunschweig das Welfenschloß sprengte und Stuttgart nur durch einen Volksaufstand gehindert wurde, die glanzvolle Ruine des Neuen Schlosses abzuräumen, wie das schon vom Parlament beschlossen worden war.

Nicht nur der bleibende Verlust springt in die Augen, der den Städten auf diese Weise zugefügt wurde. Die Utopie neuer Welten bleibt merkwürdig, die dem vom Luftkrieg und den Straßenkämpfen verwüsteten Land eine *Tabula rasa* verordnete. Noch heute zeigt sie sich in dem Kampf von Denkmalpflegern und Architektenverbänden gegen einen Wiederaufbau von Schlüters Berliner Stadtschloß. Das stimmt besonders nachdenklich, weil die Hoffnung ja jahrzehntelang immer wieder getrogen hat, die abgeräumten Freiräume durch Werke zeitgenössischer Architekten zu besetzen, die den Anspruch erheben konnten, vergleichbaren Ranges zu sein. An der Stelle von Carl Theodor Ottmers Welfenschloß entstand in Braunschweig ein banales Kaufhaus von Horten, und die freigemachte Innenstadt von Hannover nahm Hillebrechts Tangenten und Hochstraßen auf.

Die »verkehrsgerechte«, »entballte« und »durchgrünte« Stadtutopie der Nachkriegszeit hat viele wiederaufgebaute Städte geprägt, wenn auch die Nachfahren das selten noch wissen. Wer hat noch eine Ahnung, daß die absurde Schneise, die sich in Berlin vom Wittenbergplatz in Richtung des Lützowplatzes zieht, die Betonstützen aufnehmen sollte, auf denen ein System von Hochstraßen den Verkehr kanalisieren würde? Selten sind Stadtentwürfe so schnell von der Wirklichkeit überholt worden. Ungläubig nur ruft man sich jene vierbahnige Tangente in Erinnerung, der die Fasanenstraße geopfert werden sollte, um Tunnelrampen unter dem

Kurfürstendamm aufzunehmen. Es war ein widerstädtisches Bild, das man sich von der Zukunft machte.

In zwei absurden Vorhaben kam diese Euphorie der Nachkriegszeit besonders deutlich zur Geltung – einer Golden-Gate-Hochbrücke über der Havel und einer Überbauung der gesamten Avus vom Funkturm bis zum Kontrollpunkt Dreilinden durch eine zehn Kilometer lange, sechsgeschossige Autobahnüberbauung, die vielleicht von Corbusiers Idee eines schlangenartigen Baus entlang der nordafrikanischen Küste inspiriert war. Die Autobahnüberbauung an der Schlangenbader Straße, der man das stille Schmargendorf opferte, demonstriert, wie sich solche Träume durch die Jahrzehnte zogen, bis sie nach einem Vierteljahrhundert verwirklicht wurden.

Das wiederaufgebaute Berlin brachte denn auch eine solche Unkenntlichmachung der alten Stadtviertel und ihrer einst berühmten Plätze vom Lützowplatz bis zum Mehringplatz, daß Fritz Kortner bei seiner Rückkehr nach Berlin darauf bestand, zurückgekommen, aber nicht nach Hause gekommen zu sein. Die Visionen der aus der Katastrophe auftauchenden Generation gingen tatsächlich nicht nur in der Literatur in Richtung einer Stunde Null. Man schickte sich an, die Stadt nicht zu rekonstruieren, sondern neu zu erfinden.

Nun geht das Jahrhundert zu Ende. Das Provisorium der Nachkriegszeit ist mit der Wiedervereinigung abgeschlossen, und das neue Jahrhundert zieht herauf. Was hat die zweite Hälfte des alten für die Architektur gebracht? Hat es die Verheißungen erfüllt, die mit dem hochfahrenden Aufbruch der letzten Jahrhundertwende gegeben waren? Es fällt auf, daß wenig von dem Bauen von fünfzig Jahren in Erinnerung geblieben ist. Kennt man die Namen der Koryphäen noch, die damals die Szene beherrschten, die zu allen großen Unternehmungen ihr Wort zu sagen hatten und die Aufträge wie die Preise einstrichen?

Inzwischen will man nichts mehr wissen von Schwebes und Schoszberger oder von Müller und Sobotka, die in den fünfziger Jahren die Universitäten bauten und denen die großen Staatsaufträge zugesprochen wurden. Bernhard Hermkes ist vergessen, der Vielgefeierte, der zu allgemeinem Beifall den Ernst-Reuter-Platz ruinierte. Auch Fritz Bornemann kennt man kaum noch, der die Oper an der Bismarckstraße mit ihrer Kieselfassade baute und auch die Freie Volksbühne, der Oskar Fritz Schuh vorübergehenden Glanz gab. Wie sieht man heute Wils Ebert, den Schüler von Gropius, der einen Industriebau als Völkerkundemuseum in Dahlem entwarf und der als »Kontaktarchitekt« für das Elend der Gropiusstadt verantwortlich war? Die Götter von damals sind vergessen, fast selbst ihre Namen. Sie besetzten ein halbes Jahrhundert lang die Gremien, gehörten Planungsbeiräten an, saßen in Preisrichterkollegien und stellten natürlich die Mitglieder der Akademie.

Nur Werner Düttmanns Name taucht noch hier und da auf. Aber man erinnert sich seiner nicht so sehr des Hochhausgebirges wegen, mit dem er den Belle-Alliance-Platz aus der Zeit des ersten Preußenkönigs umstellte, oder des sogenannten Ku'damm-Ecks wegen, das abgerissen wurde, nicht nur, weil es sich als städtebaulicher Mißgriff erwies, sondern auch unnutzbar war. Der Mann mit seiner jovialen Bonhomie hat jahrzehntelang Berlin geprägt, zuerst als Architekt, dann als Senatsbaudirektor, schließlich als Präsident der Akademie der Künste. Nun ist nur noch sein rustikaler Charme in Erinnerung. Andere Namen muß man sich aus Nachschlagebüchern zusammensuchen. Wer gewann eigentlich damals den heißumkämpften Wettbewerb für das Schiller-Theater, und wie hieß der Architekt der wiederaufgebauten Deutschlandhalle? Niemand weiß es mehr.

Nur zwei Werke haben die Zeiten überdauert, die als einzige für Berlins Nachkriegsarchitektur einstehen müssen – Mies van der Rohes Neue Nationalgalerie und die Philharmonie von Hans Scharoun in jener sonderbaren Versammlung von Gehäusen, die er »Kulturforum« nannte. Aber kann man sie wirklich für Berlins Nachkriegsarchitektur ins Feld führen? Wo diese Arbeiten Siebzig- und Achtzigjähriger doch eher Lebenswerke abschließen, als daß sie neue Wege eröffnen? Keine Siedlung ist in einem halben Jahrhundert entstanden, die den Vergleich mit denen der ersten Republik aushält, und nichts stellt sich an die Seite der großen Geschäfts- und Industriebauten vom Ullsteinhaus und den AEG-Bauten bis zur Siemensstadt.

Aber wahrscheinlich ist solche Mediokrität nicht auf Berlin beschränkt. Stuttgarts Liederhalle, Münchens Staatskanzlei und Bonns Beethovenhalle zeigen, wie wenig man auch in Bayern, Württemberg und im Rheinland der Herausforderung von Bauaufgaben ohnegleichen gewachsen war. Im Grunde führt die Besichtigung der Berliner Dinge immer auf die allgemeine deutsche Misere, und sie wiederum ordnet sich ins Europäische ein. Rotterdams Wiederaufbau nach dem Krieg zeigt, daß man in ganz Europa hilflos war, als es galt, zerstörte Städte neu zu schaffen.

Wird die neue Stadtmitte Berlins ein Konzept bringen, wie sich neue Architekturen in alte Stadtfiguren einfügen? Die Hoffnung auf eine Versöhnung des Heute mit dem Gestern hat bisher immer getrogen, in Niemeyers Brasilia wie in Corbusiers Chandigarh und in Louis Kahns Dacca. Auch die provisorische Hauptstadt Bonn kam über eine Ansammlung von zwei Dutzend Ministerien, einem Bundeskanzleramt und einem Konzertgebäude, aufgereiht an der Adenauerallee, nicht hinaus. Das aber ist vielleicht nicht so sehr Schuld der Architekten, sondern die der Epoche, die zwar gute Architektur hervorbrachte, nicht aber neue Städte oder selbst nur Stadtviertel, auf deren Straßen man flanieren, und Plätze, auf denen man sich versammeln kann. Es werden nur lauter Ernst-Reuter-Plätze daraus.

Es ist die Theorie, die in die Irre geführt hat. So endet alles bei der Goetheschen Klage: Ihr laßt den Armen schuldig werden, dann überlaßt ihr ihn der Pein.

Die Philharmonie am Kemperplatz, Teil des von Hans Scharoun geplanten »Kulturforums« am südlichen Tiergartenrand, 1960 bis 1963 nach Plänen Scharouns erbaut. Aufnahme 1967.

Die Staatsbibliothek an der Potsdamer Straße, Teil des »Kulturforums«, 1972 bis 1978 nach Plänen von Hans Scharoun erbaut.

Die nach Plänen von Mies van der Rohe 1965 bis 1968 erbaute Neue Nationalgalerie am »Kulturforum«.

Wo ist der Deutschen Hauptstadt? Was 1945 wirklich geschah

Die Deutschen haben selten in ihrer Geschichte eine eindeutige Hauptstadt gehabt, wie Frankreich sie mit Paris besitzt und Großbritannien mit London. Madrid war so wenig die Hauptstadt des Heiligen Römischen Reiches Deutscher Nation wie Prag, obwohl dort doch beide Male die habsburgischen Kaiser residierten. Anders stand es schon mit Wien, der Kaiserstadt an der Donau. Aber es ist sehr fraglich, ob man in Köln oder Danzig, lange Zeit die beiden größten deutschen Städte, wirklich in der Donaustadt die Hauptstadt aller Deutschen gesehen hat.

Dann legten die Habsburger 1806 die deutsche Kaiserkrone nieder, da das Gewicht Europas sich unter der Französischen Revolution und Napoleon nach Frankreich, nämlich von der Donau an den Rhein verschoben hatte. Der »Rheinbund« ist das Symbol dieser niemals mehr rückgängig gemachten Achsenverschiebung Europas gewesen, die noch die gegenwärtige Wirklichkeit bestimmt. Das muß man im Blick behalten, wenn man über den Wechsel der Hauptstadt von Bonn nach Berlin nachdenkt. Es wird keine »Ostverschiebung« Deutschlands geben, und auch der Traum von einem »Zwischeneuropa«, gleichweit entfernt von Moskau wie von Paris, wird glücklicherweise eine politisch folgenlose Nostalgie nach den östlichen Kronländern des Habsburgerreiches bleiben.

Der ganze Osten Europas ist trotz des Zerfalls der russischen Hegemonialmacht ins Abseits geraten, worin er übrigens bis zu dem Prinzen Eugen und Peter dem Großen immer verharrte. Die »Heilige Allianz« Rußlands, Preußens und Habsburgs, die später durch das »Dreikaiserbündnis« fortgeschrieben wurde, hat nur für ein Dreivierteljahrhundert die Achse Europas an den östlichen Rand der Kontinente verschoben. Dann stellte sich jene Lage Europas wieder her, die seit Roms Griff über die Alpen bestanden hatte. Die »Diagonale« der europäischen Balance verläuft auch heute im

Westteil des Kontinents von der Mailand-Turiner Zone über das westdeutsche Industrialisierungsgebiet bis zum belgisch-französischen Becken und weiter nach Großbritannien. Die einstmals preußischen Provinzen von West- und Ostpreußen über die Neumark bis nach Schlesien sind ganz unabhängig von den Beschlüssen von Jalta und Potsdam ins historische Abseits geraten.

In der Epoche der Französischen Revolution und der Napoleonischen Kriege war es jedenfalls nur noch eine Fiktion, daß das Wiener Kaisertum die Ordnungsmacht Europas war. Von da an bis zur Kaiserkrönung der Hohenzollern in Versailles gab es weder eine politische noch eine geistige Zentralmacht der deutschen Geschichte; Königsberg mit Kant, Weimar mit Goethe und Schiller und Berlin mit Schadow, Schinkel, Humboldt und Hegel hatten längst Wien als kulturelle Plätze abgelöst. Die einzelnen deutschen Königreiche und Herzogtümer samt einem Dutzend Fürstentümer behaupteten mehr schlecht als recht ihre Selbständigkeit, obwohl neben Berlin nur München, Dresden und Stuttgart, kaum Hannover zählten, wie sich spätestens während des preußisch-österreichischen Krieges von 1866 zeigte. Ihr aller politisches Gewicht auf der europäischen Waagschale spielte keine Rolle.

Mit der Gründung des Bismarckschen Reiches schienen die Dinge dann geordnet; Berlin wurde allmählich die unbestrittene Vormacht in Deutschland. Aber noch die ganzen siebziger und die achtziger Jahre hindurch gewöhnte man sich in Deutschland schwer daran, in der preußischen Residenz die deutsche Hauptstadt zu sehen. Wie schwer das auch für das Gefühl der Deutschen war, belegt eine Fülle von Korrespondenzen und Memoiren. Die Tagebücher der Frau des Württembergischen Gesandten von Spitzemberg sind das bemerkenswerteste Zeugnis dieser sehr langsamen Entwicklung der preußischen Residenz zur deutschen »Reichshauptstadt«. Erst in der wilhelminischen Zeit wurde Berlin eine wirkliche Weltstadt, die am Ende sogar die fremden Besucher von Mark Twain über Henrik Ibsen und Edvard Munch bis zu Teddy Roosevelt irritierte und faszinierte.

Die aus dem verlorenen Krieg und der Revolution geborene Republik änderte daran nicht viel. Die Hauptstadt der Republik war Berlin, auch wenn man von der Epoche von Weimar spricht, weil die »Reichs«-Regierung, wie man damals noch ganz ungebrochen sagte, von dem von bürgerkriegsartigen Wirren bedrohten Berlin in die stille thüringische Residenz ausgewichen war. Dort hatte die Nationalversammlung getagt, die eine neue Verfassung beriet. Aber niemand verband mit dem Namen der Weimarer Republik sonst viel; es war bestenfalls eine Chiffre für die Abkehr vom borussischen Machtstaat, der aber in der Wirklichkeit unangetastet blieb. Übrigens hatte dieses übergroße Preußen nach der Revolution selber vorgeschlagen, sich zugunsten einer Stärkung der Länder zu entmachten. In der Tat war dieses Preußen, von Königsberg bis Köln reichend, schon als Territorium außerhalb jeder deutschen Proportion und durch das Gewicht der Industriegebiete in Oberschlesien und an der Ruhr wirtschaftlich übermächtig.

Aber die deutschen Länder gingen aus sehr verschiedenen Erwägungen auf die von Berlin vorgeschlagene Neuordnung des Reichsgebiets nicht ein, und so blieb der preußische Staat in der ganzen Weimarer Zeit erhalten. Zuletzt war Preußen dann fast die einzige Bastion der deutschen Demokratie. In Berlin waren die Sozialdemokraten unter Otto Braun und Carl Severing noch an der Macht, als in dem München der Revolutionswirren allerhand vaterländische Verbände Staatsstreiche inszenierten, in Thüringen schon vor 1933 eine Koalition mit den Nationalsozialisten Fricks legal die Regierung übernahm und Sachsen von kommunistischen Putschen erschüttert wurde. Berlin war, obwohl auch hier die parlamentarische Mehrheit der Weimarer Parteien immer schwächer wurde, in fast allen Krisen das Bollwerk der Republik. Die demokratische Mitte des Reiches mußte durch den sogenannten Preußenschlag von Papens gestürzt werden. An der Spree kamen die dilettantischen Ultrakonservativen an die Macht, die dann durch Hitler abgelöst wurden.

Das übersahen die Alliierten aus historischer Ahnungslosigkeit oder aus polititischer Voreingenomenheit, als sie schon 1943 zu ihrem gemeinsamen Kriegsziel die Abschaffung Preußens erklärten, weil es »seit jeher« ein Ort der Reaktion und des Militarismus gewesen sei. Etwa weil Preußen im Verein mit Rußland, Österreich, England und Schweden in den Freiheitskriegen den Hegemonialanspruch Napoleons gebrochen und das Gleichgewicht Europas wiederhergestellt hatte? Aber auch in der »rheinischen Republik«, wie der Staat von Bonn zugespitzt, doch zu Recht häufig genannt wurde, war die Abneigung gegen »Ostelbien« weit verbreitet. Lag es daran, daß Adenauer ein Rheinländer war, Erhard ein Bayer und Gerstenmaier ein Württemberger, wie auch die Spitzen der neuen Armee mit dem Schwaben General Speidel als einem ihrer Repräsentanten zumeist Westdeutsche waren?

Das eigentlich »preußische« Element, die Aristokratie, die Generalität, die hohe Beamtenschaft und all die Landräte und Reservemajore, die stets Zielscheibe der satirischen Blätter gewesen waren, spielte in dem westdeutschen Rumpfstaat erstaunlicherweise keine nennenswerte Rolle, obwohl doch erst zehn, dann zwölf, schließlich fünfzehn Millionen Vertriebene, Flüchtlinge und Rückwanderer im Westen Zuflucht gesucht hatten. Aber das blieb weitgehend unbemerkt, wohl wegen der unerwartet schnellen und erschütterungsfreien Eingliederung der Heimatvertriebenen.

Aus dem Abstand eines halben Jahrhunderts gesehen, ist dieses plötzliche und völlige Verschwinden Preußens aus dem Bewußtsein der Deutschen sehr merkwürdig. Der Grund kann nicht die Belastung durch die äußere und innere Verheerung während der zwölf Jahre gewesen sein, denn der Widerstand gegen das Dritte Reich war doch zu einem guten Teil gerade von Preußen getragen worden. Unter den Namen der nach dem 20. Juli 1944 Hingerichteten fehlt kaum einer jener Familien, die für Preußens große Tradition stehen. Es waren preußische Adlige, von den Grafen von Hardenberg, von Schulenburg, von Schwerin, Yorck von Wartenburg bis zu von Moltke, der norddeutsche Arbeiterführer Julius Leber und der Leipziger Bürgermeister Carl Goerdeler, die den verzweifelten Staatsstreich getragen hatten. Sie endeten fast ausnahmslos am Galgen.

Das alles muss man im Auge haben, wenn heute sorgenvoll erörtert wird, ob die »Ostwanderung« der Hauptstadt vom Rhein an die Spree möglicherweise gefährliche Tendenzen für die Bundesrepublik zur Folge haben werde. Es ließe sich ja argumentieren, daß nicht Berlin, sondern München die »Hauptstadt der Bewegung« war und nicht Potsdam, sondern Nürnberg die »Stadt der Reichsparteitage«. Damit ist natürlich nicht viel gesagt, denn in der Tat gab es in der preußischen Geschichte obrigkeitliche Traditionen, die der Bürgergesellschaft im deutschen Südwesten, in den rheinischen Provinzen und in den Hansestädten fern waren. Doch man muß die Dinge geraderücken und sich wenigstens im nachhinein bemühen, dem deutschen Osten, den der Österreicher Hitler verspielt hat, Gerechtigkeit widerfahren zu lassen.

Zu Hilfe kommt einem dabei der Berliner Nationalheilige Theodor Fontane, der sich einst dagegen verwahrte, aus seinen »Wanderungen durch die Mark« eine Verklärung dieser Stammlande der Hohenzollern herauszulesen. Daß die Toskana und selbst Schottland mehr seien, wisse auch er; er habe nur sagen und in Geschichten erzählen wollen: Kinder, so schlimm, wie ihr es macht, ist es mit der Mark nicht bestellt. So geht es einem auch mit der ostelbischen Welt. Sie hatte ihre bedenklichen Seiten, aber Brandenburg-Preußen war in der Reformzeit, zwischen dem Freiherrn vom Stein und dem Fürstkanzler von Hardenberg, und in der jüngsten Geschichte von 1933 bis 1945 geradezu die Vorhut von viel Fortschrittlichem. Jene Verächter Preußens, die auf der Welle des Zeitgeistes ritten und reiten, kannten Preußen wenig, sie waren zwischen Masuren und dem Riesengebirge geistig nie zu Hause gewesen.

Sieht man die Dinge so, in historischer und nicht in politischer Perspektive, so ist die Verlegung des Regierungssitzes politisch so bedeutungslos wie die Wanderung der Hauptstadt des neuen Königreichs Italien von Turin über Florenz nach Rom. Das hat man bei unseren europäischen Nachbarn viel deutlicher als im eigenen Land gesehen. Man verfolgte in Paris wie in London staunend, fast ungläubig die leidenschaftlichen Bonner Debatten auch innerhalb der Parteien; beide großen Volksparteien stimmten ja kennzeichnenderweise mehrheitlich für das Verbleiben der Regierung in der Provinzstadt Bonn. Hatte das, wie sich nicht ohne Ironie sagen ließe, mit dem Behagen in der dörflichen Welt an den Rheinabhängen zu tun, die ja unbestreitbar ihre Lieblichkeit hat? Sie gegen Kreuzberg und Prenzlauer Berg einzutauschen, mag in der Tat schwerfallen. Aber auch London besteht ja nicht nur aus Knightsbridge und Kensington, Paris nicht nur aus dem 14. Arrondissement. Daß der volkreichste und industriell gewichtigste Staat Europas seine politische Mitte in die alte Hauptstadt Berlin verlegt, ist aber nur einer Handvoll Liberaler und gewendeter Staatssozialisten zu verdanken, was man heute nicht mehr so gern hört.

Es waren nicht nur Sorgen, sondern auch Hoffnungen, die damals formuliert wurden. Mit der Gewinnung der ostelbischen Gebiete werde die Bundesrepublik, meinte 1990 Lothar de Maizière, der letzte, einzig frei gewählte Ministerpräsident des ostdeutschen Staates, preußischer und protestantischer werden, was eigentlich nur für die sympathische Realitätsfremdheit dieses Hugenottenabkömmlings sprach. Waren denn der Stechschritt des Wachregiments »Feliks Dzierżyński« und die Flachhelme der »Nationalen Volksarmee preußisch gewesen? Der Staat Ulbrichts und Honeckers war von allem Möglichem geprägt, mecklenburgischer Gestrigkeit und sächsischem à-jour-Sein und nebenbei noch von allerlei thüringischer Eigenbrötlerei. Vor allem aber zeigte sich schon im ganzen Habitus des Staates die während des Moskauer Exils von Wilhelm Pieck und Walter Ulbricht offen bekannte Überzeugung, die erste und wahre Heimat aller deutschen Kommunisten sei die Sowjetunion.

Ein Rückzugsgebiet des Preußischen war der Untertanenstaat des Politbüros jedenfalls weiß Gott nicht. Dazu genügte ein einziger Blick auf die Realität der Karl-Marx-Stadt Chemnitz, der Wilhelm-Pieck-Stadt Guben und der nach Moskaus Entstalinisierung eiligst umbenannten Stalinstadt, die dann den politisch unanstößigen, weil durch alle Schwankungen der sowjetischen Parteilinie ungefährdeten Namen Eisenhüttenstadt erhielt.

Und protestantischer werde das Land durch das Hinzutreten der »Schwestern und Brüder« im Osten werden? Die Kirche hat nur als Rückzugsgebiet des Aufbegehrens während der letzten, brüchigen Phase des Zonenstaats eine nennenswerte Rolle gespielt. Kaum war der Staat gefallen, zeigten die Kirchen sich noch leerer als im Westen, und heute findet sich in den kleinen Städten und Dörfern des Landes nur eine Handvoll Gläubige, sofern die Kirchengemäuer nicht eingefallen und verlassen sind. Der Staat sucht die Kirchen nach Kräften wiederherzustellen, und er tut wohl daran, denn ohne Kirchen und Herrenhäuser sind die Flecken von Brandenburg oder Sachsen-Anhalt noch unansehnlicher, als sie es ohnehin sind. Hier gab es niemals die weitläufigen Gehöfte Westfalens oder Bayerns, mehr Katen als Bauernhäuser prägen das Land. Es war Gutsland und nicht Bauernland, was schon die preußischen Reformer besorgt machte. Aber das ist ein weites Feld.

Das geistreiche Buch von Johannes Gross über den Wandel von der »Bonner Republik« zur »Berliner Republik« hat die Begriffe durch die Suggestivität der Wortwahl in solchem Maße besetzt, daß jedermann davon ausgeht, das wiedervereinigte Land werde ein anderes sein als der Rumpfstaat im Westen. Schon dessen merkwürdig zerrissene geographische Gestalt hätte, wie der Althistoriker Alfred Heuß in einer scharfsinnigen Formulierung bemerkte, den Besucher von einem fremden Stern beim Blick auf die Wetterkarte des Fernsehens darauf aufmerksam machen müssen, daß in diesem Land eine Katastrophe stattfand.

Aber gab es denn jemals wirklich eine »Bonner Republik«? Das Land hat es in dem benommenen Zustand von 1949 kaum wahrgenommen, daß der Staat als »Bundes-Republik« aus Besatzungszonen wiedergegründet worden war. Auch in den folgenden Jahrzehnten machte man zwar Scherze darüber, daß in der neuen Hauptstadt am Rhein die Bürgersteige am Freitagmittag hochgeklappt werden, weil dann die Nachfahren der einstigen Reichstagsabgeordneten in die Provinz reisten, nämlich in ihre Wahlkreise. Kein Ort – so ein

Bonmot der Abgeordneten des Bundestags – sei am Wochenende so verlassen wie der Ohlsdorfer Friedhof und die Bundeshauptstadt Bonn.

Aber man zog keine Schlüsse daraus, was das Selbstverständnis des neuen Deutschland anlangt. Ein hauptstädtisches Leben stellte sich in den vier Jahrzehnten der »Bonner Republik« niemals her. Kurz vor dem Auszug der Regierung gab sich Bonn mit dem Bau dreier Museen zwar den Anstrich, auch so etwas wie die Berliner Museumsinsel zu haben. Bezeichnenderweise aber liegen sie nicht im Herzen der liebenswürdigen Kleinstadt, sondern weit draußen an der Chaussee nach Godesberg, wo schon die Zentralen der großen Parteien ihre Hauptquartiere aufschlugen.

Alles machte trotz des Verlangens nach Dauer bis zum Umzug den Eindruck jenes Provisoriums, das die politische Klasse ja auch immer beschwor – bis auf den unvorhergesehenen Augenblick, als die Geschichte es mit dem Wort ernster nahm, als man es gemeint hatte. Im allerletzten Augenblick, als die Abstimmung über den Wechsel des Regierungssitzes schon angesetzt war, machte Johannes Rau, der ewige rheinische Kandidat für die Nachfolge erst Richard von Weizsäckers, dann Roman Herzogs, einen letzten verzweifelten Versuch, es bei dem Vertrauten zu lassen. Er wolle allen drei Konkurrenten, Westdeutschland, Berlin und auch Ostdeutschland, Gerechtigkeit widerfahren lassen; sein Kompromißvorschlag sehe eine Dreiteilung der Hauptstadtfunktionen vor: Berlin solle symbolische Hauptstadt sein, Weimar Kulturhauptstadt werden, und Bonn würde lediglich Parlament und Regierung samt Kanzler und Präsident behalten. Die Geschichte ist schnell über diese Arabeske hinweggegangen.

Die Bundesrepublik ist wirklich jene Bundes-Republik geworden, als die sie von den Verfassungsvätern, dem Parlamentarischen Rat, gegründet worden war. In Bonn saßen der Bundestag und die Regierung, sonst aber, bei Lichte besehen, nichts. Wiedereingesetzt in ihre jahrhundertealte Rolle wurden viel mehr die Regionen Deutschlands, meist in Gestalt von deren traditionellen Ländern und Residenzstädten. Man liebte die Hauptstadt so, weil es sie eigentlich gar nicht gab.

Am deutlichsten wurde das in München gesehen, einer wirklichen Hauptstadt, wenn auch nur Bayerns. Es konnte sich als einziges Bundesland auf ein unbezweifeltes Staatsterritorium, ein durch die Geschichte beglaubigtes Staatsvolk und das Zusammengehörigkeitsgefühl der Menschen stützen. Sonst haben Geschichte, Willkür der Besatzungsmächte und partikulare Interessen der Parteien überall neue Einheiten geschaffen, was sich in den Bindestrichländern Nordrhein-Westfalen, Rheinland-Pfalz oder Baden-Württemberg besonders deutlich zum Ausdruck bringt. Hier hatte sich die englische Besatzungszone in »Bundesländern« fortgesetzt, in Bremen verschaffte sich das amerikanische Verlangen nach einem eigenen Hafen inmitten der britischen Zone Geltung, und schließlich mußte auch der französische Ehrgeiz, gerade weil das selber von den Alliierten erst befreite Frankreich nur ein Hilfssieger war, nach einem eigenen deutschen Besatzungsgebiet befriedigt werden.

Die regionalen Gemeinsamkeiten jedoch setzen sich am Ende überall durch, auch wenn es das heutige Niedersachsen nie gegeben hat und das gegenwärtige Hessen wenig mit dem einstigen Kurhessen oder Hessen-Darmstadt und den anderen hessischen Fürstentümern zu tun hat. Stuttgart entwickelte sich nach dem durch Theodor Eschenburg vorangetriebenen Zusammenschluß Badens, Württembergs und Württemberg-Hohenzollerns von einem »Südweststaat« zu einer auch im Gefühl lebensfähigen Landeshauptstadt, und Hannover wurde der unfragliche Mittelpunkt Niedersachsens, auch wenn alle möglichen, teils preußischen, teils oldenburgischen Gebiete darin eingeschlossen waren.

Die List der Vernunft hat dazu geführt, daß das historische Element in der »neue Länder« genannten Hinterlassenschaft des zerbrochenen Satellitenstaats im Osten viel stärker als im Westen zur Geltung kommt. Das zeigte sich in den Monaten, da der alte Staat schon gefallen, der neue noch nicht in sein Recht eingesetzt war. In dieser Zwischenzeit hängten die Menschen in Jena oder in Eisenach nicht die deutschen, sondern die landeseigenen Farben aus den Fenstern. Das Älteste erwies sich als das Jüngste, wie denn auch der »rote Adler« und die Ersatz-Nationalhymne »Märkische Heide, märkischer Sand« noch heute für das Zusammengehörigkeitsgefühl der Brandenburger stehen. Das nach der Revolution von 1918 zu einem Land Thüringen zusammengefaßte halbe Dutzend thüringischer Fürstentümer aber hatte ohnehin stets auf sein Eigenrecht gepocht.

Das aus den Trümmern zweier Weltkriege, von denen der letzte ein Welteroberungskrieg war, wiederaufgerichtete Deutschland ist ein kleines Land geworden. Sein Siedlungsgebiet endet im Osten etwa wieder da, wo man zur Zeit der Hohenstaufen stand, also vor ziemlich genau einem Jahrtausend. Der absurde Traum Hitlers von einem »Tausendjährigen Reich« und die Phantasmagorie Himmlers von einem neuen Gotenland fern im Osten haben Deutschland seine Geschichte gekostet. Mit seinen Restbeständen gleicht es, gerade in seiner inneren Verfassung, dem Zustand, in dem es sich befand, bevor es ein Nationalstaat nach westeuropäischem Muster wurde. Von fern erinnert es an das »Alte Reich«, über das man im Hochgefühl der Bismarckzeit so viel gespottet hat. Es macht den Eindruck, als befinde sich die Bundesrepublik ganz wohl dabei. In gewisser Weise ist sie wieder ein Deutscher Bund, zuammengesetzt aus anderthalb Dutzend deutscher Länder, und eben das drückt ja auch ihre Bezeichnung als Bundesrepublik aus. Nur haben die Deutschen jahrzehntelang kaum wahrgenommen, was es heißt, ein föderaler Staat zu sein.

Damit ist aber vielleicht auch die Idee einer »Hauptstadt« für dieses neue Deutschland untergegangen, von der sich nachträglich herausstellte, daß sie gerade einmal ein dreiviertel Jahrhundert vorhielt. Sonderlich geliebt hat man in Bayern, in Sachsen oder in den Hansestädten die »Reichshauptstadt« nie, wobei das Parvenuehafte der kaiserlichen Metropole und die imperatorische Geste des Dritten Reiches ihre Rolle gespielt haben werden. Dessen Führungspersonal aber kam von überall her, nur nicht aus dem preußischen Berlin. Aber es war nun einmal die Kapitale, erst des Nationalsozialismus, dann des Staatssozialismus, die Abneigung gegen Berlin überdauerte das Reich.

Die Stadt ist weit davon entfernt, das Land zu überwältigen, wie das im Bundestag während der Debatten im Bonner Wasserwerk immer an die Wand gemalt wurde. Jetzt setzt Berlin vielmehr seine Hoffnung darauf, daß ihm von außen her jenes Gewicht zuwächst, das es aus Eigenem kaum noch besitzt. Aber werden ein paar Hundert Bundestagsabgeordnete, einige Tausend Bundesbeamte und vielleicht noch fünfzigtausend Angestellte jenen Aderlaß wettmachen können, den zwei Gewaltherrschaften, die Vernichtungslager im Osten, die Millionen Gefallener und sonst im Krieg Umgekommener, die Flucht der Zehntausende an das rettende Ufer der Emigration, die Auswanderung von Berlins Elite während seines Inseldaseins und schließlich der Untergang der östlichen Provinzen als seines Menschenreservoirs mit sich gebracht haben?

Die Sorge jedenfalls, die Bundesrepublik werde von dem Moloch der Weltstadt Berlin überwältigt werden, ist so wirklichkeitsfern wie es die Hoffnung Lothar de Maizières war, das wiedervereinigte Deutschland werde ein preußischeres und protestantischeres Land sein, als der Rheinbund-Staat Adenauers es gewesen ist.

Die europäische Mission der deutschen Mitte

Deutschland weiss mit sich nichts Rechtes anzufangen. Bereits die Hauptstadtdebatte – die Unterscheidung zwischen Regierungssitz und Hauptstadtfunktion hat wohl niemand ernstgenommen – hat das Maß der Selbsttäuschung gezeigt, der sich das wiedervereinigte Land über sich selber hingab – oder der Täuschung. Aus dem Abstand von bald einem Jahrzehnt wirkt es unwirklich, daß die Mehrheit beider großer Parteien damals vor der Gefahr warnte, Deutschland beschwöre durch eine Verlagerung des Parlaments vom Rhein an die Spree die Wiederkehr alter Zustände herauf. Wieder werde ein mächtiger Zentralstaat den so heilsamen Föderalismus der Bundesrepublik gefährden, und der preußische Osten werde noch einmal seinen Schatten über Deutschland werfen. Um der Normalität der Republik willen müsse das politische Zentrum des Landes im Rheinland bleiben. Preußen und Berlin hätten die erste Republik ruiniert, und die Gesundheit der zweiten Demokratie sei gerade der Tatsache zuzuschreiben, daß das Zentrum der deutschen Dinge der Übermacht des Ostens entzogen worden sei.

Haben die Fürsprecher der Rheinlande die Verteilung der Gewichte nach der Wiedervereinigung wirklich so gesehen, oder suchten sie nur ihre Interessen zu camouflieren? Man möchte es hoffen, denn alles andere schriebe ihrem Realitätssinn ein bedenkliches Zeugnis aus. Lassen wir die viel erörterte Frage beiseite, ob Weimar wirklich an der Übermacht Preußens untergegangen ist und ob nicht gerade das demokratische Preußen die letzte Bastion der Republik war, die durch den »Preußenschlag« Papens geschleift werden mußte, bis das Land eine Beute der nahezu plebiszitär an die Macht kommenden Nationalsozialisten im Reich werden konnte.

Selbst wenn es so gewesen sein sollte, dieses Preußen ist ja durch die Amputation seiner östlichen Provinzen von Ostpreußen über Schlesien und die Neumark bis Pommern untergegangen. Nicht nur fünfzehn Millionen Menschen aus dem Osten fehlen – wenn man die drei Millionen aus Böhmen und Mähren dazurechnet –, sondern neben den Landschaften des Riesengebirges und der Kurischen Nehrung auch die beiden Wurzeln seiner wirtschaftlichen Macht. Das schlesische Industriegebiet, lange vor dem erst spät hochkommenden rheinischen Kohle- und Stahlrevier das Rückgrat der industriellen Vormacht Preußens, gehört heute zu Polen und das einst preußische Ruhrgebiet zu Nordrhein-Westfalen.

Die wirtschaftliche Misere Berlins beruht ja gerade darauf, daß auch das, was man heute Zukunftsindustrie nennt, in der Zeit der Einschnürung die ehemalige Reichshauptstadt verlassen hat, Siemens wie die AEG, Borsig wie Telefunken. Aber nicht nur die wirtschaftlichen Gewichte der Bundesrepublik finden sich heute in Bayern, Baden-Württemberg, in der Rhein-Main-Region und in der Hansestadt an der Elbe. Berlin wurde nach der Gründung des Reichs auch die Bankenmetropole Deutschlands; mehr als zweihundert Zentral- und Großbanken hatten im Kaiserreich wie in Weimar ihren Sitz in Berlin, das sich anschickte, auch in dieser Hinsicht Paris zu überflügeln und neben den Finanzplatz London zu treten. Das Bankenzentrum des neuen Deutschland liegt jedoch ein für alle Mal am Main, und widerstrebend hat sich die Europäische Union dazu durchgerungen, auch die entstehende europäische Zentralbank nach Frankfurt zu vergeben.

Der Regierungssitz ist der Rettungsring, den man Berlin zuwirft, damit es nicht in seiner eigenen Belanglosigkeit versinkt. Das soll man in Bonn nicht gesehen haben? Es wäre bedenklich um den Wirklichkeitssinn des deutschen Parlaments bestellt, wenn es sich so über die Lage der Bundesrepublik hinwegtäuschte. Berlin mit seinen durch vierzigjährige Abwanderung derangierten dreieinhalb Millionen Einwohnern bedrohte die europäischen Metropolen Paris und London mit deren vor Vitalität berstenden jeweils zehn Millionen? Und das alte Brandenburg, die einstige Hausmacht der Hohenzollern, das der Unergiebigkeit seiner Natur wegen schon damals die Streusandbüchse des Heiligen Römischen Reiches genannt wurde, wäre mit seinen gerade zweieinhalb Millionen Märkern eine besorgniserregende Macht, die die sechzehn Millionen Nordrhein-Westfalen und die zehneinhalb Millionen Bayern zu fürchten hätten?

Diese Macht hatte Brandenburg nie, wieviel weniger jetzt, wo die beiden Gewaltherrschaften jene Menschen aus dem Land getrieben haben, die das Land einst groß und bedeutend machten – zuerst die Nationalsozialisten die Juden, ohne die von Mendelssohn bis zu den Rathenaus und den Simsons Berlins geistige Kraft nicht denkbar gewesen wäre, dann die Kommunisten die Aristokratie, das Bürgertum, die selbständige Bauernschaft und schließlich auch das freie Handwerkertum. Geht man heute durch die märkischen Ackerbürgerstädte, durch Friedrichs Rheinsberg oder jenes Neuruppin, aus dem Fontane kam, so wird schon am Straßenbild deutlich, daß die Welt nicht mehr existiert, aus der Brandenburg-Preußen gelebt hat. Das Politbüro, das bis auf wenige Ausnahmen aus berufslosen Funktionären bestand, weshalb es denn die besten Traditionen der deutschen Sozialisten verriet, hat ein ganzes Land auf sein trübseliges Niveau herabgezogen.

Die Verteidiger des ostdeutschen »Experiments« redeten immer davon, daß da zum ersten Mal in der deutschen Geschichte der Versuch gemacht werde, den Sozialismus von einem gedanklichen Entwurf zu einer staatlichen Praxis zu machen. Er ist weiß Gott ein kostspieliges Experiment gewesen, im Sinne des Satzes von Nietzsche: »In der Tat, ich wünschte, es würde durch einige große Versuche bewiesen, daß in einer sozialistischen Gesellschaft das Leben sich selber verneint, sich selber die Wurzeln abschneidet. Die Erde ist groß genug, und der Mensch immer noch unausgeschöpft genug, als daß mir eine derart praktische Belehrung und *demonstratio ad absurdum*, selbst wenn sie mit einem ungeheuren Aufwand von Menschenleben gewonnen und bezahlt würde, nicht wünschenswert erscheinen müßte.« Der Versuch hat Deutschland in der Tat viel gekostet.

Es wird nur immer von der baulichen Verwüstung der ostdeutschen Städte gesprochen; folgenreicher war die Verheerung in der

Tiefe der Bevölkerung, die einst den künstlerischen Reichtum und die geistige Kraft des Landes zwischen Elbe und Oder ausgemacht hatte. Aus diesen unscheinbaren Landstädten zwischen Prenzlau und Cottbus, die neben Passau und Trier gar nicht zählen, kamen sie ja alle, die Preußen groß und Deutschland zu einem modernen Staat gemacht haben – Schleiermacher und Fichte, Schadow und Rauch, Gilly und Schinkel, Hackert und Blechen und schließlich auch Clausewitz und Moltke. Das ist das Erstaunlichste an dieser Rüben- und Roggenwelt, die sich weder mit dem fruchtbaren Boden im Süden und Norden messen kann noch mit dem Rebenland im Westen.

Dieser karge Landstrich, auf dem heute die zu GmbHs gewordenen Agrarfabriken der LPGs die Trostlosigkeit noch verstärken, war in preußischer Zeit eine der geistig produktivsten Landschaften Deutschlands. Nur wenige Kilometer trennten die meist bescheidenen Gutshäuser des märkischen Adels voneinander, oft nur ein Steinwurf. In Königsberg – in der Neumark, nicht in Ostpreußen – saßen die Humboldts, bevor sie geadelt wurden, in Kunersdorf die Pfuels. Achim von Arnim stammte aus Wiepersdorf und Friedrich de la Motte-Fouqué aus Nennhausen, während die Schwerins, deren Bibliothek weithin berühmt war, gleich nebenan in ihrem alten Gutshaus Tamsel zu Hause waren. Heinrich von Kleist zog es zwar in die Residenz, schon damit er dort zusammen mit Adam Müller seine Zeitschrift herausgeben könne, aber er kam aus Frankfurt an der Oder. Und Friedrich von Hardenberg, der unter dem Namen Novalis seine »Hymnen an die Nacht« schrieb, kam aus Oberwiesenstedt, seine Familie war überall in Brandenburg zu Hause, in Kleinglienecke an der Havel und in Neuhardenberg nahe der Oder. Die Mark war wirklich eine gänzlich unvorhergesehene Provinz des deutschen Geistes. Dieses *pauvre* Brandenburg schlug nicht nur die Schlachten der preußischen Könige, sondern es ritt ein Jahrhundert lang auch in der Philosophie, Poesie, Architektur und Skulptur an der Tête.

Die Brandenburger Markgrafen und Kurfürsten waren die Hungerleider unter den deutschen Landesherren, von denen sie lange auch nicht recht ernst genommen wurden. Und doch entstand hier eine der großen geistigen Provinzen Europas, übrigens auch der letzte europäische Stil, der eine ganze Welt prägte. Romanik, Gotik, Renaissance und Barock waren immer aus dem Westen oder aus dem Süden gekommen, meist aus Italien oder aus Frankreich. Aber mit dem preußischen Klassizismus wurde dieses karge Brandenburg ein geistiges Bewegungszentrum nicht nur Deutschlands, sondern Europas.

Neben Wien, Köln und Danzig, den größten und bedeutendsten deutschen Städten zwischen Mittelalter und Neuzeit, hatte es Berlin gar nicht gegeben, man blickte mitleidig auf Havelberg, Tangermünde, Fürstenwalde oder Schwedt in der Mark, wenn man diese Plätze überhaupt wahrnahm. Aber es braucht nur die kurze Spanne zwischen Schlüter, Knobelsdorff und Schinkel, bis dieses Brandenburg neben der Toskana und der Île de France stand. Das war eines der eindrucksvollsten Beispiele für den alten Satz, daß sich der Geist seinen Körper baut.

Um 1800 beginnt Berlin ein geistiger Magnet zu werden. Vorher hatten bestenfalls die Herrscher Philosophen wie Leibniz, Künstler wie Schlüter oder Dichter wie Voltaire nach Berlin oder Potsdam gerufen; jetzt ist es die Sogkraft des Ortes, der von überallher Kräfte an sich zieht. Kurz vor seinem Tode scheint selbst Schiller seine Übersiedlung von Weimar nach Berlin erwogen zu haben, in der Mitte des Jahrhunderts aber kommen sie alle, von Hegel und Schelling bis Schopenhauer und von Droysen bis Ranke. Im späten 19. Jahrhundert wird Berlin sogar noch das Zentrum der neuen Naturwissenschaften mit Planck und der neuen Medizin mit Koch und Virchow. Am Ende kommen Hahn, Lise Meitner und Einstein, und ganz zum Schluß, schon in den Katarakten des Untergangs, die jungen Leute um Wernher von Braun, die das Tor in das Weltraumzeitalter aufstoßen.

Als der Sozialismus auf sowjetischen Bajonetten seine Macht etablierte, eignete er sich jene Welt an, die die Moderne geboren hatte, denn auch die neue Architektur war ja von hier aus in die Welt gegangen, bis sie vor der anderen großen Ideologie des Jahrhunderts nach Amerika exilierte, Gropius wie Mies van der Rohe.

Ein halbes Jahrhundert später, an der Wende der achtziger zu den neunziger Jahren, als der real existierende Sozialismus seinen Bankrott erklärte, hinterließ er diese selbe Welt als Wüste. Brandenburg war durch Ulbricht und Honecker ein Land ohne Elite geworden, was sich in der wissenschaftlichen Leere, zu der es der Staat gebracht hat, am deutlichsten zeigt. Nicht ein einziger Nobelpreis ging in vierzig Jahren in eine Region, die einst mehr Nobelpreisträger in sich versammelt hatte als die meisten Metropolen zwischen Madrid und Warschau. Als man sich nach der Wiedervereinigung daran machte, die wissenschaftlichen Einrichtungen des Ostens zu »evaluieren«, stellte sich heraus, daß es Mühe machte, wenigstens einige Dutzend Wissenschaftler in die entsprechenden Institutionen, vor allem in die Max-Planck-Gesellschaft, zu übernehmen. Das böse Wort von der Abwicklung hat schon sein Recht.

Das alles soll man am Rhein nicht gesehen haben, als man allen Ernstes davon sprach, daß sich der Westen vor der Übermacht des protestantisch-preußischen Ostens schützen müsse? Vielleicht hat man anfangs an die Legende von der zehntgrößten Industriemacht der Welt geglaubt, die Ost-Berlin in die Welt gesetzt hatte und die die OECD bereitwillig übernahm. Aber sehr bald schon sah jedermann, daß es ein Potemkinsches Dorf war, das hinter der Fassade des Fortschritts aufgebaut worden war.

Spätestens zur Zeit der Abstimmung über den Regierungssitz schreckte eher die Misere des Ostens als dessen Übergewalt. Die überzeugendsten Argumente in der leidenschaftlichen Debatte wiesen denn auch auf die Emotionen der Bevölkerung eines Elendsgebiets hin, denen sich die zukünftige Regierung des vereinigten Landes nicht aussetzen dürfe. In Bonn mache es Mühe, auch nur fünfzigtausend Menschen zu einer Demonstration auf die Straße zu bringen; in der Millionenstadt Berlin würden Hunderttausende das Parlament belagern können, wenn die Anpassungszeit nicht die versprochenen drei oder fünf Jahre, sondern zwei oder drei Jahrzehnte dauern sollte. Vor der Schwäche des Ostens, nicht vor seiner Stärke warnte man das Parlament, als es darum ging, den Ort der zukünftigen Hauptstadt festzulegen.

Warum also beschloß man den Umzug vom Rhein an die Spree, der immer noch das Land in Unruhe versetzt? Weshalb verschiebt man das politische Gewicht des Staates vom Westen Europas in seine Mitte? Nur, weil man das in der Nachkriegszeit immer wieder verheißen hat? Aber man macht eine Stadt nicht aus Anhänglichkeit oder aus Dankbarkeit zum politischen Zentrum; die Verlagerung von Regierung und Parlament muß einen Sinn haben, der auf die Zukunft bezogen ist.

Jede Hauptstadtentscheidung war eine Selbstdefinition des eigenen Landes, die für Washington – gegen Philadelphia und New York –, die Peters des Großen für St. Petersburg und dann die Lenins für Moskau. Bei der Einigung Italiens hatte Cavour einen sehr genauen Entwurf, wie aus dem jahrhundertelang spanischen Süden, dem habsburgischen Norden und dem Kirchenstaat in der Mitte ein moderner Nationalstaat werden könne. Deshalb entschied man sich nach dem Turin der Könige von Savoyen und dem kurzlebigen Provisorium Florenz am Ende für Rom. Mit der wirtschaftlichen Bedeutung Roms war es 1870 ähnlich trübe bestellt wie heute mit der Berlin-Brandenburgs.

Was also ist der Entwurf von der europäischen Mitte, der allein hinter dem Regierungsumzug stehen kann? Es kann nicht der trügerische Glaube sein, Berlin wachse in seine alte Aufgabe als Mitte Deutschlands hinein, als die Stadt tatsächlich der geographische Mittelpunkt gewesen war. Stand man im 18. Jahrhundert auf den Oderdeichen, sagte man, daß hier »die Mitte der Monarchie« sei. Von hier war es ja genauso weit nach Königsberg und Memel wie nach Bonn oder Aachen. Das einstige Zentrum Deutschlands ist eine Grenzstadt geworden, so nahe an Polen wie Aachen an Belgien.

Die Entscheidung für Berlin macht also nur aus einem neuen Begriff von Europa Sinn – oder sie hat keinen. Die Süderweiterung Europas ist mit Portugal und Spanien vollzogen worden, die Eingliederung der weder zur Nato noch zum ehemaligen Warschauer Pakt zählenden Staaten wie Schweden und Österreich wird eben jetzt vollzogen, wenn auch nach jenem Ringen um Vorteile, das zu solchen Prozeduren zu gehören pflegt. Aber Polen, dessen König Sobieski Wien zu Hilfe gegen die Türken kam, begreift man nicht als einen Bestandteil des alten Europa? Und die heilige Stephanskrone Ungarns? Das goldene Prag, in dem Karl IV. aus dem Geschlecht der Luxemburger die deutsche Kaiserkrone trug, will man vorerst aus der Europäischen Union ausschließen, weil die frühere Tschechoslowakei der westlichen Konkurrenz nicht gewachsen sei und seinerseits durch Billiglöhne den Westen gefährde?

Gravierender für das Zögern des Westens sind wahrscheinlich die dunklen Drohungen Moskaus, daß man nicht zulassen werde, das einstige Vorfeld der Sowjetunion zu einem Teil der westlichen Allianz zu machen. Oder steht hinter diesen Gebärden des Kreml der europäische Anspruch des alten Rußland, das sich immer als Drittes Rom verstanden hat? Das verwirrende Hin und Her um ein Arrangement Moskaus mit der Nato, das wahrscheinlich nur als Türöffner für die Europäische Union benutzt wird, macht deutlich, wie sehr man an der Moskwa Wert darauf legt, selber ein Teil Europas zu sein.

Es geht um andere Fragen, als sie die Parlamentsdebatten am Rhein bestimmten. Die zukünftige Gestalt Europas wird entschieden. Und da stellt man Rechenexempel an, die der Buchhaltersphäre entnommen sind? Wie sieht sich die neue Bundesrepublik, und wie versteht sie das entstehende neue Europa? Man kann weiter für das westliche Teileuropa sein, kann in allem Hinzutretenden eine Gefährdung der westlichen Sekurität sehen. Man hat so unrecht nicht, in der Tat wird Osteuropa, denn hinter Warschau, Prag und Budapest kommen ja noch Bukarest und Sofia, von dem zersplitterten Balkanraum ganz zu schweigen, für Jahrzehnte eine Irritation sein.

Das wären Argumente, über die sich diskutieren läßt. Nur muß man dann über seine wirklichen Sorgen reden, nicht über vorgeschobene Bedenken, die über Bonns Hofgarten wenig hinausreichen. Der bald neunzigjährige Sebastian Haffner war der einzige, der beim großen Umbruch im Osten keine Genugtuung empfand. Statt dessen sah Haffner schon damals eine Zeit der Wirren am Horizont Europas heraufziehen, was er als »Ende aller Sicherheit« verstand, die berühmte Formel von Winfried Martini aufgreifend. Das läßt sich hören. Aber die Zahlmeisterrhetorik?

Wenn man de Gaulles Europa im Auge hat, jenes »Europa vom Atlantik bis zum Ural«, dann muß man wissen, daß die Heraufkunft einer neuen Weltordnung immer auch den Untergang einer alten voraussetzt. »Was ist Geburtsschmerz, was ist Todesschmerz bei diesem Spiel?« Der Satz Ernst Jüngers aus den »Strahlungen« bewährt seine Wahrheit ein halbes Jahrhundert später noch deutlicher. Das Chaos, das über weiten Teilen dieses Kontinents liegt, könnte die Wehen eines neuen Zustands sein.

Nur wenn man die gegenwärtigen Konvulsionen unter diesem Bild begreift, hat der Weg von Bonn nach Berlin Sinn, nur dann ist der Aufwand gerechtfertigt – der politische, der wirtschaftliche und der geistige –, den die Verlagerung einer Hauptstadt darstellt. Die fünf neuen Bundesländer, die man zur Rechtfertigung des Umzugs immer im Munde führt, zählen in diesem Zusammenhang nicht wirklich. Schwächt man die westliche Allianz, um Mecklenburg schneller voranzubringen? Es geht um die Wiederherstellung jenes alten europäischen Zustands, als Rußland mit dem Wiener Kongreß zum ersten Mal ein Teil der gesamteuropäischen Ordnung wurde. Um dieser Vision willen wird Deutschland nicht umhin können, die Unbequemlichkeiten, die mit der Wiederkehr des Ostens verbunden sind, in Kauf zu nehmen.

In der Tat, Berlin wird nie mehr die Mitte Deutschlands sein, und solche Illusionen, die Berlin vielleicht in einer flüchtigen Stunde hegte, rechtfertigen keinen Umzug. Es ist die europäische, nicht die deutsche Perspektive, um die es geht. Deshalb spielen die zwanzig Milliarden Umzugskosten, die durch die Debatten geistern, gar keine Rolle. Die Folgekosten des Sozialismus werden allein für Deutschland auf zwei Billionen Mark, also auf zweitausend Milliarden Mark geschätzt. Die Kosten für die Wiederherstellung Polens, der einstigen Tschechoslowakei und Ungarns werden auf das Mehrfache dieses Betrags veranschlagt. Niemand wagt darüber nachzudenken, was wohl die Reparatur der Staaten kosten wird, die sich in dem Gebilde zusammengefunden haben, das sich GUS, Gemeinschaft Unabhängiger Staaten, nennt.

Sehen die Advokaten einer Bewahrung des alten Zustands wirklich nicht, daß Europa in einem Prozeß begriffen ist, der in Reykjavik begann und im Kaukasus noch lange nicht endete? Die Heilige Allianz, in die der Wiener Kongreß mündete, wird nur immer unter dem Zeichen des Bündnisses zwischen den reaktionären Mächten Europas gesehen. Viel wichtiger war, daß er die östliche Gegenmacht Europas, das Zarenreich, in ein System mit den europäischen Mächten einband und so etwas wie erste Vereinte Nationen schuf. Dieses Bündnis verschaffte Europa jahrzehntelang Ruhe, und man tut gut daran, nicht alle Konstellationen nur unter dem Gesichtspunkt einer restaurativen Innenpolitik zu sehen.

Wahrscheinlich waren St. Petersburg, Wien und Berlin um 1820 wirklich die rückschrittlichen Mächte Europas, gegenüber dem liberalen London und dem Freiheitspathos von Paris. Aber ihr Bündnis stabilisierte die europäische Weltordnung, und es zählt zu der Blindheit der herkömmlichen Sicht der Dinge, daß man nicht gesehen hat, wie die drei konservativen Mächte im Osten Europas den europäischen Frieden bewahrten. Es wird viel gelungen sein, wenn der neue Zustand Europas wieder ein Jahrhundert hält, denn zwischen den Napoleonischen Kriegen und dem Weltkrieg hatte es zwar lokale Kriege, aber keine globale Erschütterung der europäischen Ordnung mehr gegeben.

Vor solchen Horizonten muß man das Berlin dieser Tage sehen und das desolate Brandenburg der postsozialistischen Ära, in dem vor zwei Jahrhunderten große europäische Gedanken gedacht wurden. Brandenburgs Würde kommt nicht nur aus seiner preußischen Vergangenheit, sondern vielleicht auch aus seiner europäischen Zukunft.

Personenregister

Die Essays dieses Bandes sind – meist in einer gestrafften Form, die den Notwendigkeiten einer Wochenzeitschrift oder Tageszeitung folgt – an verschiedenen Orten erschienen. Sie entstanden in dem Jahrzehnt zwischen 1989 und 1998 und wurden zumeist in der *Frankfurter Allgemeinen Zeitung*, im *Spiegel*, in der *Neuen Zürcher Zeitung*, der *Zeit*, der *Berliner Zeitung* oder im *Tagesspiegel* vorveröffentlicht. Hier werden sie in ihrer ursprünglichen Fassung ohne Veränderung gebracht. So waren einige Überschneidungen nicht zu vermeiden; sie wurden der Authentizität wegen nicht getilgt.

Bildnachweis

Bauhaus-Archiv, Berlin S. 81; Landesbildstelle, Berlin S. 29, 50, 51, 52, 85, 136, 138; Jürgen Strauss, Potsdam S. 218; Bilderdienst Süddeutscher Verlag, München S. 137; Ullstein Bilderdienst, Berlin S. 2/3, 10/11, 26/27, 28, 30/31, 48, 49, 53, 82, 83, 84, 100, 101, 102, 103, 104, 105, 133, 139, 164, 165, 166, 167, 182, 183, 184, 185, 195, 196, 197, 198/199, 214/215, 234, 235, 236, 247, 248, 249; Propyläen Verlagsarchiv S. 134/135, 216, 217.

Umwelthinweis:
Alle bedruckten Materialien dieses Taschenbuches
sind chlorfrei und umweltschonend.

Siedler Taschenbücher erscheinen im Goldmann Verlag,
einem Unternehmen der Verlagsgruppe Bertelsmann.

1. Auflage
Vollständige Taschenbuchausgabe März 2000

Umschlaggestaltung: Design Team München
Umschlagabbildung: G. A. F. F./Adenes
Made in Germany 2000
ISBN 3-442-75590-5